项目资助

本书系贵州省教育改革发展研究重大招标课题"中小学教师专业成长的实践性与教师培训模式改革研究"(2015ZD004)的最终成果

中小学教师培训模式的改革与创新

——基于教师专业成长实践性的分析

杜尚荣　王笑地 ◎ 著

中国社会科学出版社

图书在版编目(CIP)数据

中小学教师培训模式的改革与创新：基于教师专业成长实践性的分析／杜尚荣，王笑地著．—北京：中国社会科学出版社，2020.4
ISBN 978 - 7 - 5203 - 5873 - 6

Ⅰ.①中⋯　Ⅱ.①杜⋯②王⋯　Ⅲ.①中小学—师资培养—研究　Ⅳ.①G635.12

中国版本图书馆 CIP 数据核字（2019）第 294409 号

出 版 人	赵剑英
责任编辑	陈雅慧
责任校对	季　静
责任印制	戴　宽

出　　版	中国社会科学出版社
社　　址	北京鼓楼西大街甲 158 号
邮　　编	100720
网　　址	http://www.csspw.cn
发 行 部	010 - 84083685
门 市 部	010 - 84029450
经　　销	新华书店及其他书店
印　　刷	北京明恒达印务有限公司
装　　订	廊坊市广阳区广增装订厂
版　　次	2020 年 4 月第 1 版
印　　次	2020 年 4 月第 1 次印刷
开　　本	710×1000 1/16
印　　张	21.5
字　　数	303 千字
定　　价	118.00 元

凡购买中国社会科学出版社图书，如有质量问题请与本社营销中心联系调换
电话：010 - 84083683
版权所有　侵权必究

序
——为了教师培训的"明天"扬帆起航

《中小学教师培训模式的改革与创新——基于教师专业成长实践性的分析》即将由中国社会科学出版社出版,我觉得很值得庆贺,因为这本书不仅反映了杜尚荣教授主持的贵州省教育改革发展研究十大招标课题——"中小学教师专业成长的实践性与教师培训模式改革研究"的最终成果,还反映了杜尚荣博士的学术科研水平有了质的飞跃,作为他的博士导师,此时我深感欣慰与自豪。

我参加了这本书的整体框架的构思与指导,认为本书不仅对基于教师专业成长实践性的中小学教师培训模式进行了理论阐释,也对其进行了现状考察、明确其存在的问题并进行归因分析,最终提出了相应的改革创新策略,最终使得本书所涉的内容贴近一线教师的教育教学实践,为中小学教师培训提供全面系统的参考和借鉴。本书在解决新时代中小学教师发展问题上,具有以下突出的特点:

第一,具有指导实践与发展理论的双重价值。实现理论与实践的共同发展是从事研究的最终目标。基于教师专业成长实践性的中小学教师培训模式改革与创新不仅对其做出了相关的理论审视,还进行了一定的实践探索。这本著作对教师培训的相关理论建设和当前教师培训模式改革与创新,尤其是书中针对现有的"给予式"教师培训模式所存在的问题提出"内发自主式"教师培训模式,对今后的中小学教师培训具有重要的理论价值和实践意义。

第二，形成了一套有逻辑的系统理论。本书是集贵州省教育改革发展研究十大招标课题的成果而成的，其作者吸收了课题组研究队伍中的精华，再加上借鉴课程与教学论多位学者、专家的多种思维方式，使得各部分具有清晰的思路和系统的结构。而就整本书而言，它从中小学教师专业成长的实践性出发，以教师培训为研究主题，对教师培训进行了系统、广泛而深入的探讨，从总体研究设想到理论审思，再到实践的探索，做了多层面的论述。由此可见，作者对基于教师专业成长实践性的中小学教师培训模式改革与创新的框架设置是比较完整、合理且成体系的，可谓是关于此类课题研究的创新之作。

第三，资料翔实全面、理论联系实际。作者在开展课题研究的过程中，带领课题组团队深入教学第一线，进行一手资料的收集与整理，综合运用定性与定量多种方法探讨教师培训问题，此外，还重视总结国内外专家学者的教师培训思想和理论，充实课题研究资料，坚持理论联系实际的研究规范，将教师培训模式的改革实践作为理论研究的本质出发点和归宿。

第四，内容丰富，结构严谨，论证有力。本书分为上篇、中篇和下篇，其中上篇是研究缘起，主要讨论基于教师专业成长实践性反思中小学教师培训的背景及依据、价值和意义、内容与思路，并对基于教师专业成长实践性的中小学教师培训的国内外研究现状进行文献梳理；中篇是理论审视，主要讨论基于教师专业成长实践性的中小学教师培训的基础理论和模式结构，并进行基于教师专业成长实践性的中小学教师培训的课程设计和培训活动化设计；下篇是实践探索，主要是在基于教师专业成长实践性的中小学教师培训的现实考察的基础上，找出当前中小学教师培训的问题及成因，并提出基于教师专业成长实践性的中小学教师培训模式的改革创新之路，最终明确基于教师专业成长实践性的教师培训模式的操作细则，以提高教师培训模式的可操作性。作者的论证步步推进，层层深入，富有创造性，反映了作者清晰的思路和有力的论证，使得全书具有严谨的结构。

总之，该书的出版，对教师培训的实施，无论是理论认识还是指导实际操作，都具有相当大的意义和价值，同时也标志着作者对基于教师专业成长实践性的中小学教师培训的探索达到了新的高度。当然，本书还尚存有一些有待深化研究的问题，如作者对一些问题的理论阐释和分析，需要做进一步的深入展开与探讨。相信作者会在已有研究的基础上做出进一步研究，使得基于教师专业成长实践性的中小学教师培训模式的理论更加丰富和完善，进而为我国的教师培训事业做出新的贡献。

于此，我希望杜尚荣和王笑地的这本著作能够引起学术界广泛关注与热烈讨论，以促进研究的深化与发展，并进一步活跃我们学术界的学术气氛，提高学术研究的热情与动力。

2019年11月于海南师范大学

自　　序

教师的专业成长是一个持续性的过程，是教师能够胜任教育教学工作的自信基础，同时也是顺应新时期对教师实施终身教育的突出表现，而教师培训则是促进教师专业成长较为直接且有效的方式。然而，当前中小学教师培训仍然存在着针对性不强、内容泛化、方式单一、质量监控薄弱等突出问题，其与中小学教师对参与培训有着复杂多样的需求不相匹配。也就是说，现有的"给予式"教师培训，不能满足当前中小学教师专业发展的实际需要。这就决定了我们不得不从教师专业成长的实践性角度，从实践需要出发，积极探索一种能充分调动中小学教师参与培训的积极性，且又能符合中小学教师参与培训的实际情况的教师培训模式，即内发—自主式的教师培训模式。基于教师专业成长实践性反思中小学教师培训，在理论方面，可以丰富和发展教师专业发展和教师培训的相关理论，平衡教师专业发展和教师培训之间的分析视角；在实践方面，可以服务一线教师和服务于教师培训管理者，促进一线教师的专业成长和教师培训质量的提升。鉴于此，本书在反思当前中小学教师培训模式存在问题的基础上，从教师专业成长的实践性出发，采用文献研究法、行动研究法、德尔菲技术、调查法（问卷和访谈）等研究方法，对基于教师专业成长实践性的中小学教师培训的总体设想、研究现状、基础理论、模式结构、课程设计、活动化设计、现实考察、问题及成因、改革创新之路、操作细则等方面的内容进行了深入研究。

本书的研究旨在实现三个基本目标：（1）分析基于教师专业成长实

践性的中小学教师培训的研究现状。（2）探索基于教师专业成长实践性的中小学教师培训的基础理论、模式结构、课程设计及活动化设计。（3）探索基于教师专业成长实践性的中小学教师培训现实考察、问题及成因、改革创新之路、操作细则。本书主要确立了三个方面的研究内容：(1) 中小学教师专业成长的实践性的本真探索。该部分主要探讨中小学教师专业成长的实践性所蕴含的本质内涵、基本特征，理解教师专业成长实践性的现实意义。本书认为，教师的专业成长是指向实践的，是一种实践性活动，既反映了教师专业成长是面向教育教学实践的活动，也反映了教师的专业成长必须依赖教师的亲身实践。（2）中小学教师培训与教师专业成长的内在关联。该部分重点分析中小学教师培训与教师专业成长的内在关联，即通过教师培训可以促进教师专业成长；教师的专业成长引领着教师培训活动的不断展开；"实践性指向"是教师专业成长与教师培训有机统一的切合点。（3）基于教师专业成长的实践性反思、教师培训模式改革的理论与实践，该部分重点探索在教师专业成长中所内含的实践性特征，指引教师培训模式的改革与创新。为了与教师专业成长的实践性切合，教师培训模式改革的思维起点是必须实现从"给予主导式"培训模式转向"内发自主式"培训模式。本书所设计的内发自主式教师培训模式主要有四种：一是县域内校际联盟式教师培训模式的理论与实践研究；二是校内自主式教师培训模式的理论与实践研究；三是参与式教师培训模式的理论与实践研究；四是U-S合作式教师培训模式的理论与实践研究。

本书旨在通过对中小学教师专业成长的实践性进行分析，探索一种具有实践性指向的内发自主式教师培训模式，以此解决当前中小学教师培训所面临的诸多现实问题。在前期调研中很多一线教师反映：一方面，培训的理论知识难以付诸实践教学，即理论知识难以实践化；另一方面，培训中习得的一些实施效果较好的实践教学经验难以切实运用在自己的课堂教学中，即实践经验难以本土化，比如分享了分组教学、魏书生的班级管理、邱学华的尝试教学法等操作性很强的实践知识后，还是难以运用到课堂教学实际中去。就此，我们认为问题的根源不在理论知识和实践经验本身，而在于教师们缺乏一种本土化的自主反思意识。古言道："橘生淮南则为橘，生于淮北则为枳。"因此，中小学教师所需要的能操控课堂教学的知识和技能，不能完全靠"给予主导式"培训模式，而应该诱发教师和学校发展的内部动力，即实施"内发自主式"培训模式。这种内发自主式培训模式主要涉及两层含义，一是形式上的内发自主式，即对中小学教师的培训不能完全依靠"国培""省培"等荣誉性的培训项目将教师集中到某个指定地方学习的形式，毕竟能派出来的名额是有限的，而且正如很多老师所说，出来培训期间课时不好安排，因此教师的培训应该把重心放在激发各地方学校的内部动力上，如校本研修、校际交流等，而"国培"和"省培"只是诱发地方学校自主发展的内部动力的引子；二是实质上的内发自主式，即对中小学教师的培训不能依靠传统的给予主导式，而应该激起教师个体的主体性意识，养成自主反思的习惯，做到无论是面对理论知识，还是实践经验，都不是照搬照套，而是结合自己的教学实际进行自我创新和改造。

本书的研究取得了比较显著的成果，但同时也存在诸多遗憾需要我们在今后的工作中不断弥补和完善。

取得的成果主要有6个方面：

第一，深入认识了教师专业成长的实践性。所谓教师专业成长的实践性，简单地说，就是教师的专业成长是指向实践的，是一种实践性活动，是面向教育教学实践的活动。由此，中小学教师专业成长的实践性所蕴含的"教师专业发展指向实践"的论断，不仅可以理解为教师的专业发展所关涉的是实践的内容，如教师在教育教学活动中必备的实践知识和实践技能；而且还应理解为教师的专业成长必须依赖于教师的亲身实践。

第二，分析了基于教师专业成长实践性的中小学教师培训的基本内涵、价值诉求和逻辑意蕴。基于教师专业成长实践性的中小学教师培训的本质内涵主要体现在四个方面：一是强调教师专业成长的内在需求——实践理性；二是强调教师为了实践、基于实践、在实践中主动接受培训；三是强调中小学教师培训旨在培养教师专业发展的综合素养；四是基于教师专业成长实践性的中小学教师培训并不反对理论的学习。基于教师专业成长实践性的中小学教师培训的价值诉求在于关注实际问题、追求实践智慧、倡导理性实践，三方面的价值诉求之间呈递进关系，在递进过程中实现实践取向的中小学教师培训的最终价值。首先，关注实际问题是实践取向的中小学教师培训首要追寻的价值，即首要解决的基本问题。其次，追求实践智慧是在解决实际问题时需要拥有的智慧和能力，且这种能力体现为综合性、多方面的能力。最后，倡导理性实践是将这种以综合形态展现人的能力置于理性的层面，从而切实达到真正意义上的实践。理解中小学教师专业成长和中小学教师培训之间的关系存在两种截然不同的逻辑，一是顺向逻辑：基于教师培训促进中小学教师的专业成长；二是逆向逻辑：基于教师专业成长的实践性反思中小学教师培训。因此，在开展教师培训时必须从教师专业成长的角度来反思其不足之处，充分利用教师专业成长的实践性特征指引教师培训切实做到实质上的内发自主。只有做到真正意义上的内发自主，才能激起教师个体的内发性意识、创造性意识和实践性意识，增强教师专业理念转变的可能性，从而实现教师培训模式的改革与创新。

第三，探索了支撑基于教师专业成长实践性的中小学教师培训的主要理论基础。本书借助了主体性理论、自主学习理论和内发性发展理论等相对成熟的理论观点，搭建起分析基于教师专业成长实践性反思中小学教师培训的理论依据。

第四，探索了基于教师专业成长实践性的中小学教师培训模式及辅助模式。主要有县域内校际联盟教师培训模式、校内自主式教师培训模式、参与式教师培训模式、U-S合作式教师培训模式和个人研修式教师培训模式，并以线上线下混合式教师培训模式为主要辅助模式。

第五，探索了基于教师专业成长实践性的中小学教师培训的课程设计。基于教师专业成长实践性的中小学教师培训课程设计的内涵具体表现为：一是强调课程设计的最终目的——指向实践；二是强调教学实践与理论课程的有机整合；三是强调教师专业成长的内在需求——实践理性；四是强调教师为了实践、基于实践、在实践中培训。其特征表现为实践性、反思性、建构性、自主性及主体性等特征，其中教育现象学理论、施瓦布的实践性课程理论及建构主义课程观为其提供了重要的理论支持。基于教师专业成长实践性的中小学教师培训课程设计要坚持实效性原则、整体性原则、多元性原则、开放性原则、对话性原则。课程设计要素主要包括培训课程目标的设计、培训课程内容的设计、培训课程实施的设计、培训课程资源的设计、培训课程评价的设计。基于教师专业成长实践性的中小学教师培训课程设计要以问题导入——疑、理论认知——知、反思体验——思、实践行动——行，为具体的过程与方法。教师个人课程是教师个体专业发展的根本性基础和前提，在践行内发自主式教师培训模式过程中，就应该主动帮助中小学教师认识和理解教师个人课程，引导他们自主开发和设计自己的个人课程。

第六，提出了基于教师专业成长实践性的中小学教师培训模式的改革创新之路。本书在对基于教师专业成长实践性的中小学教师培训进行现实考察的前提下，对其存在的问题及成因进行全面深入的分析与研究，最终提出了基于教师专业成长实践性的中小学教师培训模式的改革创新之路。分别是：（1）在培训目标上更应关注教师的个人素养。教师培训中关注教师个人素养是响应当今时代对"素养"的呼唤，有助于在教师培训中从简单的技能训练到关注教师个体素养的转变，有助于更好地诠释"教书育人"的基本理念，在教师培训过程中，可以通过帮助教师将理论知识转换成教学实践、帮助教师理清个体素养的内容要素、开发与教师个体素养对应的培训课程、帮助教师提炼自己的个人课程四个方面强化对教师个人素养的关注。（2）在培训理念上更应突显培训活动的实践指向性。教师培训中突显培训活动的实践指向性是指在中小学教师培训中要基于中小学教师的教育教学实际、关注中小学教师的教育教学实践、解决中小学教师在从事教育教学活动中遇到的实际问题。这样才能更好地诠释教师参加培训的本质意蕴、能让教师培训更具针对性和实用性、能更好地调动教师参加培训的积极主动性，可以从重新审视教师的实践素养、引导教师自主反思，增强教师专业成长动力、关注并解决实践问题，提高培训的实效性，基于教师专业成长实践性反思教师培训模式四个方面思考如何在中小学教师培训过程中突显培训活动的实践指向性。（3）在培训模式上理应积极探索且践行内发自主式。中小学教师培训中践行内发自主式培训模式的主要价值体现为调动教师专业发展的内部动力、缓解教师培训的供需矛盾、真正落实教师培训的实践取向、重新诠释理论与实践的关系。中小学教师培训中践行内发自主式培训模式可立足本土资源展开培训、鼓励校际联盟培训、引导教师开发个人课程、视教师参训为责任，而不仅是从福利等方面思考其策略。

　　本书的创新之处主要体现在三个方面：一是研究内容有新意。本书以中小学教师的专业成长的实践性与教师培训模式改革为主题，研究的重点是探索基于中小学教师专业成长的实践性逆向反思教师培训模式的问题，相比以往重点探索通过教师培训顺向促进教师专业发展的研究而言，有一定的新颖性。二是研究思路有新意。本书主要是基于新课程所倡导的自主学习理念，在主体性理论、自主学习理论和内发性发展理论的指导下，以实践性指向为切合点，将中小学教师专业成长和教师培训模式的改革与创新结合起来，这在总体设计上体现了本书研究的独特之处，有一定的创新之意。三是研究观点有新意。本书所持有的基本观点具有新颖性，主要体现在三个方面：（1）本书认为教师培训不能完全依靠给予主导式培训模式，还必须充分发挥能够积极调动教师和学校内部动力的内发自主式培训模式；（2）实践性指向是内在于教师专业成长与教师培训之间的根本切合点，就是说实践性指向是我们理解教师专业成长与教师培训之间内在关联的关键因素；（3）教师的专业成长是指向实践的，是一种实践性活动，其既反映了教师专业成长是面向教育教学实践的活动，也反映了教师的专业成长必须依赖教师的亲身实践。

/ 自　　序 /

　　诚然，本书有关中小学教师培训模式的改革与创新的探索只是一个开始，真诚希望能借助此作激起广大读者和相关研究者对中小学教师培训的实践性做更为深度的关注。

杜尚荣

2020 年 2 月

目 录

上篇 研究缘起

第一章 基于教师专业成长实践性反思中小学教师培训的总体设想 ……………………………………………………（3）
 第一节 基于教师专业成长实践性反思中小学教师培训的背景及依据 ……………………………………………（3）
 第二节 基于教师专业成长实践性反思中小学教师培训的价值和意义 ……………………………………………（16）
 第三节 基于教师专业成长实践性反思中小学教师培训的内容与思路 ……………………………………………（20）

第二章 基于教师专业成长实践性的中小学教师培训的研究现状 …………………………………………………（26）
 第一节 国外相关研究现状 ………………………………（26）
 第二节 国内相关研究现状 ………………………………（36）
 第三节 国内外相关研究评鉴 ……………………………（48）

中篇 理论审视

第三章 基于教师专业成长实践性的中小学教师培训的基础理论 …………………………………………………（53）
 第一节 基于教师专业成长实践性的中小学教师培训的基本内涵 ………………………………………………（53）

第二节 基于教师专业成长实践性的中小学教师培训的
　　　价值诉求 ……………………………………………（57）
第三节 基于教师专业成长实践性反思中小学教师培训的
　　　逻辑意蕴 ………………………………………………（65）

第四章 基于教师专业成长实践性的中小学教师培训的模式结构 ……………………………………………（68）

第一节 传统意义上的中小学教师培训模式 ……………………（68）
第二节 基于教师专业成长实践性的中小学教师培训模式 ……（78）
第三节 基于教师专业成长实践性的中小学教师培训的
　　　辅助模式 ………………………………………………（86）

第五章 基于教师专业成长实践性的中小学教师培训的课程设计 ……………………………………………………（93）

第一节 基于教师专业成长实践性的中小学教师培训课程
　　　设计本真 ………………………………………………（94）
第二节 基于教师专业成长实践性的中小学教师培训课程
　　　设计基础 ………………………………………………（99）
第三节 基于教师专业成长实践性的中小学教师培训课程
　　　设计原则 ………………………………………………（105）
第四节 基于教师专业成长实践性的中小学教师培训课程
　　　设计要素 ………………………………………………（110）
第五节 基于教师专业成长实践性的中小学教师培训课程
　　　设计过程与方法 ………………………………………（119）
第六节 基于教师专业成长实践性的中小学教师个人课程
　　　设计 ……………………………………………………（124）

第六章 基于教师专业成长实践性的中小学教师培训活动化设计 ……………………………………………………（137）

第一节 基于教师专业成长实践性的中小学教师培训活动化
　　　设计缘由 ………………………………………………（137）

第二节　基于教师专业成长实践性的中小学教师培训活动化
　　　　设计本真 ································ (139)
第三节　基于教师专业成长实践性的中小学教师培训活动化
　　　　设计案例 ································ (142)

下篇　实践探索

**第七章　基于教师专业成长实践性的中小学教师培训的
　　　　现实考察** ······························ (153)
第一节　基本信息 ································ (153)
第二节　考察结果 ································ (155)

**第八章　基于教师专业成长实践性的中小学教师培训的
　　　　问题及成因** ····························· (202)
第一节　基于教师专业成长实践性的中小学教师培训的
　　　　主要问题 ································ (202)
第二节　基于教师专业成长实践性的中小学教师培训
　　　　问题的成因 ······························ (206)

**第九章　基于教师专业成长实践性的中小学教师培训模式的
　　　　改革创新之路** ·························· (209)
第一节　培训目标上更应关注教师的个人素养 ········ (209)
第二节　培训理念上更应突显培训活动的实践指向性 ·· (215)
第三节　培训模式上理应积极探索且践行内发自主式 ·· (221)

**第十章　基于教师专业成长实践性的教师培训模式的
　　　　操作细则** ······························ (228)
第一节　操作细则的编写结构 ······················ (228)
第二节　四个操作细则 ···························· (232)

3

参考文献 ………………………………………………………………（233）

附录 1 基于教师专业成长实践性的县域内校际联盟式教师培训模式的操作细则……………………………………………（261）

附录 2 基于教师专业成长实践性的校内自主式教师培训模式的操作细则………………………………………………（265）

附录 3 基于教师专业成长实践性的参与式教师培训模式的操作细则……………………………………………………（270）

附录 4 基于教师专业成长实践性的 U-S 合作式教师培训模式的操作细则………………………………………………（275）

附录 5 调查问卷 ……………………………………………………（279）

附录 6 访谈提纲 ……………………………………………………（297）

附录 7 相关文件 ……………………………………………………（298）

后记 …………………………………………………………………（322）

上篇 研究缘起

第一章

基于教师专业成长实践性反思中小学教师培训的总体设想

教师的专业成长是一个持续性的过程，是教师能够胜任教育教学工作的自信基础，同时也是顺应新时期对教师实施终身教育的突出表现，而教师培训则是促进教师专业成长较为直接，且有效的方式。然而，当前中小学教师培训仍然存在着针对性不强、内容泛化、方式单一、质量监控薄弱等突出问题，其与中小学教师对参与培训有着复杂多样的需求不相匹配。也就是说，现有的"给予式"教师培训，不能满足当前中小学教师专业发展的实际需要。这就决定了我们不得不从教师专业成长的实践性角度，从实践需要出发，积极探索一种能充分调动中小学教师参与培训的积极性，且又能符合中小学教师参与培训的实际情况的教师培训模式，即内发—自主式的教师培训模式。

该部分，我们将重点阐述基于教师专业发展实践性反思中小学教师培训模式改革与创新的时代背景及主要分析依据，同时探讨基于教师专业成长实践性反思中小学教师培训的价值和意义，并简要介绍本研究意欲探讨的主要内容以及分析的主要框架和思路。

第一节 基于教师专业成长实践性反思中小学教师培训的背景及依据

这一部分主要探讨基于教师专业成长实践性反思中小学教师培训的

研究背景和分析依据。在研究背景部分，着重阐释"关注实践"的重要性和当前教育研究的实践转向。长期以来，人们在认识世界的过程中，彰显了"实践"的无比重要性，它是检验人们认知真理的唯一标准。这引起了教育研究界对教育实践的特别关注，即教育研究着力从教育理论思辨转向关注教育实践领域。这是我们着手从教师专业成长实践性角度反思中小学教师培训的前提条件。在分析依据部分，我们将着重从政策、现实和理论三个角度为分析实践取向的中小学教师培训探索合理可靠的基本依据。

一　基于教师专业成长实践性反思中小学教师培训的研究背景

长期以来，理论与实践的关系问题，一直是人们关注和讨论的热点问题。早在19世纪，马克思（Karl Heinrich Marx）就对实践与真理的关系进行了深入的阐述，他指出："人的思维是否具有客观的真理性，这并不是一个理论的问题，而是一个实践的问题。人应该在实践中证明自己思维的真理性，即自己思维的现实性和力量，亦即自己思维的此岸性。关于离开实践的思维是否具有现实性的争论，是一个纯粹经院哲学的问题。"[1] 后来，毛主席也指出："真理只有一个，而究竟谁发现了真理，不依靠主观的夸张，而依靠客观的实践。只有千百万人民的革命实践，才是检验真理的尺度"[2]；"真理的标准只能是社会的实践"[3]。1978年5月11日，《光明日报》刊登了一篇题为《实践是检验真理的标准》的文章，文中指出："实践具有把思想和客观实际联系起来的特性。"[4] 可见，理论需要与实践相统一，实践是检验真理的唯一标准。也就是说，回归实践，是探索一切事物发展规律的最终选择。

近年来，学术界着力反思教育实践与教育理论之间的差异，尤其对

---

[1] 彭国甫主编：《马克思主义原著选读》，湘潭大学出版社2007年版，第38页。
[2] 《毛泽东选集》（第2卷），人民出版社1991年版，第662—663页。
[3] 中共甘肃省委党校图书资料室：《毛泽东八篇著作词语注释》，甘肃人民出版社1983年版，第53页。
[4] 《实践是检验真理的标准》，《光明日报》1978年5月11日。

"实践性知识""实践智慧""教育实践逻辑及实践理论""教育经验理论"等开始进行深入探讨,教育研究的路径开启了"实践中心"的新取向。① 教育研究的这种实践转向自然包含了与教师培训密切相关的课程与教学这两个核心领域。

首先,在课程领域,正如施瓦布所言:"课程研究的主要精力需从追求理论,转向实践—准实践—折中的方式。"② 此后其又在论文中系统阐述了实践取向的课程探究模式。教育部在关于大力推进教师教育课程改革和《教师教育课程标准(试行)》(2011年版)中,明确提出了教师教育课程标准的三大基本理念,即:育人为本、实践取向、终生教育。③ 其中在"实践取向"的理念中,彰显了教师作为"反思性实践者"的专业身份,认为教师的专业发展是教师在研究自身教育教学经验和改进教育教学行为的过程中实现的。这就要求教师教育课程应强化实践意识,关注现实问题,引导教师主动建构教育知识,发展教师的实践能力,引领教师关注实践,在实践中发现和解决问题,并亲自实践,形成实践智慧。

其次,在教学论领域,也出现了呼吁"实现教学论的实践转向"或者是"建立实践教学论"的声音。④ 在教学领域,有学者认为倡导教学的实践性,需要教学论开启关注教学生活世界的研究之路,从而抛开以往固守书斋式的研究。⑤ 教学理论研究者在重视教学论科学性的同时更加注重教学论的实践性,还应当秉持一种积极参与的态度深入到教学实践中,对教学实践进行反思和批判,通过对理论与实践的阐释来充实教学论的理论研究。

---

① 邬志辉:《论教育实践的品性》,《高等教育研究》2007年第6期。
② Westbury I., Wilk of N. J. eds., *Science, Curriculum and Liberal Education*, Chicago: University of Chicago Press, 1978, p. 287.
③ 《教育部关于大力推进教师教育课程改革的意见(教师〔2011〕6号)》,2011年10月8日,教育部,http://www.moe.gov.cn/srcsite/A10/s6991/201110/t20111008_145604.html.
④ 郭晓明:《论教学论的实践转向》,《南京师大学报》(哲学社会科学版)2002年第2期。
⑤ 李森、陆明玉:《论教学论的实践性与实践教学论》,《西南大学学报》(社会科学版)2011年第2期。

显然，教育研究的实践转向正是重新界定了教育理论和教育实践的关系，并将教育研究从追求普遍的教育规律转向强调具体的教育实践情境中。教育研究的实践转向为探索实践取向的教师培训指明了方向。

因此，从当今时代发展的大趋势来看，积极探索基于教师专业成长的实践性反思中小学教师培训的改革与创新，势在必行。

二 基于教师专业成长实践性反思中小学教师培训的分析依据

(一) 政策依据

国家各项事务的运行都离不开政策的实施和运行，其中教育也不例外，它需要教育政策的贯彻和实施，教育政策是教育事业发展进步的重要保障。关于中小学教师培训的相关政策文件较多，近年来仍直接起影响作用的政策文件，可从《国家中长期教育改革和发展规划纲要（2010—2020）》（以下简称《教育规划纲要》）说起。在教育规划纲要中明确提出，要对教师实行每五年一周期的全员培训，这为实施中小学教师培训提供了强有力的政策支撑。

根据当前中小学教师培训存在着针对性不强、内容泛化、方式单一、质量监控薄弱等突出问题，教育部于2013年发布了《教育部关于深化中小学教师培训模式改革全面提升培训质量的指导意见（教师〔2013〕6号）》，从增强培训针对性、改进培训内容、转变培训方式、强化培训自主性、营造网络学习环境、加强培训者队伍建设、建设培训公共服务平台、规范培训管理八个方面提出了具体的指导意见。[1] 这就为创新教师培训模式、促进教师专业成长的相关研究创设了必要性空间。事实上，"指导意见"中提出要强化培训的自主性，确立"菜单式、自主性、开发式"的培训机制，是有其特定意义的，长期来，我们的培训大多采用的是给予主导式（即试图快速地将很多教学知识与技能交给教师），而

---

[1] 《教育部关于深化中小学教师培训模式改革全面提升培训质量的指导意见（教师〔2013〕6号）》，2013年5月8日，教育部，http://www.moe.gov.cn/srcsite/A10/s7034/201305/t20130508_151910.html.

教师的积极主动性没有得到很好地调动，因此，在"指导意见"中蕴含一种趋势，即对中小学教师的培训应由给予主导式转向内发自主式。

党的十九大报告中特别强调，要"加强师德师风建设，培养高素质教师队伍，倡导全社会尊师重教"。为了深入贯彻落实党的十九大精神，造就党和人民满意的高素质专业化创新型教师队伍，2018年1月20日中共中央、国务院印发了《关于全面深化新时代教师队伍建设改革的意见》（以下简称《意见》）。《意见》提出，"开展中小学教师全员培训，促进教师终身学习和专业发展。转变培训方式，推动信息技术与教师培训的有机融合，实行线上线下相结合的混合式研修。改进培训内容，紧密结合教育教学一线实际，组织高质量培训，使教师静心专研教学，切实提升教学水平。推行培训自主选学、实行培训学分制管理，建立培训学分银行，搭建教师培训与学历教育衔接的'立交桥'"。[1]

显然，该《意见》中，至少表明了四点意思：一是把教师培训与教师终身学习和专业发展紧密结合起来；二是考虑中小学教师工作实际，充分利用现代信息技术，实行线上线下相结合的混合式研修；三是培训内容要紧密结合中小学教师的教育教学实际，重在提升中小学教师的教学水平；四是推行中小学教师培训的学分制管理，鼓励教师自主选学。如果我们对上述四点内容稍作整理会发现，其核心在于增强中小学教师培训的实践指向性，即把教师培训与中小学教师的专业成长充分结合起来。可见，当前国家出台的几大政策文件都支持着我们从教师专业成长实践性角度反思中小学教师培训模式的改革与创新这一研究主题。

（二）现实依据

2015年10月，笔者有幸成为贵州省教育厅组织的"贵州省'十二五'（2011—2015）中小学教师继续教育调研工作"（实为验收工作，为了缓解一线教师紧张氛围，故定位为调研工作）专家组成员，深入贵州各地州市调研，了解整个贵州省于"十二五"期间中小学教师的继续教

---

[1] 《中共中央 国务院关于全面深化新时代教师队伍建设改革的意见》，2018年1月31日，http：//www.moe.gov.cn/jyb_ xwfb/moe_ 1946/fj_ 2018/201801/t20180131_ 326148.html.

育情况。通过这次调研，笔者对贵州省中小学教师继续教育（教师培训）的整体情况有了较为系统的了解。在与中小学教师访谈过程中具体了解到，一线老师们和教育管理者都有一种同感，当前的"国培""省培"主要存在三个方面的问题：一是针对庞大的中小学教师队伍而言，每年能参加"国培"和"省培"的人只是少数，因此，不可能让每个中小学教师都有机会参加"国培"和"省培"，尤其是占比较多的农村学校教师人数更少，即教师培训的空间局限性；二是当前中小学教师结构性缺编还是比较严重，大多数中小学教师的任务仍然较重，且一个萝卜一个坑，一旦缺了一个萝卜就会留着一个没法填补的坑，以致很多学校根本派不出闲着的教师专门出来参加培训，即教师培训的时间局限性。虽然针对该问题，也采取了一些如"顶岗实习"等措施，但实际情况是，学生和家长，乃至学校领导都不是很看好这种顶岗实习，因为实习生暂时还不一定能顶得了那个大家都关注着的教师岗，因此顶岗实习并没有真正解决一线教师培训的根源性问题。三是教师培训很多都流于形式，缺乏解决实际问题的针对性和切实性。这也是一线教师参与教师培训积极性不高的主要原因之一。调研发现，不少老师都有一种同感，参加培训那几天往往都被培训老师讲得心悦澎湃，可培训后回去该干嘛还干嘛，没有任何起色和改变。事实上，这才是最致命的问题。因为，教师参加培训后，如果不能引起某种或思考或行动上的新变化，那么这样的培训是无效的。

鉴于调研中发现的上述问题，笔者进行了系统思考，发现两条规律：一是让所有教师跑出来参加培训既没有这个必要，也不现实，因为当前的教师培训仍然摆脱不了人力、物力和财力的局限；二是给予式教师培训难以真正满足教师专业发展的需要，必须探索一种内发自主式的教师培训模式。因为，激发中小学教师参与培训的积极主动性，让其自主践行、自我培训才是提升教师专业发展的关键所在。基于这样的思考，正好迎合了2015年贵州省教育改革和发展研究十大招标课题中"中小学教师专业成长实践性与教师培训模式改革与创新"这个题目，于是，笔者有幸中标。遂紧紧围绕研究主题，在贵州范围内，开展了大面积地调研，按计划对此进行更为深入具体地系统分析，以期探索更有价值的信息。

（三）理论依据

本研究主要是基于新课程所倡导的自主学习理念，具体探索基于教师专业成长实践性的中小学教师培训模式的改革与创新之路，其根本出发点是要激起中小学教师自主学习的内发动力，充分突显中小学教师在培训过程中的主体性地位。因此，我们可以借助主体性理论、自主学习理论和内发性发展理论等相对成熟的理论观点，搭建起分析基于教师专业成长实践性反思中小学教师培训的理论依据。

1. 主体性理论

马克思把人看作是与他周围世界相对应的，具有创造性、能动性的主体。即人富有社会性。然而，教师作为教师培训活动的参与者，其主体性作用的有效发挥对教师培训效果的影响深远而重大。也就是说，主体性理论对我们基于教师专业成长实践性反思中小学教师培训模式的改革与创新具有指导性意义。

（1）主体性理论的基本观点

主体论是一种把人置于知识和文化的中心地位、把人作为知识和文化的奠基者、创造者和最高目的的文化理论。[①] 虽然主体论在发展的过程中出现了在理论上面临着难以摆脱主观主义的思想，在实践上不能适应现实社会变化的困境，甚至还出现了批判主体论的思潮，但是我们可以发现：作为个体，我们每个人似乎都无法改变现代社会的整体趋势与发展格局，成为主体似乎已经成为现代社会中个体不可抗拒的命运。那么，这是否意味着个体要完全臣服于现代社会、无法超越这种主体化的命运呢？显然不是。福克斯认为：主体的形成方式具有多样性，其中就有自我技术、个体对自身的关切和自我管理。福柯主体论思想打乱了决定现代思维的同一性逻辑，开启了另类思考主体问题的空间，这对反思

---

① 张梅：《主体论的终结》，《中国社会科学院研究生院学报》2014年第5期。

当代社会以及主体形成过程无疑深具启发意义。虽然，批判主义者对主体论以自我为中心的思维看待世界的局限进行了有力地批判，但是人们认识世界总是结合自身实际的，认识的目的也不仅仅是希望揭示事物的真相而已，而且还需要通过对客观事物的认识而实现自己的价值和愿望。对主体论的深入讨论能够很好地指导个体作为主体认清世界，而后其反作用于个体本身。基于这样的认识，我们还是更愿意接受唯物主义者所持有的主体论思维，人作为认识世界的主体。同样，基于认识论的视角，我们认为主体论是认识论的部分，即认识论在探讨有关认识问题时离不开认识的主体，也就是说有关认识主体的理论即为主体论。然而，为什么在认识论的基础上还必须要突显其主体性呢？这至少有三个方面的理由：一是认为认识必有其承担者、主体；二是认为主体对认识过程必然发生重大的影响；三是认为主体对认识结果也必然发生重大的影响。[1]由此可见，主体论就是从认识论中抽取出来的独立讨论与主体有关的问题的理论。由于认识论的研究主要是基于唯心主义和唯物主义两个视角而展开的，因此，人们对主体论的研究也主要从两个方面进行了讨论：一是基于唯心主义视角，认为精神是认识的主体，如主观唯心主义认为人的精神（感觉、思想等）是认识的主体，而客观唯心主义则认为客观精神（理念、绝对精神等）是认识的主体；二是基于唯物主义视角，认为认识的主体应当是物质，如作为特殊物质的人是认识的主体（唯物主义主体论反映的实际上是物质世界经过长期发展而形成的自我认识，即一种特殊物质认识另一种物质）。[2]

（2）主体性理论对基于教师专业成长实践性反思中小学教师培训的启示

我们知道，中小学教师培训不仅是实践性很强的活动化过程，而且也是一个培训者引导和组织参与培训的教师（或者是教师自主践行培训活动）进行认识活动的过程。从认识论来说，中小学教师培训是在培训

---

[1] 王金福：《主体论与反映论》，《学术月刊》1987年第11期。
[2] 王金福：《主体论与反映论》，《学术月刊》1987年第11期。

者的帮助下，对人类已有知识经验的认识活动和改造主观世界、形成和谐发展的个性的实践活动的统一，通过培训活动，在传承和创造人类文化的认识过程中，形成了促进教师专业发展的人化活动。这些人化活动的开展实际上也肯定了认识论中小学教师培训的作用。因为，中小学教师作为参与培训活动的主体，其培训活动本身就不是一种单一性的活动，而是多重活动的综合。显然，教师培训活动过程越是复杂综合，越是需要参与培训的教师充分发挥其主体性，方能有效进行。

显然，我们不难发现，主体性理论在很大程度上能较好地反映中小学教师培训发生的本质规律，其把中小学教师培训本身固有的一种逻辑与非逻辑统一、主观与客观统一的复杂性结构揭示了出来，即表明了主体性理论对中小学教师培训活动中既具有"知识性"和"文化性"所表现出的逻辑性、分析性和客观性，又具有"意义性"和"认知性"所表现出的非逻辑性、整体性和主观性得以完整的呈现。[①]

2. 自主学习理论

虽然，教师的身份是教书育人，是教的主体，但是，对于参与教师培训这个问题而言，中小学教师则是学习者，也是学习的主体。因此，自主学习理论同样适合中小学教师培训活动。我们可以从自主学习理论中寻找一些支持中小学教师积极着手内发—自主式的教师培训。

（1）自主学习理论的基本观点

目前，国内外关于自主学习理论的研究都比较多，成果也比较丰富。就国外而言，大多认为，此类研究最早可以追溯到古希腊时期的苏格拉底时代。苏格拉底强调，学习者要积极、主动地学习；亚里士多德也强调学生的自我监控和自我调节对学习过程和效果的影响。[②]然而，国外有关自主学习较为成熟的理论研究，主要还是 20 世纪 50 年代认知心理

[①] 杜尚荣、郑慧颖、李森：《再论教学本质：复合型特殊交往说——兼论基于人文关怀的教学价值取向》，《现代教育管理》2013 年第 3 期。

[②] 张晗：《自主学习理论视域下高中生语文阅读课的预习指导研究——以北京市回民学校高二年级为例》，硕士学位论文，中央民族大学，2017 年。

学快速发展以后的事情。20世纪80年代以后,随着认知心理学的进一步发展以及建构主义心理学理论日趋成熟,自主学习理论得到了更深入的发展。此时,出现了一些具有代表性的自主学习理论模式,如麦考姆斯基于其对元认知的重视而提出的自主学习模式,认为学生必须要对自己的学习能力有所了解,方能更好地进行学习;美国著名心理学家齐莫曼教授引入自我评价而提出其三阶段自主学习模式,即自主设定学习目标、自主选择学习的方法和策略、自我反思和评价;建构主义心理学派将"学习视为学生主动建构意义的过程",并且认为在教学中,教师作为教学的引导者、组织者,应以学生为中心,通过设置情境、会话等方式充分调动学生学习、探索的积极性和创造性,使学生对新知识形成意义建构。[①] 就国内而言,有关自主学习理论的研究,可以追溯到先秦时期的孟子,他在《孟子·离娄下》中认为:"君子造诣之以道,与其自得知也。自得之,则居之安;居之安,则资之深;资之深,则取自左右逢其源,故君子与其自得知也。"也就是说,"一个人获得造诣的深浅程度,取决于其积极主动学习的程度;通过主动学习,所学知识就能牢固掌握;通过对新知识的不断积累,在实际应用知识时便能得必应手"。[②] 后来,陶行知、蔡元培等著名教育家也在不同程度上强调了学习的主动性,尤其是魏书生更是将自主学习理论引入班级管理中,形成了自己独特的班级自我管理理念。进入21世纪以后,我国于2001年发起的新一轮课程改革中对"自主、合作、探究"等理念的提出,开启了我国学术研究界对自主学习理论研究的新征程。

显然,通过国内外有关自主学习理论的研究历程的粗略梳理,我们发现,自主学习理论无论在国内还是国外,其思想渊源久远,且至今日,相关研究也相对成熟。具体而言,有关自主学习理论的理解,可以概括为如下四方面特点:一是基于元认知角度对自主学习进行深入剖析,比

[①] 张晗:《自主学习理论视域下高中生语文阅读课的预习指导研究——以北京市回民学校高二年级为例》,硕士学位论文,中央民族大学,2017年。
[②] 徐芳:《高中语文自主学习阅读教学模式的研究》,硕士学位论文,延安大学,2012年。

如麦考姆斯就特别强调元认知对学生自主进行学习活动的重要意义。二是心理学理论的快速发展对自主学习理论走向成熟做出了积极贡献。比如行为主义心理学派把自主学习分为自我监控、自我指导和自我强化三个过程加以具体阐述；认知建构主义学派认为，自主学习实际上是元认知监控的学习，是学习者根据自己的学习能力、学习任务，积极主动地调整自己的学习策略和努力程度的过程。① 三是自主学习理论最基本的行为基础就是自我调节。如有学者认为，"自主学习，也叫自我调节学习，指的是学生自己确定学习目标、选择学习方法、监控学习过程、评价学习结果的学习"②。四是自主学习理论的核心要素就是强调学生学习的主动性，其与被动式的机械学习是相反的。如，钟启泉等在《为了中华民族的复兴 为了每位学生的发展〈基础教育课程改革纲要（试行）解读〉》一书中认为，"所谓自主学习，是就学习的内在品质而言的，相对的是'被动学习'、'机械学习'和'他主学习'"。③

（2）自主学习理论基于教师专业成长实践性反思中小学教师培训的启示

根据上述，不难发现，自主学习理论对基于教师专业成长实践性反思中小学教师培训具有重要的启示意义，具体表现在如下几方面：

首先，学习者参与或自己确定对自己有意义的学习目标、学习进度和评价指标。这对参与培训的中小学教师来说，无疑是彰显其主体性的最佳方式。因为，在自主学习理论的支持下，教师能根据自己的实际情况，自己把握学习方向和进度，从而提高中小学教师培训的针对性和有效性。

其次，自主学习理论主要是在解决问题中学习，学习者能积极发展各种思考策略和学习策略。其启示我们，一方面在组织中小学教师培训

---

① 庞维国：《论学生的自主学习》，《华东师范大学学报》（教育科学版）2001年第2期。
② 孙宏安：《自主学习的理论与实践》，开明出版社2003年版，第6页。
③ 钟启泉、崔允漷等主编：《为了中华民族的复兴 为了每位学生的发展〈基础教育课程改革纲要（试行）解读〉》，华东师范大学出版社2001年版，第259页。

时，一定要关注教师教育教学实践过程中遇到的实际问题而展开培训，从而提高培训在提升教师解决问题能力方面的效率；另一方面，中小学教师可以更加自觉地结合教育教学实践中遇到的实际问题，自主地选择培训的内容和方式。

再次，自主学习理论强调为了能使学习者从学习中获得积极的情感体验，要求学习者在学习过程中要有情感的投入，有内在动力的支持。这就启示我们，在组织中小学教师培训时，要充分关注教师参与培训的情感投入。比如，实践中由于组织安排或监督管理不当而造就的诸多"培训专业户"，很难获得多少积极的情感体验。

最后，自主学习理论强调学习者在学习过程中对认知活动进行自我监控，并根据实际情况作出相应的调适。这启示我们在组织实施中小学教师培训时，可以采取灵活多样的培训管理方式，而非管理"小学生"式的严密监控，参与培训的中小学教师自己才是管理的主体，让他们自己监控自己，并根据实际情况作出自我调适。尤其是校内自主式教师培训，更应该实施自我监控和自我调适。

3. 内发性发展理论

内发性发展理论强调内生、关注需要、注重自主管理和自身结构变化等观点，能为我们从教师专业成长实践性的角度反思中小学教师培训提供必要的理论支持，对我们着手探索内发自主式教师培训提供了具体的理论视角和分析框架。

（1）内发性发展理论的基本观点

有关内发性发展理论的研究，大致始于20世纪70年代，较早涉及该研究的主要是瑞典的戴格—哈玛斯库德财团于1976年在联合国大会第七次经济特别会上做的题为《我们应当做什么》中提出的"另一种发展"的概念，认为"如果发展（作为个人，或作为社会性存在）意味着解放和自我形成，即合乎人性的发展这一目标的话，这种发展在事实上，就不能不从各个社会的内部去发现"。这便是内发性发展理论的最初观点。可见，所谓的内发性发展就是拒绝来自他人的支配、奴役的一种人的发展方式。[1] 与此同期，日本上智大学的鹤见和子分别从社会学和经济学角度对内生性发展理论进行了系统论述。在其《思想的冒险》一书中，从社会学角度，认为那种不满足模仿发达社会、立足于自己的传统、结合本地区条件、创造性地运用外来模式的发展方式，应该被称为内发自成的发展。1989 年由鹤见和子等人编著的《内生性发展理论》[2] 出版。日本学者早稻田大学西川润教授从世界历史发展角度，把内发性发展观的历史分为三次浪潮。西川润认为，内发性发展以人的全面发展为最终目标；否定他律的、被支配的发展；强调参与、合作和自主等；重视地方分权和生态平衡。[3] 日本大阪市立大学宫本宪一教授在其《地域经济学》中，从经济学角度，基于对罗斯托一派经济发展理论、方法的反思，认为"外来式"开发方式，一方面导致被开发的地域出现公害等严重社会问题，另一方面，利润被企业所属的总公司拿走，无助于地域经济的扩大再生产。于是，提出采取地域主义原则，认为地域条件对经济发展具有重要的影响。可见，在宫本宪一看来，内发性发展的目的是保证今天和今后的全体居民的幸福，经济振兴只是服务于它的手段。[4]综合上述关于内生性发展理论的阐述，不难发现，内生性发展理论的核心内容可以概括为五个关键词：基于需求、关注内生、强调自主、注重生态平衡和社会自身结构的变化等。

（2）内发性发展理论对基于教师专业成长实践性反思中小学教师培训的启示

根据上述对内发性发展理论的简要阐述，我们认为，内生性发展理论对我们着手从教师专业成长实践性角度反思中小学教师培训具有重要的启发性意义，具体表现在下列三个方面：

首先，内发性发展理论认为社会发展是基于某特定社会的自身需求，

---

[1] 陈卫平：《内发性发展理论述评》，《山东师范大学学报》（社会科学版）1993 年第 6 期。
[2] 鹤见和子、川田佩编著：《内生性发展理论》，东京大学出版会 1989 年版。
[3] 鹤见和子、川田佩编著：《内生性发展理论》，东京大学出版会 1989 年版。
[4] 陈卫平：《内发性发展理论述评》，《山东师范大学学报》（社会科学版）1993 年第 6 期。

而不是基于某种外在的目的。这一点可以支持我们把中小学教师参加培训的根本目的归结于自身发展的需求，而不是为了迎合某种外在的如完成任务等目的，这种认识是合理的。因为只有根据中小学教师自身发展需要所组织的培训才是适合教师实际需要、解决教师所面临的实际问题的培训。

其次，内发性发展理论关注社会发展的内生力量和强调自主管理的这种观点，可以为我们探索内发自主式教师培训提供理论支持。因为这样能充分调动中小学教师参与各种培训的积极主动性。

最后，内发性发展理论强调社会自身结构的变化对社会发展的影响，可以启示我们在探索中小学教师培训时，不得不着重关注教师自身的素养以及其所处的工作环境和氛围，因为这些因素都是影响教师积极主动地参加各种培训的重要组织部分。

第二节　基于教师专业成长实践性反思中小学教师培训的价值和意义

本节主要探讨基于教师专业成长实践性反思中小学教师培训的理论价值和实践意义。就理论价值而言，主要分析我们从教师专业成长的实践性角度反思中小学教师培训模式的改革与创新能够为当前的相关学术研究提供的何种程度的贡献，比如阐明实践取向的教师培训的基本内涵，为人们系统研究实践取向的中小学教师培训提供理论支持等。就实践意义而言，着重介绍我们所做的有关"基于教师专业成长的实践性角度反思中小学教师培训模式的改革与创新"的研究成果，能够为中小学教师培训实践提供一定的帮助，尤其是我们所探索的"基于教师专业成长实践性的县域内校际联盟式教师培训模式的操作细则""基于教师专业成长实践性的校内自主式教师培训模式的操作细则""基于教师专业成长实践性的参与式教师培训模式的操作细则""基于教师专业成长实践性的U-S合作式教师培训模式的操作细则"等操作性很强的成果，能够为中小学教师培训走向实践提供参考。

一 基于教师专业成长实践性反思中小学教师培训的理论价值

基于教师专业成长实践性反思中小学教师培训的理论价值主要体现在如下两方面。

（一）丰富且发展教师专业发展和教师培训的相关理论

本研究主要是在阐明中小学教师专业成长的实践性的基础上，探索教师培训模式的改革与创新，因此，通过本研究对中小学教师专业成长的实践性的深入探索，可以丰富且发展教师专业发展和教师培训的相关理论，即通过本研究至少可以阐明两点：

首先，进一步阐明了教师专业发展的实践性问题。本研究认为，教师的专业成长是指向实践的，是一种实践性活动，其既反映了教师专业成长是面向教育教学实践的活动，也反映了教师的专业成长必须依赖教师的亲自实践。这是解决为什么大多数教师在接受培训时所遇到的"奇怪"问题（无论是学习了一些成熟稳定的理论知识，还是大家公认有效的实践经验，都没法直接指导自己实践）的关键所在。

其次，进一步阐释了中小学教师培训的实践指向性问题。通过本研究对教师培训模式的探索，尝试理清教师培训的实践指向性的相关逻辑和实施策略问题。本研究所探索的内发自主式教师培训模式（县域内校际联盟式教师培训模式、校内自主式教师培训模式、参与式教师培训模式、U-S合作式教师培训模式）有助于帮助人们批判和反思以往"给予式教师培训模式"所带来的弊端，以便激起更多的人进一步探索真正适合中小学教师专业发展的教师培训模式。

（二）平衡教师专业发展和教师培训之间的分析视角

关于教师专业发展与教师培训之间的关系的理解，已有相当多的研究成果。但是，人们在理解二者之间的关系时，由于各自所处立场不同，而形成不一样的观点。结合已有研究的经验，本研究在分析教师专业发展和教师培训之间的关系问题上，阐明了两个思维角度：一是通过教师培训顺向思考促进教师专业成长的相关问题；二是通过教师专业成长的实践性逆向反思教师培训模式的改革与创新。所谓的"顺向反思"和"逆向反思"，我们是这样理解的：所有的教育活动都是指向学生的健康发展，而在促进学生健康发展的教育活动过程中，同时促进教师专业发展又是关键，因而，所谓的教师培训实际上是为了促进教师专业发展服务的。因此，我们将从教师培训角度探索如何通过教师培训服务于教师专业发展的思维活动过程命名为"顺向反思"的过程，因为它相对于教师专业发展和教师培训之间所内在的基本指向而言是一致的，故为"顺向"；而将从教师专业发展角度探索如何基于教师专业发展的基本属性而推进教师培训模式的改革与创新这个思维活动过程命名为"逆向反思"的过程，因为它相对于教师专业发展和教师培训之间所内在的基本指向而言是反方向的，故为"逆向"。

诚然，从现有研究状况来看，大多数都聚集于探索如何通过教师培训而更加有效地服务于教师专业发展问题上，而真正从教师专业发展角度反过来思考教师培训模式的改革与创新的研究却不是很多。因此，为了平衡二者之间关系理解的分析视角，本研究侧重于探索基于教师专业成长的实践性而逆向反思教师培训模式的改革与创新机制，希望借此激起更多的人们思考如何从教师专业发展角度反推我国中小学教师培训模式的改革与创新，从而增强我国中小学教师培训在促进教师专业发展问题上的针对性和切实性。

二 基于教师专业成长实践性反思中小学教师培训的实践意义

在本研究涉及的几个关键词中，除了"教师"这个关键词外，主要还有"专业成长"与"培训"两个核心关键词，二者都直接关系到中小学教师教育教学的质量水平，也间接关系到学生学业质量的提升，以致在"教育规划纲要"中特别提出要对教师实行每五年一周期的全员培训。因此，本研究的实践意义主要体现为服务于一线教师和服务于教师培训管理者两个方面。

第一章 基于教师专业成长实践性反思中小学教师培训的总体设想

（一）服务于一线教师

本研究基于教师专业成长实践性的中小学教师培训模式改革与创新所涉及的最核心的关键词就是"教师"，因此，我们所关注的就是如何基于教师的"专业成长"反思"教师培训"，以便"教师培训"更好地促进"教师专业成长"。就这个角度而言，本研究所形成的研究成果，能更好地服务于一线教师，有助于指导和帮助一线教师有效实现专业成长。因此，一方面，能帮助一线教师更好地认识自己的专业成长过程，即本研究试图阐释的中小学教师专业成长的实践性特征，能够更好地指导中小学一线教师的专业发展，帮助他们明白自己的专业成长是一项指向实践且必须亲自实践的长期工程；另一方面，能更好地调动一线教师自我发展的积极主动性，即本研究基于教师专业成长的实践性而所探索的教师培训模式——"内发自主式"培训模式——比起以往的教师培训所关注的"给予主导式"培训模式更能调动教师自我学习和发展的内在积极性和主动性。

（二）服务于教师培训管理者

从目前的"国培""省培"等培训项目来看，虽然在促进教师专业发展上彰显了其巨大成绩，但实际上不可避免地存在着"高投入、低效能"现象，同时还滋生了不少如培训"专业户"、教师参与度不高、培训内容无实际意义等长期令教师培训管理者深感无力的现实问题。因此，通过本研究能指导和帮助教师培训管理者解决长期以来"高投入、低效能"的被动式培训问题。因为，只要教师自身的内部动力没有激发出来，再多的外部给予式培训便都是徒劳的。比如，调研中发现，存在培训"专业户"的原因主要有两方面：一是学校担心影响教学进度和质量，不愿派出优秀教师，只派出任"不重要"学科课程的教师，如美术老师去培训语文、历史老师去培训数学等；二是由于学校教师编制短缺，只能派个别老师做代表，以至于有老师同期参加多次培训，在不同培训点间来回点名。这样一来，自然形成了诸多"专门负责培训"的教师专业户。其结果是导致大量培训资源浪费。因此，本研究所探索的几种内发自主式教师培训模式能较好地帮助教师培训管理者解决此类问题。

第三节　基于教师专业成长实践性反思中小学教师培训的内容与思路

在本节内容中，我们将重点阐释本研究所涉及的主要内容和开展本研究的基本思路。在研究内容部分，以层层推进的方式，着重介绍中小学教师专业成长的实践性的本真探索、中小学教师培训与教师专业成长的内在关联、基于教师专业成长的实践性反思教师培训模式改革的理论与实践等三个方面的核心内容；在研究思路部分，着重阐释开展本研究所搭建的由五个子课题所支撑起的理论框架、运用的主要研究方法和采取的技术路线，以便读者更好地把握本研究的整体设想。

一　本研究所涉及的主要内容

结合本研究提出的"基于教师专业成长实践性的中小学教师培训模式改革与创新"这一主题，主要确立了三个方面的研究内容：一是中小学教师专业成长的实践性的本真探索。该部分主要探讨中小学教师专业成长的实践性所蕴含的本质内涵、基本特征，理解教师专业成长的实践性的现实意义。本研究认为，教师的专业成长是指向实践的，是一种实践性活动，其既反映了教师专业成长是面向教育教学实践的活动，也反映了教师的专业成长必须依赖教师的亲自实践。二是中小学教师培训与教师专业成长的内在关联。该部分重点分析中小学教师培训与教师专业成长的内在关联，即通过教师培训可以促进教师专业成长；教师的专业成长引领着教师培训活动的不断展开；"实践性指向"是教师专业成长与教师培训有机统一的切合点。三是基于教师专业成长的实践性反思教师培训模式改革的理论与实践。该部分重点探索教师的专业成长所内含的实践性特征指引着教师培训模式的改革与创新，为了与教师专业成长的实践性所切合，教师培训模式改革的思维起点是必须实现"给予主导式"培训模式转向"内发自主式"培训模式。本研究所设计的内发自主式教师培训模式主要有四种：①县域内校际联盟式教师培训模式的理论与实践研究；②校内自主式教师培训模式的理论与实践研究；③参与式教师培训模式的理论与实践研究；④U-S 合作式教师培训模式的理论与实践研究。

二 本研究所设计的研究思路

清晰可操作的研究思路是判断本研究是否能够得以顺利展开的主要依据，其有助于我们旗帜鲜明地表达我们对中小学教师培训模式改革与创新的基本观点、对中小学教师培训模式改革与创新的独到思考和解决中小学教师培训模式改革与创新问题的基本方略。

（一）研究思路

1. 理论框架

本研究旨在通过对中小学教师专业成长的实践性进行分析，借此探索一种具有实践性指向的内发自主式教师培训模式，以此解决当前中小学教师培训所面临的诸多现实问题，比如在前期调研中发现，很多一线教师反映：一方面，培训的理论知识难以付诸实践教学，即理论知识难以实践化；另一方面，培训中习得的一些实施效果较好的实践教学经验难以切实运用到自己的课堂教学中，即实践经验难以本土化，比如分享了分组教学、魏书生的班级管理、邱学华的尝试教学法等操作性很强的实践知识后，还是难以运用到课堂教学实际中去。就此，我们认为问题的根源不在理论知识和实践经验本身，而在于教师们缺乏一种本土化的自主反思意识。古言道："橘生淮南则为橘，生于淮北则为枳。"因此，我们认为中小学教师所需要的能操控课堂教学的知识和技能，不能完全靠"给予主导式"培训模式，而应该诱发教师和学校发展的内部动力，即实施"内发自主式"培训模式。这种内发自主式培训模式主要涉及两层含义，一是形式上的内发自主，即对中小学教师的培训不能完全依靠"国培""省培"等荣誉性的培训项目将教师集中到某个指定地方学习的形式，毕竟能派出来的名额是有限的，而且正如很多老师所说，出来培训期间课时不好安排，因此教师的培训应该把重心放在激发各地方学校的内部动力上，如校本研修、校际交流等，而"国培"和"省培"只是诱发地方学校自主发展的内部动力的引子；二是实质上的内发自主式，即对中小学教师的培训不能依靠传统的给予主导式，而应该激起教师个体的主体性意识，养成自主反思的习惯，做到无论是面对理论知识，还是实践经验都不是照搬照套，而是结合自己的教学实际进行自我创新和改造。

因此，本研究主要是基于新课程改革所倡导的自主学习理念，在主体性理论、自主学习理论和内发性发展理论等的指导下，基于中小学教师专业成长的实践性特征反思教师培训模式的改革与创新。具体设计如图1-1所示。

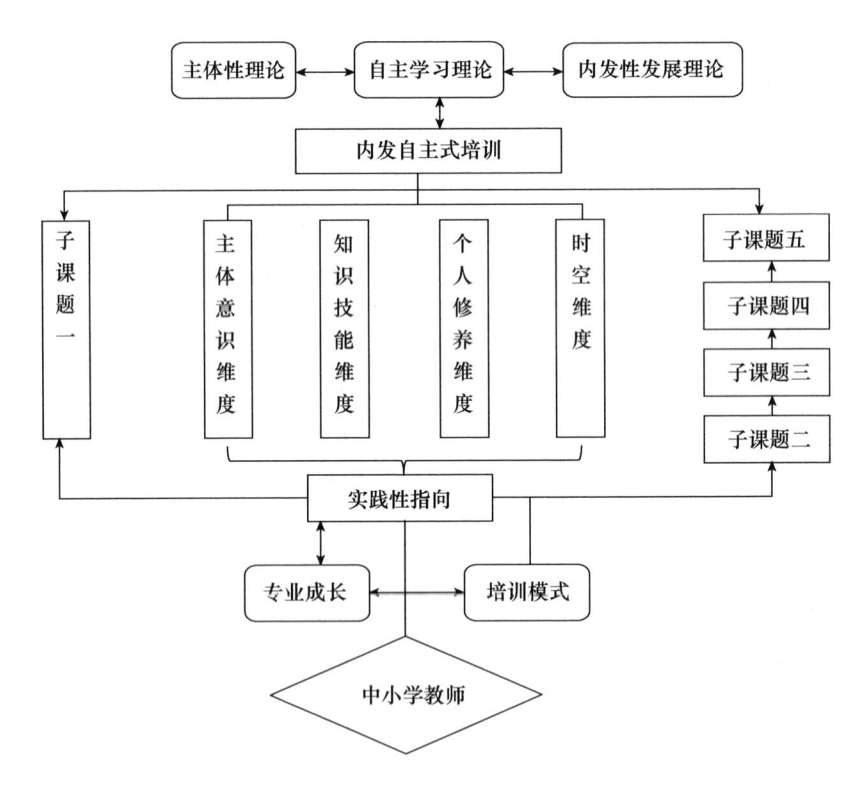

图1-1 总体研究框架

第一章 基于教师专业成长实践性反思中小学教师培训的总体设想

图 1-1 所示的总体研究框架主要包括"12345"要素,其中"12345"是指:

1 个指向——实践性指向

2 个关键要素——教师专业成长和教师培训模式

3 个支持理论——主体性理论、自主学习理论和内发性发展理论

4 个分析维度——主体意识维度、知识技能维度、个人修养维度和时空维度

5 个子课题——

子课题一:教师专业成长的实践性与教师培训模式改革的理论探索

子课题二:县域内校际联盟式教师培训模式的理论与实践研究

子课题三:校内自主式教师培训模式的理论与实践研究

子课题四:参与式教师培训模式的理论与实践研究

子课题五:U-S 合作式教师培训模式的理论与实践研究

2. 具体实施的技术路线

本研究是一个理论与实践并存的研究项目,即既要就教师专业成长与教师培训之间内在关联进行理论分析以及关注"县域内校际联盟式、校内自主式、参与式、U-S 合作式"几种以"内发自主"为核心的教师培训模式的理论建构,又要就这几种培训模式在合作学校进行实践研究。因此,本研究坚持理论分析—与合作学校进行实践探索—再作理论提升—撰写操作细则等技术路线展开研究。

3. 采用的主要研究方法

本研究主要采用了文献研究法、行动研究法和德尔菲技术:

(1) 文献研究法

文献研究法主要指搜集、鉴别、整理文献,并通过对文献的研究形成对事实的科学认识的方法。[①]

本研究拟通过文献研究法,在搜集已有文献资料的基础上,把握

---

① 叶澜:《教育研究及其方法》,中国科学技术出版社 1990 年版,第 175 页。

有关中小学教师专业成长的实践性与教师培训模式改革的现实状况，同时借助已有研究成果分析教师专业成长与教师培训之间的内在关联。

（2）行动研究法

行动研究是指教师在教育教学实践中基于实际问题解决的需要，与专家合作，将问题发展成研究主题进行系统的研究，以解决问题为目的的一种研究方法。本研究拟通过行动研究将课题组所建构的县域内校际联盟式教师培训模式、校内自主式教师培训模式、参与式教师培训模式、U-S合作式教师培训模式运用于实际培训中，在实际培训中进行修订和完善，经过实践—修订—再实践—再修订等过程，逐步完善内发自主式教师培训模式。

（3）德尔菲技术

本研究拟通过该方法，在与有关专家进行多次沟通与交流的过程中，不断修订和完善本研究所建构的内发自主式教师培训模式（县域内校际联盟式、校内自主式、参与式、U-S合作式），最终完成内发自主式教师培训模式的操作细则。

4. 实际创新之处

本研究的创新之处主要体现在三个方面：

（1）研究内容有新意

本研究以中小学教师的专业成长的实践性与教师培训模式改革为主题，研究的重点是探索基于中小学教师专业成长的实践性而逆向反思教师培训模式的问题，相比以往重点探索通过教师培训顺向促进教师专业发展的研究而言，有一定的新颖性。

（2）研究思路有新意

本研究主要是基于新课程改革所倡导的自主学习理念，在主体性理论、自主学习理论和内发性发展理论的指导下，以实践性指向为切合点，将中小学教师专业成长与教师培训模式的改革与创新结合起来，这在总体设计上体现了本研究的独特之处，有其创新意义。

(3) 研究观点有新意

本研究所持有的基本观点具有新颖性，其主要体现在：①本研究认为教师培训不能完全依靠给予主导式培训模式，还必须充分发挥能够积极调动教师和学校内部动力的内发自主式培训模式；②实践性指向是内在于教师专业成长与教师培训之间的根本切合点，即是说实践性指向是我们理解教师专业成长与教师培训之间内在关联的关键因素；③教师的专业成长是指向实践的，是一种实践性活动，其既反映了教师专业成长是面向教育教学实践的活动，也反映了教师的专业成长必须依赖教师的亲自实践。

第二章

基于教师专业成长实践性的中小学教师培训的研究现状

如想全面深入探讨基于教师专业成长实践性的中小学教师培训，有必要对基于教师专业成长实践性的中小学教师培训的研究现状进行梳理与分析。因此，为更好地、全面地对已有文献进行整体把握，本研究围绕着"教师专业成长"和"教师培训模式"这两个核心关键词，对国内外相关研究做了文献内容分析，以便为本研究提供有益的文献启示，为本研究的顺利进行提供依据。

第一节 国外相关研究现状

本节主要围绕着"教师专业成长"和"教师培训模式"这两个核心关键词，对国外相关研究做了文献内容分析。在教师专业成长部分，着重对国外教师专业成长的历史演进、基本内涵及教师专业成长阶段的研究进行梳理；在教师培训模式部分，主要梳理国外教师培训模式类型、特征及教师培训模式实践探索的研究，以便对国外相关文献进行全面深入的把握，为本研究提供一定的文献基础。

一 教师专业成长的相关研究

国外关于教师专业成长的相关研究是比较多的，其研究成果也比较丰富，综述起来实在不是一件容易的事情。鉴于此，我们拟从以下几个方面进行详细阐述：

(一) 国外教师专业成长的历史演进

教师及教师专业成长历来都是世界各国非常关注的问题。早在1966年，联合国教科文组织与国际劳工组织在《关于教师地位的建议》中提出：教师职业应当被作为专门职业来看待。[①] 1980年《世界教育年鉴》将"教师专业发展"定位为主题，更加强调了教师专业成长的重要性。至此，从20世纪80年代以来，教师专业成长就成为世界各国教育界持续关注的焦点，开始有了真正意义上的发展。目前，世界各国的教师专业发展状况并不平衡，相较而言，"美国、英国、日本是在教师专业发展上走在前列的国家"。[②] 美国是较早研究教师专业成长的国家，1980年美国一篇名为"Help! Teacher can't teach!"的文章，引起了人们对教师专业成长的重视，随后在1983年又发表了《国家在危机中：教育改革势在必行》的报告，由此，拉开了美国促进教师专业成长的一系列教育改革的序幕。紧接着1986年霍姆斯小组发表的《明天的教师》为代表的系列报告引起了学校和公众的极大关注，一时之间有关促进教师专业成长的观点引起了英国等一些国家的强烈关注，促使教师专业成长成为各国研究的热点，尤其是1996年发表的《至关重要：美国未来的教学》[③] 文章将各国的关注点转移到如何促进教师专业成长的新途径上，更加丰富和完善了教师专业成长的理论与实践。

(二) 关于教师专业成长基本内涵的研究

国外学者富兰和哈格里夫斯（Fullan, M. & Hargreaves, A.）认为教

[①] UNESCO, International Labour Organization (ILO) Recommendation Concerning the Status of Teacher (Adopted by the Special Intergovemmental Conference on the Status of Teachers, Paris, 5 October, 1966).

[②] 单中惠：《教师专业发展的国际比较》，教育科学出版社2010年版，第11页。

[③] MURREL P., "Development of Practice and Teacher Preparation in the Age of Education Reform", *Journal of Teacher Education*, No.1, 2001.

师专业成长是指教师通过在职学习与培训而获得的特定方面的发展。[1]格拉特霍恩（Gl-atthorm, A.）认为"教师专业成长是由于经验增加和对其教学系统审视而获得成长的"。[2]霍伊尔（Hoyle, E.）指出，教师专业成长是教师在其教学职业生涯中掌握每一阶段所必备的专业知识和技能的过程。[3]而戴（Day）（1999）则认为教师专业成长是教师主动的在专业思想、专业知识、专业技能和情感智能持续不断提高的创新过程[4]。佩里（Perry, P.）认为，教师专业成长不仅是教师专业知识和教学能力成长的过程，还包括教师个人在专业生活中成长的过程，比如教师职业自信的提高。[5]

从上述定义中，可以看出，教师专业成长是教师在专业知识、专业能力及专业素养等方面不断成长的过程，同时还需重视教师自身在专业成长中的作用。

（三）关于教师专业成长阶段的研究

国外研究学者对教师专业成长阶段的研究是比较丰富的，他们往往是从不同的角度来划分教师专业成长阶段。美国学者福勒是教师专业成长周期理论研究的先驱者，依据教师的心理关注点将教师发展分为四个阶段，即任教前关注、早期生存关注、教学情景关注、关注学生阶段。[6]而福克斯（Fox）、舍门（Sherman）、格鲁（Grow）等人则提出了教师专业成长的三阶段：关注自我生存、关注学科内容和情境、关注学生及其

---

[1] Fullan, M. & Hargreaves, A., "Teacher Development and Educational Change", In Michael Fullan & Andy Hargreaves (Eds.), Teacher Development and Educational Change, London & Washington D. C.: Falmer Press, 1992, pp. 8 – 9.

[2] 董静：《课程变革视阈下的教师专业发展》，中央编译出版社2013年版，第30页。

[3] Hoyle, E., "Nonprofessional and Deprofessionalization in Education", In Eric Hoyle, Jacquetta Megarry (Eds), World yearbook of education 1980: Professional Development of Teachers, London: Koran Page, 1980, p. 42.

[4] Day, C., Developing Teachers: the Challenges of Life Long Learning, London: Flamer, 1999, p. 4.

[5] 叶澜：《教师角色与教师发展新探》，教育科学出版社2001年版，第222—225页。

[6] Fuller, F. F., "Concerns of Teacher: A Developmental Conceptualization", American Educational Research Journal, No. 2, 1969, pp. 207 – 226.

差异，可以看出三阶段只是不关注教学前的阶段，其他阶段则和弗勒（Fuller，1969）的观点基本一致。

美国学者伯顿（Burden）等人提出了另一种三阶段说，即求生存阶段、调整阶段、成熟阶段。其中求生存阶段是教师入职第 1 年，调整阶段是教师入职 2—4 年，成熟阶段是教师入职 5 年或 5 年以上。[①]

费斯勒（Fessler，1985）等人在研究的基础上提出了动态的教师成长周期模型，并在模型的基础上根据情境因素对教师的影响，将教师的发展分为八个阶段：职前教育阶段、入职阶段、能力建立阶段、热心成长阶段、生涯挫折阶段、稳定和停滞阶段、生涯低落阶段、生涯引退阶段。[②]

美国学者斯德菲（Steffy，1989）在费斯勒研究的基础上，依据人文心理学派的自我实现理论，提出了教师职业发展的五阶段：预备生涯阶段、专家生涯阶段、退缩生涯阶段、更新生涯阶段、退出生涯阶段。与费斯勒研究阶段相比，其"更新生涯阶段"是对费斯勒理论的一种超越。[③]

休伯曼（Huberman，1989）等人在对教师专业成长研究的过程中，采取了更为创新的研究方法，将心理学和社会心理学相结合，把教师专业成长阶段具体划分为：入职期（第 1—3 年）、稳定期（第 4—6 年）、实验和歧变期（第 7—25 年）、平静和保守期（第 26—33 年左右）、退出教职期（34 年以后）。[④]

综上所述，虽然出现了众多教师专业成长阶段的划分，但总体上教

[①] Burden, P. R., "Teacher Development: Implication for Teacher Education", In J. D. Rath & L. Latz Advancein Teacher Education (ed.), *New Jersey: Alex Publishing Corporation*, 1986, pp. 185–219.

[②] Fessler, R., "A Model for Teacher Professional Growth and Development", In P. J. Burke & R. G. Heideman, Career-long Teacher Education (ed.), *Illinois: Charles C. Thomas*, 1985, pp. 181–193.

[③] 周赞梅：《专家教师研究》，知识产权出版社 2006 年版，第 119 页。

[④] Huberman, M., "The Professional Life Cycle of Teachers", *Teachers College Record*, No. 1, 1989, pp. 31–57.

师专业成长阶段一般都会经历准备阶段、适应阶段、成长阶段三个阶段。

二 教师培训模式的相关研究

国外在促进教师专业成长问题上，很下功夫，给教师提供了丰富多彩的在职培训，进而形成了丰富多样、各具特色的教师培训模式，有效提升了教师培训的质量和效果，促进了教师专业成长。

（一）关于教师培训模式类型的研究

根据林琳（2011）的研究发现，国外教师培训模式存在多样化的特点，主要有高校本位模式、学校本位模式、教师中心模式、远程培训模式。[①] 另外还存在"行政"与"自主"相结合的二元培训模式。

1. 以高校为主的培训模式

该培训模式是以高等院校为基地，充分利用高等院校的教育资源，对在职教师所实施的以系统理论教学与研究为主的教师培训模式，主要目的是提升教师的教学理论水平和理论素养。由于这种模式是以采取系统的教师培训课程为主而进行的教师培训，因此也称为课程本位模式。[②] 这种模式在师资队伍上较为强大、在教学方式上也比较规范科学、在教学内容上则更加系统全面，为在职教师提供了不同种类的学历提升课程或非学历提升课程，对提高在职教师的专业理论基础和学历层次发挥了重要作用，但此模式不仅存在着课程设置理论性较强，对实践教学环节关照不足，导致教育理论与实践相分离的负面影响，还使得教师的专业自主性不能得到充分有效的发挥。

2. 以学校为基地的培训模式

该培训模式最早起源于英国，在形式上是以中小学为中心、为基地的培训模式，因此，也称"学校本位"模式，以教师所在学校为主要场所而进行的在职培训。这种模式注重以学校的教育教学实践和教师自身

[①] 林琳：《国外教师继续教育的特点及其启示》，《继续教育研究》2011年第9期。
[②] 谭兆敏、段作章：《国外教师在职培训模式的比较研究与启示》，《继续教育研究》2006年第1期。

实践为基础，旨在解决学校教学中存在的问题，提升教师教育教学能力，促进教师专业成长。在开展培训的过程中也非常注重教师进行自我诊断，积极开展讨论及反思，促进教师反思性专业成长的习惯。这种培训既可以由学校自主开展，也可以由学校与高校或其他培训机构或教育行政部门合作开展，是一种"以学校为基础"或"基于学校"的培训形式[①]。它充分考虑中小学教师的培训需要，提高了培训的灵活性和自主性，尤其是极其重视校本培训资源的开发利用，在整个培训规划中目标明确、内容切合实际需要、实施流程清晰明了、评价反馈机制健全，加强了高校、教育行政部门、学校三方的沟通、协商与合作，促使培训更加科学合理，使得参训教师作为培训主体，拥有了更大的自主权。

3. 教师中心模式

教师中心模式是指以专门设立的教师继续教育基地进行的旨在提高教师教学技能为主的教育模式。这种培训模式真正体现了以教师为中心、以教师为主体的培训理念，发挥了教师在参与培训时的主体作用，提高了教师参与培训的自主性、主动性和积极性。培训基地主要以教师培训中心为主，同时也包括民间非营利性教师委员会、协会以及各种教师专业团体等，在培训课程内容的设置环节，从教师的实际需求出发，提供"菜单式"的课程内容，此外，整个培训计划和具体的实施方案都充分考虑并尊重教师的意见和建议，以确保培训内容的科学性、针对性和有效性。该模式最大的优点在于从教师的培训需求出发，以教师为主体，充分考虑了教师的意见和建议，提升了培训的针对性和有效性，另外，教师也可以在培训中通过与专家和同行的学习、交流与探讨，及时更新教学理念和教学方法，提升教学技能，从而促进自身的专业成长。

4. 远距离教育模式

远距离教育是由专门的教育机构利用各种通信媒体，对教师实施教

---

① 张慧军：《英美教师在职培训模式及其对我国教师培训的启示》，《师资建设》2013年第17期。

育的一种模式。① 目前，世界各国政府越来越关注远距离培训方式，将远距离培训作为教师在职进修的一种重要方式，且很多国家已将其发展成政府行为，并逐渐从传统的远距离培训向现代远程培训的转变。该培训模式打破了时间和空间的限制，扩大了培训的规模，使得培训内容更加丰富多元，培训方式和培训时间更加灵活、方便，同时培训的组织也趋向简单化，从而节约了培训成本，参训教师可以灵活自主接受培训，一定程度上减轻了中小学教师的压力和负担，有助于促进教师专业上的成长与进步。

5. 二元培训模式

该模式属于"行政"与"自主"相结合，其中，"行政"研修主要是由教育行政机构组织实施，"自主"研修是教师自发组织的研修模式，倡导教师培训的自主性、主动性和积极性。该模式的典型代表是日本。"行政"研修主要由都道府县、市町村各级教育中心、教育委员会举办，为农村教师提供进修机会和保障性条件，"自主"研修模式是农村教师自发组织研修，且积极性非常高，有多种类型可供选择，如 e-learning 型（专业发展实验室）；传统形式的集合型（赴高校、科研机构、企事业单位、福利事业单位学习）；利用图书资料、网络资源自主研修型，等等。②

（二）关于教师培训模式特征的研究

当前国外教师培训虽然形式各异，但总体上表现出共同的特征，主要体现为合作化、多样化以及实践性等特点。

1. 教师培训的合作化特征

这种"合作化"不仅包含大学与中小学之间的合作，培训专家、培训教师和参训教师之间的合作，而且还包括培训机构与中小学之间的合作，以及教师在学习共同体中同其他成员之间的沟通、交流与合作。许

---

① 有宝华：《远距离教育的新模式：分散教育》，《外国教育资料》1994年第2期。
② 王晓燕：《关于农村教师能力培训的创新模式研究——基于国际比较的视角》，《江苏教育研究》2008年第11期。

多国家的教师培训都具有这一典型特征,其中表现最突出的是英、美等国的教师教育培训。① 比如:美国的在职教师进修不仅需要高等院校教育专家的支持,还需要大学的研究院与中小学教师合作。英国的教师培训实行职前职后一体化的模式,教师、中小学校以及培训机构在师资培训中不仅是合作伙伴关系,还发展成一种通过合作解决问题的在职培训新体系。②

2. 教师培训的多样化特征

多样化特征主要体现为培训模式的多样化、培训内容的多样化。世界各国为了满足不同层次教师的需求,有效促进教师专业成长,采取多种培训方式,如学习研修班、学术会议、教学活动、社会考察等形式。英、美等发达国家的教师培训出现了新型服务型教师培训,此类培训是以学校为核心,采用"送教上门"的方式,把教师培训融入教学实践情境中,结合教师的教学实际,激发教师参训的积极性和主动性。这种新型的教师服务培训最大的特点就是针对性强,能有效助力教师专业成长与发展。③

3. 教师培训的实践性特征

教师培训活动的实践性是培训行业追求的目标和方向,传统的培训有讲授法、视听法、研讨法和案例探讨法等,随着教育理念的不断更新与提升,各国开始意识到教师培训应走向实践和反思,相应的出现了参与式培训、微格培训、体验式培训、翻转课堂等反思实践性很强的培训方法,这都表明了世界教师培训呈现出实践性特征的发展态势。美国著名教师教育专家达林—哈蒙德(Linda Darling-Hammond)及其团队的研究发现也证实了这一点,认为教师培训必须密集、持续且与实践发生关联。④

---

① 杜静:《比较视阈下教师在职培训的特征分析》,《河北大学成人教育学院学报》2008年第1期。
② 陈永明:《国际师范教育改革比较研究》,人民教育出版社1999年版,第94页。
③ 丛英姿、刘慧芳:《发达国家中小学教师在职培训的特点》,《当代教育科学》2007年第11期。
④ Linda Darling-Hammond, et al., Professional Learning in Learning Profession: A Status Report on Teacher Development in the UnitedStates and Abroad, National Staff Development Council and The School Redesign Network at Stanford University as part of their multiyear study, 2009.

（三）关于教师培训模式实践探索的研究

国外关于教师培训模式的实践探索是比较多的，且研究成果也比较丰富，尤其以美国、英国、日本最为典型。

美国在激励机制方面，实行教师资格证书每五年更换一次，进修的内容、时间等与工资挂钩，即进修记录和学分愈多，工资愈高，以致虽然进修学习是自费的，但是教师学习的积极性还是很高的。由此，美国在开展教师培训的实践过程中形成了较为特殊的培训模式，即通过高校、中小学的交互合作来建立教师专业发展学院。典型代表有美国印第安纳大学"高质量教育中心"、密歇根州立大学"全国教师学习研究中心"，作为全国性农村师资培训、进修及研究基地，实施了具有创造性的农村教师"点对点视频会议"培训模式，在节省农村教师时间、精力及参训成本的同时，还能接受专家的亲临指导，有效提升了农村教师的教学能力，促进了农村教师专业成长。西弗吉尼亚大学（D&E，Design & Evaluation）实施的农村教师培训模式是通过五个步骤实施的，即决定理想教学结果、目标和教育影响力，评估教学环境，开发教学内容和过程，评价教育影响力，评价教学结果五个步骤，实现了对农村教师教育质量的有力保证。[1]

英国的教师培训模式的改革非常重视与职前教育的衔接性，加强新教师的入职培训，新教师"入职档案制度"极大地促进了新教师的教育专业水平，同时，英国在校本培训方面形成了校本进修"六阶段培训模式"（确定需要—谈判—协议—前期培训—主体培训—结束）、"Schon型的农村教师行动与自我反思的专业发展模式"（三位一体的农村教师专业发展循环共同体）。该模式得益于1992年英国政府通过正式文件规定实施"以学校为基地的"教师教育改革计划[2]。英国菲尔德大学教育学

---

[1] K. Mitchem, D. Wells, J. Wells, "Using Evaluation to Ensure Quality Professional Development in Rural Schools", *Journal of Re-search in Rural Education*, No. 2, 2003, pp. 96 – 103.

[2] DES, "Pattern Announces Expansion of School-based Training", *The Department of Education & Science News*, 26, May, 1992.

/ 第二章 基于教师专业成长实践性的中小学教师培训的研究现状 /

院设计了一种以中小学为第一培训基地、辅之以大学培训机构提供培训课程和培训专家,进行双方合作的六阶段培训模式。① 另外,英国在政府保障下也积极开展远程培训,其国家学习信息系统 Gird 的基础上大力发展"六阶段模式"和以小学为基地的培训模式②,通过基地的建设促进远程教育的发展,进而在信息化社会结构形成的背景下,培养了越来越多的教师,同时还建立了中小学教师培训的网络体系,方便和加强了监督工作,提高了中小学教师培训的效率。

作为教师教育质量排在世界前列的日本,也提出了适应本国教育的培训模式,且已经形成了一套较为完备的职前培养体系、在职培训体系和法制化的管理系统,实行"行政"与"自主"相结合的二元培训模式,这二者通常都与晋级、加薪无直接关系,只是作为教师的一种义务。另外,在二元培训模式下则采用校内校外研修相结合的模式,其中校内研修指根据学校的实际教学任务进行,旨在提倡教师的协作意识、提高教师的教学能力。校外研修包括各个政府部门、大学教育机构等各种部门举办的培训,内容丰富,能满足不同教师进修、取得更高学历以及个性化的需求。③

随着教师培训的不断进步与发展,其他国家也相应地提出了不同的教师培训模式,主要目的是提升本国教师的专业素质,促进本国教师专业成长。如德国是世界上开展教师教育较早的国家之一,教师教育制度比较完善和发达,其在提高教师培训工作地位的基础上,通过法律规定中小学教师到退休为止必须参加定期的教师培训活动,主要措施有"在职进修提高"和"留职带薪深造"两种,尤其是近年来德国大力开展校内在职教育模式;澳大利亚中小学教师培训模式主要分为三种,即政府资助的专业发展计划、高校提供的专业培训和校本专业发展培训。在远程培训方面,瑞士采取远程教育、集中培训等多种形式;菲律宾教师通

---

① 刘慧芳:《国外中小学教师在职教育和培训的比较与启示》,《教育探索》2001 年第 11 期。
② 徐娟:《以中小学为基地:英国教师培训模式及其启示》,《大学教育科学》2007 年第 1 期。
③ 陈永明:《国际师范教育改革比较研究》,人民教育出版社 2006 年版,第 261—274 页。

过广播进行远程培训；韩国教师通过观看电视节目、收听广播来完成每周15分钟的培训任务[①]。

第二节 国内相关研究现状

在梳理国内相关研究现状时，将继续围绕着"教师专业成长"和"教师培训模式"这两个核心关键词，对国内相关研究做文献内容分析。在教师专业成长部分，着重梳理国内教师专业成长基本内涵的研究、教师专业成长阶段的研究、教师专业成长影响因素的研究、教师专业成长路径的研究及教师专业成长实践性的研究；在教师培训模式部分，主要梳理国内对教师培训模式内涵的研究、教师培训模式类型的研究、教师培训模式存在问题及对策的研究、教师培训模式改革与创新的研究、教师培训模式实践探索的研究，从而对国内相关研究现状进行有效而全面的把握。

一 教师专业成长的相关研究

就国内而言，专门针对"教师专业成长"所进行的相关研究非常多，其研究成果也比较成熟，如朱玲娟（2007）主编的《教师专业成长新论》；张典兵、马衍（2013）著的《教师专业成长研究引论》；金本能（2015）编著的《优秀教师的专业成长之路》；王艳霞等（2014）的《以教研组为载体的研究型教师专业成长策略》等。而且，从教师培训的角度来研究教师的专业成长的其实也不少，比如张淮江（2012）主编的《教师专业成长与教师培训》；刘党桦（2015）的《系列培训助推新教师的专业成长》等。通过查阅相关文献，发现有关教师专业成长的研究主要集中在以下几个方面：

（一）关于教师专业成长基本内涵的研究

第一类，发展说，即把教师专业成长看作教师的发展。有学者认为

---

① 郄海霞：《20世纪90年代以来我国学者对国外教师教育研究综述》，《比较教育研究》2003年第1期。

教师专业成长与教师专业发展可以作为同义互释的词语，甚至将教师专业成长等同于教师专业发展，也有学者把"教师的成长与发展"并列，认为成长与发展在本质内涵范畴内存在重叠交叉的部分，都有提升、改进的意思，所以可以将两者并行使用，且教师的成长和发展包括三层含义：教师是专业人员；教师是持续发展的个体；教师是学习者和研究者。[1]

第二类，过程说，有学者把教师专业成长看成是一种过程、一种社会化的过程，认为教师成长的过程是教师学会教学的过程，也是不断习得与教师有关的角色期望与规范的社会化过程，[2] 是教师的专业结构不断更新、演进和丰富的过程，[3] 是教师不断提升其专业意识，建构其专业理念和专业知识，增长其专业能力的过程，[4] 是教师"成教师"的过程。[5]

第三类，目的说，即教师专业成长是基于一定的目的而进行的，如有学者认为教师专业成长是教师为了提升专业水准表现而经自我抉择所进行的各项活动与学习的历程，[6] 是为了适应不同时期教育的相关需求以及对教学的要求，教师有目的有意识地进行的活动。

第四类，实践说，教师专业成长活动是教育实践的具体形式之一，[7] 与实践具有一定的内在关联，其不仅是一种技术性实践，还是一种德性实践，且包含了政治、经济、伦理、文化、社会的实践活动，[8] 是教师在自身实践中不断积累形成的实践性知识和实践智慧的过程，实践理性是教师专业成长实践的内在吁求。同时，教师专业成长也包含着实践反

---

[1] 傅道春：《教师的成长与发展》，教育科学出版社2001年版，第1页。
[2] 赵昌木：《教师成长论》，甘肃教育出版社2004年版，第23页。
[3] 叶澜：《教师角色与教师发展新探》，教育科学出版社2001年版，第226页。
[4] 李莉：《初中初任语文教师专业成长的叙事研究》，博士学位论文，陕西师范大学，2013年。
[5] 张建雷：《回归生活世界的教师专业成长》，《教育评论》2018年第6期。
[6] 罗水清：《终生教育在国小教师专业发展的意义》，《研习资讯》1998年第4期。
[7] 索磊：《实践理性的教师专业成长研究》，博士学位论文，西南大学，2016年。
[8] 钟启泉：《教师"专业化"：理念、制度、课题》，《教育研究》2001年第12期。

思的意思,是教师对自身教育教学实践进行反思,形成一定的自我评价、持续学习和不断创新的能力的过程。①

上述可见,从不同的角度进行分析,教师专业成长则会有不同的内涵,但在多种内涵的阐释下,我们可以从中抽取出有关教师专业成长的本质内涵,即教师专业成长是指向实践的,是一种实践性活动,其既反映了教师专业成长是面向教育教学实践的活动,也反映了教师的专业成长必须依赖教师的亲自实践。

(二)关于教师专业成长阶段的研究

我国的研究学者对于教师专业成长阶段的划分也各执己见。主要涵盖以下几个方面:(1)两阶段说。吴康宁(1998)从教师专业化的角度,将教师专业成长分为预期专业社会化与继续专业社会化;② 朱玉东(2009)以时间为基点分为职前专业发展和在职专业发展。③ (2)三阶段说。角色成长理论指出教师在职业发展过程中要经历角色适应阶段、主要发展阶段和最佳创造阶段。④ 台湾学者王秋绒(1991)从教师专业化的过程出发,认为教师专业发展可分为师范生的专业社会化、实习教师的专业社会化、合格教师的社会化;⑤ 而有学者则基于教师成长的轨迹,将教师专业成长划分为适应期、稳定期和创新期。(3)四阶段说。申继亮(2002)指出职后教师的专业成长可分为学徒期、成长期、反思期和学者期;⑥ 蔡碧琏认为在职教师的专业发展一般经历生存期、成长期、成熟期和停滞期。⑦ (4)五阶段说。叶澜等人(2001)以"自我更新"为依据将教师专业发展分为非关注阶段、虚拟关注阶段、生存关注阶段、

---

① 单勤海:《一位优秀初中数学教师专业成长的叙事研究》,硕士学位论文,宁波大学,2013年。
② 吴康宁:《教育社会学》,人民教育出版社1998年版,第215—221页。
③ 朱玉东:《反思与教师的专业发展》,《教育科学研究》2003年第11期。
④ 周赞梅:《专家教师研究》,知识产权出版社2006年版,第120页。
⑤ 王秋绒:《教师专业社会化理论在教育实习设计上的意义》,师大书苑1991年版,第33—48页。
⑥ 申继亮等:《关于中学教师成长阶段的研究》,《天津师范大学学报》(基础教育版)2002年第3期。
⑦ 方娇、梁敏:《我国教师专业发展研究综述》,《教育教学论坛》2012年第15期。

任务关注阶段和自我更新关注阶段;① 陈永明（2003）以教龄为参数，将教师专业发展分为适应和发现期、稳定期、适应期或重新评价期、平静期和保守期、退出教职期;② 胡谊在《成长的阶梯成为专家教师之路》一书中，把教师的成长历程分为：新教师、高级新手教师、胜任教师、经验教师、专家教师。③

（三）关于教师专业成长影响因素的研究

影响教师成长的因素有很多，有学者指出影响教师专业成长的因素主要涉及社会层面、学校层面和个人层面，其中社会层面主要受教师管理制度以及职业吸引力和教师的社会地位所影响，而学校层面则与民主管理制度的保障，校长的引领以及教师文化的激励有关，个人层面则受专业结构、家庭因素所制约，④但个人层面的因素起关键作用。也有学者认为影响教师专业成长既有外在的社会因素，又有内在的个人因素的作用，并将这些因素划分为三种观点，分别是"外力说""内铄说"和"生态平衡说"。关于"外力说"，郑友训认为工作环境的复杂和工作压力的日益加重是阻碍教师专业成长的原因之一⑤；陈斐同样认为教师专业成长与社会环境和学校制度密切相关，但当前教师处于一个功利化的社会环境，另外，促进教师专业成长的一个主要方法——教研活动，则出现了过渡行政化的倾向，这些因素都制约了教师专业成长⑥。从上可以看出社会环境、校园文化和学校制度等一些外部因素对教师专业发展的重要性。"内铄说"，强调教师自我意识、职业认同、职业自信都会影响教师的专业成长。"生态平衡说"，则是融合以上两种观点，认为教师专业发展是与学校和学生的发展是一体的，三者相辅相成，互相影响。

---

① 叶澜等：《教师角色与教师发展新探》，教育科学出版社2001年版，第277—302页。
② 陈永明：《现代教师论》，上海教育出版社2003年版，第186—188页。
③ 胡谊：《成长的阶梯——成为专家教师之路》，华东师范大学出版社2008年版，第1—4页。
④ 刘洁：《试析影响教师专业发展的基本因素》，《东北师范大学学报》（哲学社会科学版）2004年第6期。
⑤ 郑友训：《"高原期"：教师专业成长必须逾越的平台》，《当代教育科学》2005年第11期。
⑥ 陈斐：《教师专业成长中的"高原状态之质性研究"》，《教育探索》2009年第6期。

纵观上述学者对影响教师专业成长的因素分析中可以看出影响教师专业成长的因素不是单一的、局部的，而是复杂的，多方面的，且各种因素可能会交互影响，共同制约教师专业成长。

（四）关于教师专业成长路径的研究

关于教师专业成长路径的研究，众学者多从不同的视角进行路径原则的研究。有学者从知识的角度，强调学习、掌握并积累必要的学科教学知识既是教师专业素质的体现也是教师成长为专家型教师的重要保证。有学者从专业理念的角度出发，认为教师的专业理念是影响教师专业成长的内在因素的体现，正确合理的专业认同是促进其自身专业成长的内源性动力。还有学者从课例研究的角度来促进教师专业成长，基于课例研究具有的沟通教学理论与教学实践的特点，主张教师在进行课例研究的过程中做到不断反思与改进，以实现教师的专业成长。同时，教师的发展性评价、批判性的教学反思和合作的行动研究也可以作为促进教师专业成长的路径。魏建培（2009）基于"教师作为个人"的角度，认为教师开展教育自传是教师专业成长的重要途径。[1] 田季生（2009）认为在远程教育中，开展技术培训、进行教学研究活动、撰写教育博客和教学反思、组建教学团队、加强教育者的影响力是远程教育教师专业成长的主要途径。[2] 田家龙从资源的角度，认为资源意识是教师专业成长的现代追求，培养教师的资源意识是教师专业成长的必然选择。[3] 张建雷从现象学出发，认为教师专业成长的路径必须主动寻找回归生活世界，回到教育事实本身，从而使教师真正走上专业成长之路。[4] 张煜颖从课程开发的角度出发，认为校本课程开发可以有效促进小学数学教师专业成长。[5]

---

[1] 魏建培：《教师专业成长途径：教育自传》，《教师教育研究》2009年第3期。
[2] 田季生：《关于远程教育教师专业成长途径的创新认识》，《开放教育研究》2009年第6期。
[3] 田家龙：《资源意识：教师专业成长的现代追求》，《教育理论与实践》2018年第17期。
[4] 张建雷：《回归生活世界的教师专业成长》，《教育评论》2018年第6期。
[5] 张煜颖：《校本课程开发促进小学数学教师专业成长的叙事研究》，硕士学位论文，重庆师范大学，2017年。

（五）关于教师专业成长实践性的研究

近年来哲学和教育学都出现了实践取向，其中在教育学领域中也出现了教师教育的实践转向，因此，有学者提出了基于实践理性的教师专业成长，认为教师的专业实践行为改变有赖于教师实践理性水平的提升，并将教师专业成长实践活动看作是教师的自我觉察、自我生成、自我发展、自我统整、自我完善和自我实现的过程。[①] 有学者从实践性的角度出发，认为实践性知识是教师专业发展的重要基础，实践性知识及其结构化程度直接影响着其专业发展的阶段和水平，[②] 同时实践智慧和实践反思也是教师专业成长不可或缺的重要品质，尤其是教师反思自身的教育实践行为是实现教师专业成长的基本途径。还有学者从教师专业成长的驱动力出发，认为教师实践力是教师专业成长的外显力，[③] 教师在自身教育教学实践中将理论和方法付诸实践，其专业成长是在实践中前进的过程。另外，虽然教师专业成长的实践性特征决定了教师专业成长必须坚持实践取向的理念，但是还需避免将实践取向等同于关注实践技能，走向"实践主义""技术主义"的极端，从而陷入一种"实践主义的独断论"倾向。[④] 因此，教师专业成长虽必须坚持实践取向，但更需注重的是倡导如何理性地更好地实践，这样才能在真正意义上实现教师专业成长。

二 教师培训模式的相关研究

国内对教师培训模式也是相当重视的，关于教师培训模式的研究也比较多，通过对已有文献的查阅与梳理，发现其主要集中在以下几个

[①] 索磊：《基于实践理性的教师专业成长研究》，博士学位论文，西南大学，2016年。
[②] 陈全英：《实践性知识：新教师专业成长的基石——源于一项案例分析》，《宁波教育学院学报》2015年第2期。
[③] 张弛：《基于胜任力的中小学教师专业成长路径研究》，硕士学位论文，黑龙江大学，2017年。
[④] 曹永国：《从实践主义到实践理性：教师自我专业发展的一个现代取向》，《南京社会科学》2014年第7期。

方面：

（一）关于教师培训模式内涵的研究

何为培训模式？相关学者对其本质的界定和阐释比较丰富，归纳起来主要有四种观点。一是培训形式论，即把离职培训、半脱产培训、在职培训等培训形式称为培训模式。二是培训方法论，认为像拓展训练法、课堂讲授法、案例研究法等授课方法就是培训模式。三是培训组织论，即将培训模式等同于培训的组织形式。四是培训流程论，认为培训模式就是培训管理的运作程序，比如首先是培训需求分析，其次是制订培训计划，最后是进行培训评价总结等。还有学者将教师培训模式分为宏观、中观和微观层面，认为宏观层面的教师培训模式是与社会经济发展阶段密切相关的长期战略研究；中观层面的教师培训模式即教师在职学习教育管理模式；微观层面的教师培训模式专指各种教师培训课程进度安排及培训教学全过程的模式。

综合以上对教师培训模式内涵的界定，可以看出，教师培训模式要素不仅包含培训的目标、内容、方法、途径及评价等，还应具有培训的操作程序。教师培训模式的发展趋势主要体现为培训目标的人性化发展趋势、培训内容的多元化发展趋势、培训方式多样化的发展趋势、培训模式的信息化发展趋势。[①]

（二）关于教师培训模式类型的研究

由于教师培训主体的多元和培训形式的多样，再加上参训教师及其需求的多样化，从而决定了教师培训模式的多样化。综合对已有研究的分析，可以看出，不同的分类标准则呈现出教师培训模式类型的不同。

首先，从培训主体的角度看，教师培训模式主要有高校为本的教师培训模式、校本培训模式、自我反思培训模式。其次，按开展培训的形式，教师培训有网络培训模式、问题研修式、协作探究模式、课题研究模式、研讨分享模式、诊断提高模式、课例研修模式、自修反思模式、

[①] 李欣：《农村教师培训的有效模式研究》，硕士学位论文，西北师范大学，2015年。

校本模式、师范生实习支教——农村中小学教师置换脱产研修模式等。还有学者在传统培训形式的基础上,提出构建"'导—研—行'的教师培训模式,通过培训专家的'导'、参培教师的'研'和'行'(实践)等培训活动,完成培训任务、实现培训目标的一种培训模式。"① 再次,根据培训对象的不同,教师培训有农村教师培训模式、骨干教师培训模式、学科教师培训模式、新教师培训模式等。最后,按培训模式的层次,钟祖荣将教师培训的模式分为宏观模式和微观模式。宏观模式是教育行政部门构建的区域性继续教育发展模式和管理模式。微观模式是具体培训项目所采取的培训模式。按照模式的职能分为培训教学模式和管理模式。② 另外,许多学者根据自己的见解在一般的教师培训模式之外提出了众多的教师培训模式,如信息化教育教师培训模式、校本教师培训模式、双轨制教师培训模式、"互联网"教师培训模式、混合式教师培训模式、分层式教师培训模式、主题式教师培训模式、深度培训模式、互动式教师培训模式、探究式教师培训模式、开放型中小学教师培训模式、案例式教师培训模式、"主题—反思"教师培训模式、参与式教师培训模式和合作教师培训模式等,这些培训模式的提出对教师培训模式的整体、全面发展具有积极的促进作用。

(三) 关于教师培训模式存在问题及对策的研究

当前,中小学教师培训存在理论与实践脱节、培训目标侧重教师的知识与技能而忽视个人修养、任务型教师培训产生了诸多"培训专业户"、教师参与度不高等问题,因此,中小学的教师培训应从关注教师的知识与技能转到关注教师的个人素养;应基于教师专业成长的角度反思教师培训模式;应从给予主导式培训模式转向内发自主式培训模式。③

---

① 赵思林、彭家寅、潘超:《"导—研—行"教师培训模式与实践》,《内江师范学院学报》2012年第8期。

② 李方、钟祖荣:《教师培训研究与评论》第1辑,北京师范大学出版社2010年版,第49页。

③ 杜尚荣、王笑地:《基于教师专业成长实践性的中小学教师培训模式改革与创新》,《教育探索》2018年第1期。

还有学者认为如要解决当下我国教师培训方面存在的问题，需要改变当前的培训考核方式及促进方式，打破原先的培训人员的选拔方式及考核方式①，另外还需加强对教师培训制度方面的完善与管理，从前期的培训设计与规划，到培训中期的管理与实施到培训后期的反思与总结，每个环节都需要制度的保障，这样才能有效促进教师培训制度的一体化的形成与建构。②还有学者认为农村现有教师培训模式存在的问题主要有观念与培训方式相违背、不重视教师已有的教育背景和教育经验、混淆了高层次学习与基础学习的界限、培训模式与教师需求的多样化、个性化不适应等问题，应该建立起一套以学习支持、技术支持、管理支持和情感支持为一体的农村教师培训新模式。费振新认为应该在国家或地方教育部门支持的情况下以高校为教学基地开展教师培训工作，提高教师培训的实效性。③郑国凤也认为在培训中普遍存在着培训限制多、培训活动成本高、培训方式单一、培训内容更新慢与耗时长、培训者处于被动地位等突出问题。为此，在新形势下要建立广泛的"互联网＋"培训联盟，建立培训资源互换共享机制，建立零障碍的互动反馈机制与学分积累机制，建立开放、多样、发展、全面的资源体系。④

（四）关于教师培训模式改革与创新的研究

目前关于教师培训模式改革与创新的研究，主要表现在下列七个方面：

一是基于项目合作形式而探讨教师培训模式的改革与创新。如郭维平（2010）基于高校与地方合作联盟的角度论述了小学教师培训模式的改革与优化；李瑾瑜等（2008）在其《中小学教师培训模式改革的创新与实践》中总结了"送培到新疆"的实践经验，反思其存在的针对性不强、经验不足、时间较多等问题，建议培训需要有针对性，且在不断反思中总结经验，建议培训时间安排15天为宜等。二是基于课程改革角度

---

① 陈向明、王志明：《义务教育阶段教师培训调查现状、问题与建议》，《开放教育研究》2013年第4期。
② 常宝宁：《教师培训的现实困境与对策》，《现代教育管理》2011年第4期。
③ 费振新：《中小学教师培训存在的问题及对策》，《教育探索》2014年第2期。
④ 郑国凤：《农村中小学教师培训模式的检视与创新》，《教学与管理》2018年第21期。

/ 第二章 基于教师专业成长实践性的中小学教师培训的研究现状 /

研究中小学教师培训模式的改革与创新。如孙海源（2010）探讨了通过课程改革推动中小学教师培训模式的创新，在新课程改革的背景下，需要研究和施行符合新课程改革要求的教师培训模式，建构以集中培训为引导、自我培训为主体的新型培训模式。三是基于县域内的视角论述教师培训模式的改革与创新。如程先国（2011）在其《县域中小学教师培训模式改革的创新构想》中，论述了县域内中小学教师培训的普及性和常规性。陈顺理认为县级教师培训模式必须变革，实施"改进实践、专题深化、训研一体、联片研修"的教师培训新制度，以增强教师培训的针对性和实效性。① 四是基于互联网的视角论述教师培训模式的改革与创新。如李运福②探寻了基于大数据分析情况下的教师培训模式，即"互联网＋"教师培训，对教师进行个性化培训，满足教师的个体化需求。王宇则认为"互联网＋"时代下中小学教师远程培训模式的有效应用，需要积极进行远程培训网站创建、加强培训需求分析、加强培训管理资源整合，进而促进教师培训模式不断创新、不断优化，提高中小学教师培训的质量与效率。③ 郭绍青等④认为网络环境支持的参与式教师培训活动，可有效促进培训效果的提升。郑国凤也认为在新形势下要建立广泛的"互联网＋"培训联盟，建立培训资源互换共享机制，建立零障碍的互动反馈机制与学分积累机制，建立开放、多样、发展、全面的资源体系。⑤ 还有学者提出了基于视频公开课的翻转课堂教师培训模式，认为此模式不仅为教师专业成长提供了优质资源，还可以实现培训内容与培训方式的创新与发展。⑥ 五是针对教师培训模式而展开论述。如孙

---

① 陈顺理：《探索县域教师培训新模式》，《中国教育学刊》2010年第7期。
② 李运福、杨晓宏：《基于大数据分析的O2O教师培训模式研究》，《中国电化教育》2016年第12期。
③ 王宇：《"互联网＋"时代下中小学教师远程培训模式研究》，《中小学教师培训》2018年第2期。
④ 郭绍青、张乐、陈莹：《网络环境支持的参与式教师培训策略研究》，《中国电化教育》2011年第12期。
⑤ 郑国凤：《农村中小学教师培训模式的检视与创新》，《教学与管理》2018年第21期。
⑥ 吴鹏泽：《基于视频公开课的翻转课堂教师培训模式》，《中国电化教育》2015年第1期。

二军、郝瑜（2012）探讨了教师培训模式系统设计及改革策略；潘世祥（2014）编著了《基于创新的教师培训模式的研究与实践》。还有学者认为中小学教师培训模式的创新研究需要从"专业发展"到"全人教育"，[1] 由"静听—接受"向"研究—体验"转变[2]，构建以高师院校、地方教育行政部门、中小学密切合作的"三位一体"协同创新培训支持和服务体系。[3] 有学者依据知识创造模型（SECI 模型）原理，挖掘教师知识创造的客观规律，提出了专家会诊、任务驱动、理论研修、影子培训、读书笔记和教育反思、科研课题立项、校长论坛、网上论坛、跟踪回访等教师培训模式，为教师培训的训前模式设计、训中监督及训后评价提供了科学的理论依据。[4] 六是直接探索教师培训对促进教师专业成长的相关问题。如何泳忠（2014）的《改革教师培训模式促进教师专业化发展》；广西壮族自治区教育厅与北京师范大学共建"基础教育教师素质提升综合改革实验"项目组的阶段性成果——《创新教师培训模式促进教师专业化成长》。蔡文丰依据个性化教师培训内涵，从培训理念、目标、内容、方法与管理几个方面提出建构个性化教师培训模式的策略，以促进教师专业成长。[5] 七是教师专业成长的实践性角度反思教师培训模式的改革与创新。如罗梅兰（2015）的《教师专业成长培训模式的实践策略探析》；周雪菲等（2015）在其《创新实践性教师培训模式为教师专业成长提升引航》中，阐述了以"国培计划"、省级培训等为契机，在转变教师培训观念、满足教师发展需求、提高实践性效能等方面，采取切实有效的行动策略，探索出"完善实践知识，发展实践能力，提高实践智慧"，以全面提升教师素质为核心的实践性培训模式。

---

[1] 黄浩森：《从"专业发展"到"全人教育"——中小学教师培训模式的创新研究》，《中小学教师培训》2018 年第 1 期。
[2] 辛继湘、李金国：《从"静听—接受"到"研究—体验"——中小学教师培训模式的变革》，《中小学教师培训》2015 年第 1 期。
[3] 孙惠利：《"三位一体"协同创新教师培训模式探究》，《教育评论》2017 年第 5 期。
[4] 陈娜娜、蔡丽红：《基于 SECI 模型的教师培训模式研究》，《教学与管理》2015 年第 30 期。
[5] 蔡文丰：《个性化教师培训模式建构策略分析》，《中学政治教学参考》2015 年第 36 期。

牟天伟在其《实践取向的教师培训的必要性与策略分析》中，认为落实实践取向的教师培训需要促进"U-S"合作、教研员与中小学合作及"S-S"合作。① 到目前为止，我国教师培训模式已出现"反思型""互动参与式""主题—反思—参与式""体验式"等教师培训模式，② 同时，还形成了以提升教育研究力为目标、以课堂教学研究为内容、以"做中学"为策略的实践反思性骨干教师培训模式。③

（五）关于教师培训模式实践探索的研究

通过对已有研究的整理与分析，发现涉及教师培训模式的实践探索是非常多的。如黑龙江省教育学院作为专门的教师培训机构，探索出"完善实践知识，发展实践能力，提高实践智慧"，以全面提升教师素质为核心的实践性培训模式。④

广东顺德区由"地方政府＋大学＋地方学校＋教师"联动创建的以教师为中心的"双塔层"校本研训模式，不仅创新了培训模式，还为我国区域教师教育提供了一条可持续发展的参考路径。⑤ 四川省成都市成华区在基于学生视角的教师专业发展实践探索中，构建起基于学生视角的以标准为导向、以基础分析为起点、以课程设计为核心、以项目式实施为手段、以效果评估为保障的区域教师全员培训模式。⑥ 湖南省45个项目县送教下乡培训中基于行动学习的实践，总结、提炼乡村教师培训中行动学习应用的流程模式，为乡村教师专业发展提供新思路。⑦ 百色

---

① 牟天伟：《实践取向的教师培训的必要性与策略分析》，《中小学教师培训》2018年第4期。

② 申继亮：《教学反思与行动研究——教师发展之路》，北京师范大学出版社2006年版，第13页

③ 黄良春：《立足课堂，实践反思，提升教师研究力——实践反思性骨干教师培训模式的设计与思考》，《中小学教师培训》2017年第4期。

④ 周雪菲、冯莉、孟庆霞：《创新实践性教师培训模式 为教师专业成长提升引航——黑龙江省教育学院教师培训实践性成果》，《中小学教师培训》2015年第1期。

⑤ 廖文：《构建以教师为中心的区域教师培训模式的探索——以广东顺德区"双塔层"校本研训模式为例》，《中小学教师培训》2018年第3期。

⑥ 唐皓、邹昌淑、孙倩：《构建基于学生视角的区域教师培训模式》，《中小学管理》2017年第11期。

⑦ 凌云志、邬志辉、黄佑生：《行动学习导向的乡村教师培训模式研究——基于湖南省送教下乡培训的实践探索》，《教育科学研究》2017年第8期。

学院与长江师范学院在"国培计划"项目的实施中,运用"四环节螺旋式"教师培训模式,较好地解决了针对性与实效性不强的问题,有效地促进了教师专业成长。①

顾泠沅教授提出的上海"行动教育"模式,是从课例研究的角度探讨教师培训模式,以促进教师的专业成长。②东北师范大学理想信息技术研究院和唐山市、厦门市、柳州市、宜宾市、锡林郭勒等多地合作培训的过程中,提出了在混合环境下智慧型教师培训的模式方法。③基于天津农村骨干教师的实际,"265工程"创造了农村骨干教师四环节层级递进培训模式:"专业引领—自主研修—实践跟进—交流提升。"④ 2014年,由海南教育研究培训院副院长周积昀牵头,开始对农村教学点教师培训模式进行改革探索,提出了适合当地农村特点的"主题式"培训模式。该模式不仅提升海南省农村教学点教师培训品质,也有效促进了农村教师的专业成长。⑤

第三节 国内外相关研究评鉴

从当前国内外的研究现状来看,国内外对教师专业成长和教师培训模式的研究是与各国教师教育实践密切相关的,其中关于教师专业成长的研究主要集中在对教师专业成长的历程进程的研究、对教师专业成长基本内涵的研究、对教师专业成长阶段的研究、对教师专业成长影响因素的研究、对教师专业成长路径的研究;关于教师培训模式的研究主要

---

① 杨秀富、付苗:《"四环节螺旋式"教师培训模式的运用及优势》,《教学与管理》2015年第30期。
② 王洁、顾泠沅:《行动教育:教师在职学习的范式革新》,华东师范大学出版社2007年版,第9—12页。
③ 唐烨伟等:《混合学习环境下智慧型教师培训模式研究》,《电化教育研究》2015年第8期。
④ 李茜:《天津市"265工程"农村骨干教师培训模式行动研究》,《中小学教师培训》2015年第4期。
⑤ 朱春艳:《农村教学点教师"主题式"培训模式研究》,硕士学位论文,海南师范大学,2018年。

集中在对教师培训模式内涵的研究、教师培训模式特征的研究、对教师培训模式类型的研究、对教师培训模式存在问题及对策的研究、对教师培训模式改革与创新的研究、对教师培训模式实践探索的研究。因此，在获得经验的同时需要反思已有研究的不足，以得出重要启示，其主要表现为下列几个方面：

其一，国外有关中小学教师专业成长和培训模式的研究成果对我国中小学教师的专业成长和培训模式的改革与创新具有积极的借鉴意义，尤其是关于教师专业成长实践性的研究及教师培训模式的实践性特征对基于教师专业成长的实践性特征进行中小学教师培训模式改革研究具有重要的价值与作用。同时，国内外对教师培训模式的实践探索不仅是教师培训模式快速发展的重要基础与条件，还为未来中小学教师培训模式的改革与创新提供了思路、方法与途径。

其二，基于教师专业成长的研究或教师培训的相关研究比较多，但大多数则是分开进行研究的，直接把教师专业成长与教师培训密切结合起来统筹思考的不是很多，尤其对两者内在关系内涵的阐释也相对较少，而且也不够深入全面。因此，在以后的研究中需要把教师专业成长与教师培训进行统筹思考与研究。

其三，在现有研究中，对教师培训和教师专业成长内在关系的研究，大多数研究是从教师培训角度去顺向思考教师专业成长的研究，而从教师专业成长角度逆向反思教师培训问题的研究相对较少。

其四，从对已有研究的整理与分析，再加上国家对教师培训模式政策的规定与指引中，可以看出，基于教师专业成长角度反思教师培训模式的改革与创新为教师培训模式改革与创新提供了一个全新的研究视角，扩大了教师培训模式的研究领域，且已成为大的研究趋势。

其五，现有研究中虽然有一些研究试图从教师专业成长角度反思教师培训模式的改革与创新，但大多是基于"给予主导式"的培训机制展开讨论，而缺乏对教师培训模式的"内发自主式"机制的积极探索。因此，未来中小学教师培训模式应从给予主导式培训模式转向内发自主式培训模式，这才是未来中小学教师培训模式改革与创新的主要发展趋势。

可见，中小学教师培训模式的改革与创新需要从全新的视角出发，以教师专业成长的实践性为出发点，同时，在深入探讨中小学教师专业成长的实践性的同时，反思中小学教师培训的内发自主式模式则非常重要和必要，这是中小学教师培训模式改革与创新的必由道路。因此，这就为本研究的顺利进行和持续下去创设了极大的思维空间。

中篇 理论审视

第三章

基于教师专业成长实践性的中小学教师培训的基础理论

本章节主要是探讨基于教师专业成长实践性的中小学教师培训的基本内涵，同时，还要明确基于教师专业成长实践性的中小学教师培训的价值诉求，深入分析基于教师专业成长实践性反思中小学教师培训的逻辑意蕴。其中，对基于教师专业成长实践性的中小学教师培训基本内涵的阐释有助于加深读者对其本质进行清晰的认识和理解；明确基于教师专业成长实践性的中小学教师培训的价值诉求，主要是表达基于教师专业成长实践性的中小学教师培训究竟想干什么、能干什么及追求什么样的价值；对基于教师专业成长实践性反思中小学教师培训的逻辑意蕴进行深入分析，则是为了明晰中小学教师专业成长与教师培训之间的内在关系。

第一节 基于教师专业成长实践性的中小学教师培训的基本内涵

关于"基于教师专业成长实践性的中小学教师培训"的本质内涵的理解，我们可以从其所涉及的四个关键词入手，即：中小学教师、教师专业成长、实践性、教师培训。其中，中小学教师划定了我们所研究的教师培训的活动主体范围，教师培训是我们研究的核心主题，也是我们意欲理解和分析的根本着力点，而教师专业成长和实践性这两个关键词则是我们分析中小学教师培训问题必须做出重点阐释的关键点，其既是我们分析的问题起点，也是我们通过分析意欲达到的理解终点。因此，为了能深入理解基于教师专业成长实践性的中小学教师培训的内涵，我们首先得明确教师专业成长实践性的内涵。所谓教师专业成长的实践性，简单说就是教师的专业成长是指向实践的，是一种实践性活动，是面向教育教学实践的活动。由此，中小学教师专业成长的实践性所蕴含的"教师专业发展指向实践"的论断，其不仅可以理解为教师的专业发展所关涉的是实践的内容，如教师在教育教学活动中必备的实践知识和实践技能；而且还应理解为教师的专业成长必须依赖于教师的亲自实践。因为，中小学教师所学习到的间接的实践知识和实际技能，是在其他环境和条件下形成的，对于某个特定的教师来说，是外在的，还需要教师结合自身教学实际，在自我反思中，形成个性化的内在能力。同时，教师的专业成长是教师超脱"自在"的规限，实现"自为"的发展；由一名"熟练技工"的"存在者"转变为"反思实践者"的"此在者"。[①]鉴于此，我们认为，基于教师专业成长实践性的中小学教师培训的本质内涵主要体现在下列四个方面：

一　强调教师专业成长的内在需求——实践理性

理性可以分为理论理性和实践理性，[②]前者涉及的是"是什么"的问题，而后者涉及的是"应当"，以及"如何"的问题。实践理性具有规范性，主要表现为目的和手段的合理性。[③]实践理性是一种批判性反思和自我调控能力，是"通过反思来解决应当、如何行动的问题的一般能力"。[④]这种能力主要体现在对实践活动展开的识别、评价、推理、判

[①] 李志超：《实践理性投射下的教师课程理解》，《教育理论与实践》2013年第25期。
[②] 王炳书：《实践理性论》，武汉大学出版社2002年版，第62页。
[③] 杨国荣：《人类行动与实践智慧》，生活·读书·新知三联书店2013年版，第197页。
[④] 徐向东：《实践理性》，浙江大学出版社2011年版，第2页。

断和选择，以促使实践活动开展的合理性和行动的有效性。教师的专业成长是由一名"熟练技工"的"存在者"转变为"反思实践者"的"此在者"。[①] 其成长过程不是单纯意义上的知识的积累，而是一种做中学、反思的、践行的专业实践。同时，教师的专业成长来自于教师的实践智慧，而实践智慧则来自于教学实践与实践培训，不能为了实践而实践，而应当在反思中实践，在实践中反思，在理论中实践，在实践中检验理论，这才是教师培训课程设计倡导实践取向的终极意义与追求。

因此，在以实践理性为教师专业成长的内在需求的基础上，还需重视教师在实践经验的基础上不断开展反思性学习。一方面，需要强调教师已有知识与经验及教师所处的具体情境对教师反思性实践意识与能力的培养具有的基础性作用。教师培训要引导教师在教学实践中重视发现问题、提出问题、解决问题的意识和能力，关注教师在教育教学实践能力方面的提升和发展，突出教师在结合教育教学实践中的具体情境的基础上对自身实践经验的反思，且这种反思一定是多角度、多层次的反思。另一方面，需注重实践与反思的互动融合。促使教师在面对自身独特的教育情境时，学会在自身教育实践中开展反思，在反思的基础上进行实践行动，实现行动和思考的并进，在行动中融入思考，在思考中不断行动，以促使实践和反思的不断改进。

二 强调教师为了实践、基于实践、在实践中主动接受培训

基于教师专业成长实践性的中小学教师培训，实际上主张的是一种实践取向的教师培训，其把实践置于教师培训的核心地位，昭示着教师培训由重理论、轻实践转向对实践的关照，由强调教师"应该知道什么"转向关注教师应该"做些什么""如何做"及"如何做好"。主张实践取向的教师培训，意指教师是为了提高专业实践能力而培训，更重要的是在实践过程中进行培训，通过实践的方式进行培训，也就是在整

---

① 李志超：《实践理性投射下的教师课程理解》，《教育理论与实践》2013 年第 25 期。

个培训当中以实践为核心,全程贯穿实践取向的理念,激起教师个体的主体性意识,养成自主反思的习惯,做到无论是面对理论知识,还是实践经验都不是照搬照套,而是结合自己的教学实践进行自我创新和改造,最终使教师逐步关注实践,亲自实践,形成实践智慧。

可见,实践取向的中小学教师培训是顺应时代发展的趋势和践行教育政策的倡导,针对传统忽略实践的教师培训存在的不足而提出来的,它的提出彰显了现代教师培训的新理念、新方向。具体而言,实践取向的教师培训是从教师专业成长的实践性出发,根据实践反思的价值取向,按照面向实践的培训理念,指导教师培训的整个过程。在这个过程中必须注重教师知识的实践性与建构性,其中实践性知识是教师在特定的实践环境下形成的一种特别的知识,这类知识是教师以独特的方式拥有的,是高度经验化和个人化的知识。[1] 其是教师专业发展的知识基础和重要组成部分。同时,教师的学习过程是一种不断建构的过程,是教师在专业引领下实践探索、积累经验的过程,是教师在原有经验的基础上进行反思的过程,是教师主动地建构新知识、新经验、形成新理念的过程,也是教师在实践中开展行动研究的过程。

三 强调中小学教师培训旨在培养教师专业发展的综合素养

基于教师专业成长实践性的中小学教师培训所指的实践性不是仅指单项的技能训练,而是培养教师专业发展的综合素养。虽然,从字面上看,基于教师专业成长实践性的中小学教师培训似乎只是关注教师的专业成长,然而,将教师的专业成长与实践性结合起来,自然就赋予了教师的专业成长更深层且丰富的含义。因为,教师专业成长实践性中的"实践性",主要包括指向实践、关注实践、在实践中亲自进行[2]等三个方面。这其中,无论是指向实践、关注实践,还是教师亲自实践都不是

---

[1] 李莉春、孙海兰:《教师实践性知识之生成过程:一项案例研究》,《全球教育展望》2010年第3期。

[2] 注释:这是反映教师专业成长具有亲历性特点的主要因素。

简单涉及教师的单项技能训练，而是需要借助教师的综合素养方能得以实现和完成。因此，从教师专业成长实践性角度出发，中小学教师培训应从单方面的关注教师的实践操作到关注教师的实践智慧（一种反映教师综合能力的素养），从而切实达到教师对教学实践的自我认识和改造。

四 基于教师专业成长实践性的中小学教师培训并不反对理论的学习

虽然，基于教师专业成长实践性的中小学教师培训预示着这种培训是指向实践的，或者说是实践取向的，但并不意指其对理论知识的绝对排斥。这种指向实践或实践取向，只是表明了中小学教师培训需要关注教师发展的实际，解决实践中发生的种种问题，而不是只求理论的探索或创新。这至少表明三点：一是中小学教师培训是指向教育教学实践的；二是有关理论知识的学习不是以发展理论本身为目的，而是希望借助理论知识的学习解决实践问题；三是理论知识的学习和实践操作的训练并不矛盾。事实上，在中小学教师培训过程中，无论是有关理论知识的学习还是有关实践知识的学习对中小学教师发展来说都是有益的。一般来说，实践知识是帮助人们有效进行实际操作的，而理论知识是帮助人们深入思考问题的。对于中小学教师来说，学会了一定的理论知识，能帮助他们更好地思考和创造。倘若一个教师缺乏有关理论知识的指导，一方面，在自己的教育教学实践中，难以形成比较系统且有深度的实践经验；另一方面，就算其学习了他人实践中形成的经过验证效果较好的实践知识，由于缺乏自我内化的过程，而不能加以直接运用。因此，基于教师专业成长实践性的中小学教师培训是不反对理论知识的学习的。

第二节 基于教师专业成长实践性的中小学教师培训的价值诉求

价值作为一种关系范畴，是指客体的存在能够满足主体需要的一种效用、效益或效应关系。"诉求"是指思想表达和理想追求。价值诉求是一种价值判断和倾向的表达，在本质上是为了实现事物自身价值的意义表达。具体表现为表达什么样的利益、持一种怎样的价值评价或坚持怎样的价值追求，即表明事物究竟想干什么、能干什么及追求什么样的价值。同时，它是根据一定的价值信念和价值目标，在实施的过程中力图坚持此信念，从而达到此目标的强烈驱动倾向。中小学教师培训的价值诉求主要是表达其究竟想干什么、能干什么及追求什么样的价值。基于教师专业成长实践性的中小学教师培训的价值取向应更多地关注实践取向，实践取向是其追求的最终目的。实践取向的中小学教师培训的特点具有典型性，而且也有其自身独特的价值诉求。笔者认为，探讨实践取向的中小学教师培训的价值诉求很有必要，因为这能够更加清晰地把握实践取向的中小学教师培训的本质追寻，甚至了解未来整个中小学教师培训的方向及趋势，为更好地推动中小学教师培训的发展提供具有建设性的意见。

由于当前中小学教师培训存在理论与实践的割裂，而中小学教师对实践取向也存在一定的误识：教育实践的神圣化、教育实践的标准化和教育实践的技艺化，导致其培训效果不佳。追根溯源便是技术理性的反映与灌输在发挥作用，教师没有加强自主反思的意识，造成理论知识难以实践化，实践知识在盲目实践下也难以内化，最终导致不能有效解决中小学教师在教学实践中的问题。因此，本研究尝试从关注实际问题、追求实践智慧、倡导理性实践三个方面来探讨实践取向的中小学教师培训的价值诉求，以期有利于我国中小学教师培训改革的顺利推进。三个方面的价值诉求之间呈递进关系，在递进过程中实现实践取向的中小学教师培训的最终价值。首先，关注实际问题是实践取向的中小学教师培训首要追寻的价值，即首要解决的基本问题。其次，追求实践智慧是在解决实际问题时需要拥有的智慧和能力，且这种能力体现为综合性、多方面的能力。最后，倡导理性实践是将这种以综合形态展现人的能力置于理性的层面，从而切实达到真正意义上的实践。下面将就三个方面的价值诉求的具体内涵进行详细分析和诠释。

一 基于教师专业成长实践性的中小学教师培训关注实际问题

行动中的教育问题的实践性是教师专业发展的特质之一。[①] 以往教师专业发展的逻辑路径主要是教师通过理论或实践经验的学习获得一定的知识与技能,以此解决教育实践中问题。这种路径是一种先知后行的逻辑路径,因为每位教师的教育背景、教学经验和能力以及在实践中遇到的问题是不一样的,所以也直接造成了理论与实践的脱节。由此,我们可以转化一下教师专业发展的逻辑路径:首先,在教育教学实践中发现问题;其次,通过以问题为导向的反思性学习获得有针对性的知识与技能;最后,在实践行动中有效解决教育教学实践中的问题。具体而言,教师要发现自己在教育教学实践中的具体问题并以此为契机,在深度分析自身问题的同时明确自身的学习需求,然后通过对理论知识的学习和实践经验的反思与借鉴,有效解决自身教育教学实践中的各种问题,但我们必须明确这里的理论知识和实践经验必须是与教师自身密切相关的,具有针对性的学习。这一逻辑路径不仅突出实践性在教师专业发展中的关键作用,还注重反思性学习是教师专业发展的主要策略,同时也揭示了教师专业发展的契机就在于其教育教学实践中存在的问题。

在调研中也发现,很多一线教师反映参加的教师培训课程的内容与自身的教育教学实际相脱节,无法为教师应对复杂的教育情境提供有效准备。每次培训安排的理论学习过多,很难与教学实际联系起来。一方面,长期关注实践的一线教师对理论本身持有抗拒心态,要么听不懂,要么直接不听;另一方面,很多知名专家对理论知识的分析很精深透彻,可很少深入中小学实践,以致所讲内容过于侧重教育理论知识,而忽视了实践性内容的讲授,且与中小学教学实践相关联的内容也比较少,不切合中小学实际,且忽视了对中小学教师理论层面的升华,不仅造成了理论与实践的脱节,同时也使得教师难以真正把握教师培训内容理论与

---

① 毋丹丹:《论教师专业发展的特质及其实践路径》,《教师教育研究》2017年第3期。

实践之间的"度",以致在中小学教师队伍中长期流行着一句精辟的培训口号:"培训就是——培训时心动,培训后激动,回到学校一动不动。"也就是说,通过培训后的心动没有落实到具体的行动。因此,很多教师总希望能邀请具有一线经验的优秀教师送"课"到"校"。

所以,实践取向的中小学教师培训的价值诉求理应是关注实践,以解决实践问题为导向。事实上,将关注实践、解决实践问题作为实践取向的中小学教师培训的价值诉求,并非仅仅是由"实践取向的中小学教师培"这几个字的字面意义所决定的,最为根本的是由教师专业成长的实践性所决定的。因为,教师的专业成长是指向实践的,是一种实践性活动,其既反映了教师专业成长是面向教育教学实践的活动,其实践活动在本质上是教师的自我觉察、自我生成、自我发展、自我统整、自我完善和自我实现的过程,① 也反映了教师的专业成长必须依赖教师的亲自实践,同时也反映了中小学教师的工作具有极强的实践性。另外,中小学教师所学习到的间接的实践知识和实际技能,是在其他环境和条件下形成的,对于某个特定的教师来说,是外在的,还需要教师结合自身教学实际,在自我反思中形成个性化的内在能力。

因此,上述阐释的内容正是体现了实践取向的中小学教师培训能真正独具优势性地适应中小学教师培训的根本所在,也是真正揭示实践取向的中小学教师培训与传统意义上的教师培训之根本差异的关键所在。所以实践取向的中小学教师培训的课程体系必定要保持对中小学教师教育教学实践的"问题意识",紧紧围绕中小学教师在教育教学工作中的现实问题和现实需求,开发并建设实践取向的中小学教师培训课程内容体系,力求解决中小学教师在实践活动中遇到的实际问题,从而使教师培训富有针对性和有效性,以提高教师培训的整体质量和实际效果。

二　基于教师专业成长实践性的中小学教师培训追求实践智慧

智慧,我们可以从部分和整体两个方面进行详细阐述。首先,从部

---

① 索磊:《实践理性的教师专业成长研究》,博士学位论文,西南大学,2016年。

分出发,实践智慧由"实践"和"智慧"两个词构成。其中在"实践"一词的含义中,亚里士多德认为"实践是人对于可因自身努力而改变的事物的、基于某种善的目的的行动的活动。实践是道德的或政治的活动,实践表达着理性,表达着人作为一个整体的品质。"① 由此可见,实践具有主体性、目的性及道德理性等特性。对"智慧"一词的解释从语言学释义的角度进行,其解释为:"对事物能认识、辨析、判断处理和发明创造的能力"② 及"辨析判断,创造发明的能力"③。这说明"智慧"一词更倾向于是一种能力的体现,且这种能力不是单一的,而是一种综合性能力,并带有一定的问题解决性和创造性的特质。其次,从整体上对"实践智慧"一词进行解释,我们可以从这一概念的起源出发,"学界普遍认为,实践智慧(Pronesis)一词源于古希腊,由亚里士多德对其进行了详尽的论证"④,而国内外学者对于教师实践智慧的认识和论述大都基于对亚里士多德实践智慧思想的阐释。亚里士多德区分了理论、制作和实践等不同活动,提出了"实践智慧",⑤ 认为实践智慧面对的是变化的题材,实践智慧不仅求真,而且关乎善恶。⑥ 因此,实践智慧的本源意思是,它是理智的构成部分,属于人类的认知范畴,主要关注如何通过行动去改造世界,以达到"善"的目的。⑦

根据相关研究,教师专业发展理论主要经历了"组织发展阶段"和"专业发展阶段"两个阶段。其中,组织发展阶段主要谋求教师专业地位的提升和教师专业的高标准;专业发展阶段主要包括教师专业发展的

---

① [古希腊] 亚里士多德:《尼各马可伦理学》,廖申白译注,商务印书馆2003年版,第172—173页。
② 辞海编辑委员会:《辞海》,上海辞书出版社1979年版,第3209页。
③ 中国社会科学院语言研究所词典编辑室:《现代汉语词典》,商务印书馆2002年版,第1625页。
④ 曹永国、母小勇:《教师实践智慧的始源性重审》,《教育理论与实践》2014年第4期。
⑤ 曹永国、母小勇:《教师实践智慧的生存论意涵》,《南京社会科学》2013年第11期。
⑥ [古希腊] 亚里士多德:《尼各马可伦理学》,廖申白译注,商务印书馆2003年版,第172—173页。
⑦ 杨文登、谈心:《教师实践智慧的五种常见误解及其澄清——基于循证教育学的视角》,《教师教育研究》2016年第4期。

理智取向、实践反思取向及生态取向三种取向。① 其中，实践反思取向正是彰显了教师专业发展需要重视实践智慧的生成，追求实践智慧的养成。

比如在调研中发现，很多一线教师反映：一方面，培训的理论知识难以付诸实践教学，即理论知识难以实践化；另一方面，培训中习得的一些效果较好的实践教学经验难以切实运用在自己的课堂教学中，即实践经验难以本土化。与此同时，也有老师反映，即使分享了如"小组教学""班级管理""尝试教学法"等操作性很强的实践知识，还是难以本土化运用。就此，我们认为问题的根源不在理论知识和实践经验本身，而在于教师们缺乏一种本土化的自主反思意识。因此，我们认为中小学教师培训应重视教师实践智慧的养成，重视实践智慧在教师专业发展中的作用。

结合上述内容，我们可以看出实践智慧既不同于科学的确定性和可证明性，又不同于技艺赋予的技巧性，相反其是不确定的、难以证明的，是含有反思意蕴在其中的。基于对教师专业发展的实践反思，结合教师专业成长的基本需求以及教师处理教育教学活动的实际情况，我们认为，教师的实践智慧在本质上不是一种技术操作，而是一种价值判断，是教师在面对纷繁复杂的、不确定的、独特的教育情境下学会运用思考和判断，即学会适应变化、转变、融会贯通、批判、反思和创造；是指在对中小学教师进行培训的过程中，应从单方面的关注教师的实践操作到关注教师的实践智慧，从而切实达到教师对教学实践的自我认识和改造。教师的实践智慧是一种综合能力的体现，这种综合能力是教师在善的价值追求的前提下逐渐形成的，具体表现为教师在教学实践中对教学工作的规律性把握、创造性驾驭、深刻洞悉、深度思考、敏锐的感悟与反应以及灵活机智的应对。② 它主要来源于实践经验的累积和自我反思的开

---

① 教育部示范教育司编：《教师专业化的理论与实践》，人民教育出版社2003年版，第23—31页。
② 赵瑞情、范国睿：《实践智慧与教师专业发展》，《教育导刊》2006年第7期。

展。实践取向的中小学教师培训不仅着重强调了培训内容的实践性，还使教师在学习教育理论知识的基础上，将教育理论进行有效的、创造性的转化、提升和改进，不断开展教育教学实践，使之与实践课程的学习整合在一起，以便于教育经验的累积。同时，教师的专业发展有赖于教师在具体的教学情境中不断地反思与学习，[1] 反思是教师获取实践性知识、增强教育能力、生成教育智慧的有效途径和策略。[2] 所以，实践取向的中小学教师培训也倡导教师在经验累积的基础上，开展行动研究，同时还要涉及教师在个体主观能动性的作用下，对实践过程进行自我反思，对实践知识进行自我创造，灵活开展教育教学实践，养成教育智慧。

三 基于教师专业成长实践性的中小学教师培训倡导理性实践

理性实践是相对于盲目实践而提出的，当前人们对"实践取向"这个词的理解产生了一些偏差，如把"实践取向"等同于"实践主义"，形成了"实践至上"的风气，造成"方法主义"的盛行；[3] 同时将实践仅仅看作是"如何做"的技术和能力，从而陷入了"技术理性"的泥潭，缺乏理论知识和实践智慧。"学术理性"和"技术理性"走在理论和实践的两端，其通病在于误解了理论与实践的关系，[4] 将实践与理论割裂开来，陷入了实践与理论的二元化思维。

在调研中发现，一方面，部分培训教师认为实践就是具体的操作步骤和方法，只要按照步骤——进行即可，于是在进行授课环节时只是想当然地快速地把实践性课程——传授给参训教师，并没有切实理解实践性课程所蕴含的本质和价值，尤其是在实践操作环节只是做到了通过实

---

[1] Feiman-Neinser, S., "From Preparation to Practice: Designing a Continuum to Strengthen and Sustain Teaching", *Teachers College Record*, No. 6, 2001, p. 1013.
[2] 杨骞：《教师专业发展"五步曲"》，《教育研究》2006年第4期。
[3] 曹永国：《从实践主义到实践理性：教师自我专业发展的一个现代取向》，《南京社会科学》2014年第7期。
[4] 徐莹莹：《实践取向学前教师教育课程的核心理念与改革路径》，《教育评论》2017年第2期。

践示范让参训教师模仿和记住操作步骤,不重视实践需要理论的指导和引领且需加以升华,同时也没有对其进行深入讲解和指导,让其了解操作方法背后的深远意义,从而导致了培训的实效性并不强。另一方面,部分参训教师认为所学的理论性知识没有用,也用不上,还不如多培训点实践性的内容,但即使培训课程涵盖了实践性的课程内容,最后还是难以运用到课堂教学实际当中。同时,他们也反映在运用实践知识的时候根本不知道怎么做,即使做了也是一种盲目的实践,且把其当做一种技术在教学中实施,严重陷入了"技术主义"和"方法主义"的误区。其反映的实质问题不是理论与实践表面上的分离或对立,而是相对于理性实践的盲目实践带来的后果和影响。其实,人类所进行的实践活动,应该是在理性指导下的实践,这里的理性属于一种理性认识能力,其不同于感性、情感或意志,这种能力表现为反思、逻辑判断、逻辑推理的能力,且集中表现为一种"自我意识"的能力、"我思"的能力。[1] 在人类活动中实践是必需且无法避免的,要使实践不再盲目且具备理性,我们必须倡导理性指导下的实践,以实践理性指导和推动具体实践。实践主义者杜威曾说,"他的努力不是要使理性实践化,而是要使实践理性化"。[2] 另外,我们还需注意拥有理论思考的能力是理性实践的必要前提,不应把理论与实践割裂甚至是对立起来,但同时还需认识到理论固然重要,其必须用以指导实践,使其真正落地才具有真正的价值。

　　本研究倡导实践取向的中小学教师培训虽突出了"实践取向"这个词,但绝不是单一的"纯实践",而是一种理性指导下的实践,是教师带着对自我与环境的觉知,主动地、自觉地进行的一种探索行动,是教师对教育情境的独特"理解"。[3] 在这个过程中教师不仅需要对所学内容进行认知和把握,学会运用理性进行思考、判断和推理,进而采取什么

---

[1] 陈嘉明:《现代性与后现代性十五讲》,北京大学出版社2006年版,第7页。
[2] M. Eldridge, *Transforming Experience: John Dewey's Cultural Instrumentalism*, Nashville: Vanderbilt University Press, 1998, p.5.
[3] 刘晓燕:《教师教育课程的实践取向:基于默会知识的思考》,《教育探索》2016年第1期。

样的行动，还需要掌握反思方法，形成反思意识、能力和习惯，且理论性知识不但会被使用同时也会被修正，教师在教育教学实践的过程中善于对教育教学理论和实践的本土创生，以不断发现自己的生长点，不断成长。

第三节　基于教师专业成长实践性反思中小学教师培训的逻辑意蕴

中小学教师专业成长与教师培训有着密切的内在关系，其中，通过教师培训可以促进教师专业成长，教师的专业成长引领看教师培训活动的不断展开，教师专业成长是目标，而教师培训是手段，即组织教师培训不是目的，而通过教师培训促进教师专业发展才是真正的目的。鉴于此，我们认为关于中小学教师专业成长和中小学教师培训之间的关系的理解存在两种截然不同的逻辑。

一　顺向逻辑：基于教师培训促进中小学教师的专业成长

诚然，有关中小学教师专业成长和中小学教师培训这两个概念之间关系的理解，学界已达成共识的是——这两个概念中，教师专业成长是目的，而教师培训是手段。也就是说，有关中小学培训的一切活动都是为了更好地促进教师专业成长，因为手段是为目的服务的，手段总是指向目的的。因此，我们把"基于教师培训促进中小学教师的专业成长"的理解逻辑称作顺向逻辑。这也是当前，大多数研究所思考和分析的主要逻辑。然而，基于这种顺向逻辑而理解"教师培训促进教师专业成长"命题时存在一定的局限性。其至少表现在三个方面：首先，基于教师培训反思教师专业成长，其思维起点是现有教师培训，而由此引发的问题则是探讨如何让现有的教师培训更好地为促进教师专业成长而服务，其囿于教师培训本身之内而难以超越。其次，基于教师培训促进中小学教师专业成长的研究，其关注的只是教师培训的变化，如何让培训切合教师专业成长，而对中小学教师专业成长自身的认识不够聚焦，以致有关教师培训的变化方向不够明确，由于其不清楚中小学教师专业成长的使然状态，那么有关教师培训何以真正实现中小学教师专业成长的思考则有些无力。最后，由于"基于教师培训促进中小学教师专业成长"的顺向思维逻辑缺乏对实践性的关注，以致实践中经常存在着纯理论式的教师培训，这也是一线教师通常所反映的培训"无用论"，从而大大降低了中小学教师参加培训的积极主动性。

二 逆向逻辑：基于教师专业成长的实践性反思中小学教师培训

所谓逆向逻辑，是相对于顺向逻辑而言的。"基于教师专业成长实践性反思中小学教师培训"的思维逻辑与传统意义上人们基于教师培训探索如何促进中小学教师专业成长的顺向思维有所不同。基于教师专业成长的实践性，反思教师培训模式，则能更好地创新教师培训模式，能使教师培训更好地为促进教师专业成长服务。首先，基于教师专业成长实践性反思中小学教师培训的思维起点是教师专业成长的实践性，由此反思中小学教师培训模式的改革与创新，以致由于有了对教师专业成长具有实践性的这一方向性认识，从而使中小学教师培训得以更好地、有针对性地为促进教师专业成长服务。其次，我们认为，实践性指向是内在于教师专业成长与教师培训之间的根本切合点，教师专业成长所内含的实践性特征指引着教师培训模式的改革与创新。这也是我们在理解中小学教师培训与教师专业成长的内在关系时，坚持基于教师专业成长的角度来反思教师培训模式而不是基于教师培训反思教师专业成长的主要原因。最后，基于教师专业成长实践性而反思中小学教师培训，其关注的虽然也是通过教师培训的变化而促进中小学教师的专业成长，但同时也是超越了教师培训自身的局限（即基于教师专业成长的实践性而反思教师培训，而非就教师培训本身而谈教师培训）而探讨教师培训的变化，其不仅具有变化的针对性，更是孕育了教师培训模式改革与创新的内生活力。

/ 第三章　基于教师专业成长实践性的中小学教师培训的基础理论 /

教师的专业成长是指向实践的，是一种实践性活动，其实践活动在本质上是教师的自我觉察、自我生成、自我发展、自我统整、自我完善和自我实现的过程。[①] 其所内含的实践性特征指引着教师培训模式的改革与创新。基于对当前教师培训内在的诸多现实问题的反思，我们认为，在探索教师培训模式上，应当从教师专业成长的实践性出发，反思教师培训模式的改革与创新，坚持从"给予主导式"培训模式转向"内发自主式"培训模式。因为，教师专业成长所内含的实践性特征在根本上指引着教师培训模式的改革与创新。那么，为了与教师专业成长的实践性所切合，教师培训模式改革的思维起点必须是实现"给予主导式"培训模式转向"内发自主式"培训模式。因此，在开展教师培训时必须基于教师专业成长的角度来反思其不足之处，充分利用教师专业成长的实践性特征指引着教师培训切实做到实质上的内发自主。只有做到真正意义上的内发自主，才能激起教师个体的内发性意识、创造性意识和实践性意识，增强教师专业理念转变的可能性，从而实现教师培训模式的改革与创新。

---

① 索磊：《基于实践理性的教师专业成长研究》，博士学位论文，西南大学，2016年。

第四章

基于教师专业成长实践性的中小学教师培训的模式结构

　　本章节主要是基于教师专业成长实践性的角度来构建中小学教师培训模式。在这之前，先介绍传统意义上的中小学教师培训模式，从它的含义、类型以及实施效果来辩证地看待这些模式，虽然这些培训模式在一定程度上促进了教师的专业成长，但同时也暴露出一些问题，主要表现为：培训的课程设置偏重理论性，对实践教学环节重视不够，即使学了这些理论知识也难以把它们付诸实践教学当中，即理论知识难以实践化；另一方面培训课程虽然也涵盖了实践性的课程内容，但是这些课程只是起着辅助性的作用，教师在学习它们时也只是把它们当作理论去学习，这样最后还是难以运用到课堂教学实际当中，即实践经验难以本土化；在学习层面上主要以接受式学习为主要学习方法，这种学习方式与成人学习的特点相违背。教师作为成人，其学习富有成人学习所有的特性，即自主性、问题性、探究性、实践性、过程性等，接受式的学习不利于教师自主性的发挥，影响教师参训的主动性和积极性，进而影响教师培训课程的针对性和有效性。所以，本章节主要从实践取向的角度努力构建中小学教师培训模式，以此适应现在教师培训的需求。

第一节　传统意义上的中小学教师培训模式

　　本节所涉及的传统意义上的中小学教师培训模式主要是针对与本研

究提出的内发自主式教师培训模式而言的,其就当前的培训现状来看,主要突显了一种"给予式教师培训"理念。基于"给予式教师培训"内涵的理解,传统意义上的中小学教师培训模式主要涉及"国培计划""省培计划""县培计划+送培到县""竞赛式的同课异构"和"个体式的业务进修"等几种培训模式,前四种是由国家、地方、学校组织的教师培训模式,具有系统性、连续性、强制性等特征,能够在一定程度上促使教师的专业发展,最后一种是教师自主性的专业成长模式,具有灵活性、针对性、长期性等特征,需要教师有很强的自主发展意识。本节主要从含义、类型、实施效果和评价反思等方面对这几种教师培训模式进行阐述。

一 国培计划

(一) 含义

中小学教师国家级培训计划,简称"国培计划",2010年由教育部、财政部全面实施,是提高中小学教师特别是农村教师队伍整体素质的重要举措。2010年6月30日,教育部和财政部在中华人民教育部网站上发布《教育部 财政部关于实施"中小学教师国家级培训计划"的通知》[①],通知主要从四个方面对"国培计划"作出说明,即高度重视"国培计划"实施工作、"国培计划"的任务和重点、实施工作总体要求和培训项目的组织管理,并发布了《"国培计划"——中小学教师示范性培训项目实施方案(2010—2012)》和《"国培计划"——中西部农村骨干教师培训项目实施方案》两个实施方案。为了使"国培计划"顺利实施,教育部组织评审和遴选了18家教育机构为远程培训机构,其中有9所高校,分别为北京大学、广州大学、北京师范大学、华东师范大学、华中师范大学、陕西师范大学、华南师范大学、江西师范大学、江苏师范大学。该项目还充分利用高校学生实习的资源优势,通过实施顶岗实

[①] 《教育部财政部关于实施"中小学教师国家级培训计划"的通知》(教师〔2010〕4号),2010年6月30日,http://www.moe.gov.cn/srcsite/A10/s7034/201006/t20100630_146071.html。

习,把一线教师置换出来。被置换出来的老师一部分是去高校等培训机构接受授课式的培训;另一部分是去优质学校跟岗式培训。由此,很好地解决了"国培计划"项目实施过程中,由于派出教师参加培训而导致该教师的课悬置的问题。

(二) 类型

"国培计划"包括"中小学教师示范性培训项目"和"中西部农村骨干教师培训项目"两项内容。中小学教师示范性培训的主要项目有中小学骨干教师培训和中小学教师远程培训,前者通过遴选高水平大学、专业教师培训机构和优质中小学,面向全国中小学骨干教师和中小学骨干班主任教师进行分类、分层集中培训,全面提升骨干教师的教育教学能力和水平,使他们在推进基础教育课程改革、实施素质教育和教师培训等方面发挥骨干带头和辐射作用;后者是利用现代远程教育手段,遴选专业远程教育机构,采用以远程培训为主的方式,对农村义务教育学校骨干教师和高中课改学科骨干教师进行有针对性的培训,并通过多种有效手段和途径,使更大范围的教师共享优质资源,帮助教师解决教育教学过程中所面临的现实问题,提高实施新课程的能力和水平。

(三) 实施效果

现如今,"国培计划"已经实行8年,成为教师培训的一种常规模式,为我们国家教师队伍的成长提供了很多机会,是促进教师专业成长的强大动力。但是,同时也存在一些问题,有学者就提出"对所有参训者提供大同小异的培训形式和内容,难以满足参训者不同发展层次的需求,是教师培训亟待解决的问题"[1]。有研究者对"国培计划"背景下中小学教师培训的有效性进行了深入探索,发现在培训中存在课程设置不合理、教师来源分布不均、培训队伍的缺乏、教学时间安排不科学和绩效评估体制落实不到位等问题。[2] 还有研究者对"国培计划"中的乡村

---

[1] 王道福、蔡其勇:《"国培计划"教师培训"知识—能力—实践—体验"模式建构》,《课程·教材·教法》2013年第7期。

[2] 张晨曦:《"国培计划"背景下中小学教师有效性培训策略研究》,硕士学位论文,河南师范大学,2014年。

校长培训过程中面临的问题进行了探索，教育行政部门方面存在的问题有缺乏相应的保障制度、缺乏相应的保障资金、缺乏相应的考评机制；培训组织机构方面存在的问题有训后指导定位不清晰，训后指导经验不足、学员时间及空间离散程度高、训后指导难度大、训后指导设置针对性不强；学员所属学校方面存在的问题有对训后指导认识不清、重视程度不够、缺乏必要的训后指导支持环境；学员自身方面存在的问题有学员职业倦怠感严重、接受训后指导的行动力较低、学员工学矛盾突出、难以持续关注训后指导[①]。为了更好地促进教师专业成长，"国培计划"作为我国中小学教师培训主要渠道之一，其在实施过程中暴露出的诸多问题是我们现在急需解决的。

（四）评价反思

"国培计划"的实施与开展有效促进了中小学教师专业成长，一方面，国培的培训教师大多来自高等院校，具有相当丰富的教育理论知识，中小学教师在参与国培的过程中可以和这些培训专家近距离的对话与交流，不断接受丰富的教育理论知识，使得教师自身的理论水平得到质的提升。另一方面，"国培计划"为中小学教师提供了一个专业成长的平台，尤其是促进一些欠发达地区或农村地区的中小学教师拥有了更多专业成长与发展的机会。这些是"国培计划"优越性的一面，但我们还需关注的是其仍存在一些不足之处，主要体现为"国培计划"对实践关照的不足。首先，"国培计划"的授课教师大多是一些专家学者，他们拥有丰富的教育理论知识，但由于长期处在集中关注理论的层面，从而忽视了对实践的关注，导致培训专家在授课的过程中所讲授的内容与中小学教师的实际需求易出现脱节的情况。其次，"国培计划"采取的多是集中式学习，其考虑更多的是大多数中小学教师共性存在的问题，基于某一教师具体的实践中的问题关注的不够。最后，"国培"在开展前对参训教师的情况了解得也不够深入，缺乏足够的学情诊断与分析，有时

---

① 梅玉琴：《"国培"中西部乡村校长培训项目训后指导实效性研究》，硕士学位论文，西南大学，2017年。

虽然有一定的学前分析，但并没有深入考究到底适不适合中小学教师或不同的班级的实际需求，导致培训专家培训的内容与中小学教师的契合度并不是那么好。

二　省培计划

（一）含义

2010年国家开始正式实行"国培计划"后，2011年，各省市着手开展"省培计划"。"省培计划"是各个省基于"国培计划"开展的教师培训，是更贴近于本省实际情况的一种培训模式，是由地方的教育管理部门以及教育行政机关发起或委托的培训。"省培计划"是由省级骨干教师培训组成，省级骨干教师培训，即由教育部、财政部根据各地中小学学校教师需求，由各地组织开展的省级培训任务。

（二）类型

各地组织"省培计划"的细则有所差异，但是目的是相一致的，都是为了解决中小学教师在教育教学中面临的实际问题和困难，转变他们的教育教学理念和方式，增强他们的教育教学能力。"省培计划"的类型有多种，各省市根据本省需要或者特点选择相应的培训类型。例如，河南省的省培项目包括中小学教师省级示范性培训项目（简称示范性项目）和中小学教师地方培训项目（简称地方项目）两大类，前者包括中小学优秀教师境外培育研修项目和中小学幼儿园名师培育项目，后者包括中小学教师置换脱产研修、短期集中培训、远程培训、学前教育教师培训、农村中小学送教下乡五类项目。[①]

（三）实施效果

"省培计划"和"国培计划"能够相互协调、相互补充，共同促进中小学教师的专业成长和发展。但是，"省培计划"在实施过程中也存在一些问题，例如境外培育研修项目的落实度及质量有待提高、名师培

---

① 吕敏霞：《河南省实施"省培计划"的成效、问题与改进建议》，《河南教育学院学报》（哲学社会科学版）2014年第6期。

育项目的实施存在一些细节性问题（培训活动时间分配不合理、学员考评方式和标准不合理）、由于时间限制地方项目种类略显单一（地方项目包括短期集中培训、置换脱产研修、远程培训、学前教育教师培训、送教下乡五类项目）。①"省培计划"在一定程度上和"国培计划"存在相似的问题，即不能规避理论深奥、缺少实践的现实。

（四）评价反思

"省培计划"对"国培计划"而言是一种重要的补充形式，其开展的一个典型特征便是针对本省中小学教师培训的情况，进行的一种更能切合本省实际情况的培训，在促进中小学教师专业成长方面具有重要的意义和价值。但是"省培计划"在实施的过程中还存在一些值得我们注意与深思的地方，一方面，"省培计划"也像"国培计划"那样存在偏重理论知识传授、对实践关照不足的问题，造成培训不能切实有效地满足中小学教师的实际需要。另一方面，"省培计划"虽是一种专门针对本省中小学教师进行的培训，并适合本省中小学教师实际情况的培训，但是在具体的实施过程中仍然是主要采取讲座式培训，忽视了中小学教师的学习特性与培训需求，与中小学教师作为成人学习的实践性特点相违背。因此，在开展"省培"时一定要重视一线中小学教师的培训需求，既要在理论上提升中小学教师的教育教学理论素养，又要结合教师在教育教学实践中存在的问题，提高中小学教师教学水平和教学素养，尤其是提升教师的实践素养，促进中小学教师实践智慧的生成与发展。

三 县级培训+送培到县

（一）含义

"县级培训"是各省市下的县级教育行政部门组织的培训，是贯彻上级下达的培训宗旨、对县域内的教师进行的培训，目的是促进城乡教师的共同发展。"送培到县"是各省市教育厅组织培训讲师团到各个县

---

① 吕敏霞：《河南省实施"省培计划"的成效、问题与改进建议》，《河南教育学院学报》（哲学社会科学版）2014年第6期。

域，即将优秀、骨干教师资源送到县域内对教师进行培训。不管是"县级培训"还是"送培到县"，其目的均是为了促进县域内教师的专业成长，提高他们的教育教学水平，帮助其将教育教学理念与实践相结合。

（二）类型

"县级培训"或者"送培到县"的类型也是因地制宜，比如常见的有课例观摩、互动交流、专题讲座等，培训内容大多是根据当地教师教学实践问题、教学困境或者当年的教育热点来设计的，所以"县级培训"和"送培到县"并没有自身特殊的培训类型。

（三）实施效果

"送培到县"可以有效地将各学科专家、名师送到教师身边，为教师的成长提供丰富的资源和平台，改变教师们的教育教学观念，近距离指导教师进行教育教学实践，帮助教师们将理论与实践有效结合。实际上，"县级培训"和"送培到县"都是在本土对教师进行的培训，不需要教师花费时间、金钱去外地进行专业发展，并且，"县级培训"和"送培到县"都是根据本县教师的实际情况设计的培训课程，课程更有针对性、时效性与可行性。但是，"县级培训"相对于"送培到县"的师资力量相对薄弱，经济上也相对薄弱，对于教师专业成长有一定的限制。

（四）评价反思

"县级培训"和"送培到县"也是针对中小学教师而进行的一种培训模式，两者均具有很大的优越性，一方面，可以将本区域的优秀教师资源送到中小学教师身边，最大限度地近距离指导中小学教师的教学技能，提升教师的教学能力和教学水平。另一方面，可以大大节省区域内中小学教师参加培训的成本，中小学教师不用再花费大量的时间和金钱出去培训，直接可以在家门口接受培训。但同时还需注意的是中小学教师在接受培训的内容时并不是简单、单一的被动接受，而是需要具备实践反思的意识和能力，将理论知识实践化、实践知识本土化的改造，这样才可以在本质上提升中小学教师培训的质量和效果，真正有效促进中小学教师的专业成长。另外，在培训课程的设计方面，要着重考虑针对本县中小学教师的实际需求，重点解决他们在实践中遇到的困难，帮助其走出困境，促进教师专业成长与发展。

四 竞赛式的同课异构

（一）含义

"同课异构"是指同一教学内容由不同的教师来上课，比较其对教材分析、教学设计和教学风格的不同，达到相互学习的目的，并在此基础上，谋求改善学生课堂学习、教师专业发展的一种教育比较研究方式。[①]"竞赛式的同课异构"是组织同一学科的教师用"同课异构"的方式进行比赛，比较各自的教材分析、教学设计和教学风格等的优劣之处，已经在中小学中成为一种常见的教研方式。

（二）类型

"同课异构"的形式可以有多种，根据一线教师李国华和王莲蓉的理解[②]，教学中常见的第一种为"问题式同课异构"，即教师根据同一教学问题进行备课，旨在探讨出不同的解决途径。第二种为"课例式同课异构"，指的是教师根据某一课题的教学内容为主题，把整个教学过程当作是一个课例，对教师教学过程中暴露出的问题进行分析。第三种为"帮扶式同课异构"，分为"同伴互助"和"师徒结对"两种形式，"同伴互助"主要是教师自主选择，相互听课评课；"师徒结对"是指一方教学经验相对丰富而另一方还处于积累经验阶段的师徒之间发生的，主要是指导与被指导的关系。第四种为"展示式同课异构"，主要是将公开课、示范课与同课异构结合在一起。第五种为"客串式同课异构"，这种同课异构是上课老师邀请同学科不同年级，也可以是不同区域的老师到自己的课堂上来进行教学，以获得教学方式多样化或者新的启示。第六种为"递进式同课异构"，也称作"多人多轮"同课异构，对统一

---

① 王敏勤：《"同课异构"教学反思例谈》，《中国教育学刊》2008年第6期。
② 李国华、王莲蓉：《多种形式的"同课异构"》，《教学与管理》2011年第7期。

教学内容进行多次的听课—评课—再次备课的循环递进的方式。第七种为"课题式同课异构",这与"问题式同课异构"有相似之处,即都是先发现问题,然后通过教学实践来寻找解决的途径;不同的是"问题式同课异构"中的问题可以经过一两次活动就可以解决,而"课题式同课异构"则需要通过做课题研究得以解决,即多次反复地研讨得出最佳解决方法。

(三) 实施效果

"竞赛式的同课异构"的教师培训模式,可以让教师探索和展示理想的教学方法、教学模式、教学流程等,有利于教师的专业成长,有学者认为"同课异构"实现了教师间的"合力效应",促成了和谐共振,即"同课异构"可以促进教师之间的交流,实现资源共享,共同商讨教学问题,以此形成一股合力,提高教学效果,促进教师成长;"同课异构"还促进了学科间的知识共振,例如在教学《秦岭——淮河分南北》一文时,分别邀请政治老师和历史老师对此教学内容进行上课,对其中涉及的地理学知识可以咨询地理专业的老师,促进各学科教师之间的交流;"同课异构"促进了教师间的信息共振,在信息发达的今天,教师们可以通过各种方式来分享、交流教学经验;"同课异构"激起同伴的思维共振,语言是思维的外显形式,通过语言的交流实质上是思维的交流;"同课异构"能使不成熟的教师产生心理共振。

(四) 评价反思

"竞赛式的同课异构"的教师培训模式是近几年兴起的一种教师培训模式,在一定程度上有效促进了中小学教师在教学方面的提升与发展,同时也有助于教师共同体的形成与发展。但是,我们还需注意的是在开展此培训活动时,要充分利用并发挥每个教师的主体性,促进教师思维活动的积极展开,提升教师参加培训的积极性和主动性。同时,"竞赛式的同课异构"的教师培训模式虽有效发挥了中小学教师之间的沟通、合作与交流,但是,这种竞赛式的教师培训模式处理不恰当会激起教师之间的恶性竞争,破坏教师共同体,可能会阻碍教师的专业成长。另外,由于每个中小学教师都是一个独立的个体，且在教育教学实践中形成的教学特点也不一样，所以在对同一种教学内容进行准备时会出现不同的形式与结果，因此，各教师之间需要尊重他人的实践成果，坚持一切从实际出发，实事求是，促进教师专业学习共同体的形成与构建。

五　个体式的业务进修

（一）含义

"个体式的业务进修"实际上是教师自主性的专业成长模式，教师根据自身实际，制订具有个性化的进修计划，这种进修计划倾向于在教师基于职称评定等外界压力下进行。在制订计划之前，首先，教师需要对自身有一个明确的认知；其次，教师需要确定学习目标或者努力方向，比如加强本学科知识的学习，了解本学科的教育热点问题，等等；再次，根据制定的目标一步一步完成；最后，在计划完成后，评估个体进修目标是否达到。

（二）类型

"个体式的业务进修"的方式不固定于某一种类型。教师可以通过阅读有关书籍，比如教师专业成长的书籍、所教学科的专业书籍等关于教师个体成长的书籍，加深自己的专业知识；也可以通过观看网络优质教学视频，现在信息比较发达，教师自己可以搜索到很多相关优质课视频，可以学习借鉴；还可以咨询资深教师，得以积累教学经验，并用其指导自己的课堂。

（三）实施效果

"个体式的业务进修"具有灵活性、自主性、针对性、长期性等特点，教师可以依据爱好或者弱势点自主决定进修方向，这样的进修更能激起教师的学习兴趣。但是，"个体式的业务进修"基本上没有外界组织监督，教师拥有绝对的权利决定何时开始、何时结束，但是教师由于教育教学任务的繁重以及家庭琐事的烦扰，很多情况下无暇顾及进修计划，所以说，这种专业成长模式的有效性很难预估。通过与一些一线教师的交流，发现在教学生涯初期，他们都会有对于自身专业发展的明确规划，但是大多数由于各种原因并未付诸实践。

（四）评价反思

"个体式的业务进修"是教师针对自身存在的问题而进行的一种自我培训模式，这种培训模式更能全面、深入契合教师自身的实际需要，促进教师的专业成长。因此，教师自身在具体实施的过程中需要关注更多的问题。一是，中小学教师要对自身情况作出全面、深刻的学情分析，从教师自身专业的实践性出发，制订具有针对性、个性化的进修计划。二是，中小学教师需提高自身实践反思的能力，在教育教学实践中养成实践反思的习惯，促进教师实践智慧的生成与发展。三是，教师还应注意在实践的过程中应追求理性实践的价值诉求，将理论与实践有效整合起来，最终促进教师反思性实践的形成与发展。四是，中小学教师在开展"个体式的业务进修"培训模式时要制定切合自身实际的目标，并加强自我监督，强化自身在实践中行动、在行动中研究的意识和能力，争取在行动研究中实现自身专业成长与发展。

第二节　基于教师专业成长实践性的中小学教师培训模式

本节以实践取向为切入点，探讨了中小学教师专业成长的几种培训模式，主要有县域内校际联盟教师培训模式、校内自主式教师培训模式、参与式教师培训模式、U-S合作式教师培训模式和个人研修式教师培训模式。本节分别从这些培训模式的含义、类型、特点和注意事项四个维度来详细论述。

一　县域内校际联盟式教师培训模式

（一）含义

县域内校际联盟式教师培训模式是指在同一县域内，由两所或者两所以上的中小学组成的促进学校发展的联盟，是在平等、互惠、信任的原则基础上建立起来的共担风险、共享利益的一种促进学校、教师发展的长期合作关系，这种合作关系可以体现在学校管理、教育教学、校园文化建设等方面。

（二）类型

校际联盟亦称校际合作，校际合作的类型有多种，按照合作的性质可以划分为行政部门推动下的合作和学校自发组织的合作；[1] 按照合作的功能可以划分为资源互补型、战略联盟型及对口支援型的合作；[2] 按照合作的目的分类，主要有校际教研共同体、名校集团化、城乡教育共同体、学校联盟、教育研究与实验共同体[3]；按照合作的层次分类，有强强联合——优质学校与优质学校的合作，强弱联合——优质学校与薄弱学校的合作，弱弱联合——薄弱学校与薄弱学校的合作等，这些合作划分的依据并不是绝对的，学校可以根据自身实际情况选择合作的类型。

（三）特点

这种教师培训模式的特点主要表现在以下几个方面：

首先，校际联盟教师培训模式中的培训项目是基于解决教育教学中的实践问题而设计的。一般情况下，优质学校在某些学科或者某些研究领域可以带动较弱势的学校发展，比如将优质学校的骨干教师派送到弱势学校里去指导教学实践、帮助教师专业成长和改善弱势学校的办学效果，也可以给弱势学校提供优质的教学资源。

其次，校际联盟教师培训模式内各学校是相互补充的。在联盟学校里面，每个学校并不是占有绝对的优势或者绝对的劣势，大多是呈一个互补的态势，同质促进，异质互补，共同推动彼此的发展。

最后，校际联盟内的各学校是相对独立存在的。各联盟学校不干涉彼此的学校管理事务，学校间的互动大多是教学管理、教育教学、办学

---

[1] 吴永军：《谈谈新课改背景下中小学校际合作共同体》，《江苏教育研究》2009年第12期。
[2] 牛万玛吉：《我国高校校际合作研究》，硕士学位论文，中国石油大学，2011年。
[3] 杜芳芳：《校际互动：学校优质与均衡发展的新思路》，《教育发展研究》2009年第24期。

理念等方面的咨询交流,各自分享自己的经验,联盟学校可以根据自己学校的实际情况相互借鉴。

(四) 注意事项

校际联盟式培训是一种内发自主式培训模式,其将教师培训的重心放在激发各地方学校的内部动力上,切实激起教师个体的主体性意识,养成自主反思的习惯,有效促进了教师的专业成长,但同时也存在问题,如联盟学校之间及联盟活动较为松散,各联盟学校所在区域政策、学校政策不统一,教师专业理念转变阻力大,忽视实质上的内发自主式,教师参与培训的责任感被忽视等。因此,如果想更好地实施校际联盟式培训,需通过加强校际联盟培训的制度建设、争取内外部环境的统一、增强教师专业理念转变的可能性、基于教师专业成长的角度来反思校际联盟式培训、积极转变教师参与培训的理念,创建新型的培训文化等方式来完善校际联盟式培训,以便其更好地促进中小学教师专业成长。

二 校内自主式教师培训模式

(一) 含义

有学者把校内自主培训模式的含义归结为"为了学校""在学校中""基于学校"[1]。所以说,校内自主式教师培训模式是指在教育理念、教育专家的指导下,由学校的专门负责人根据本校的实际情况,选择一种适合本校发展、本校教师专业成长的校内在职培训。

(二) 类型

现在大多数中小学校内自主式教师培训模式可以分为四类[2],第一类可以归类为技能型培训,即对本校教师的教育教学技能的训练,具体的方式有集体备课、案例教学式、现场诊断式、示范—模仿式、情境体验式等;第二类可以归纳为评价型培训,即对本校教师的教育教学评价能力的培训,具体的方式有评课、课堂教学评优、优质课观摩等;第三

---

[1] 郑金洲、俞海燕:《认识校本培训》,《中小学管理》2001年第9期。
[2] 万福:《校本教师培训模式研究》,《教育研究》2002年第1期。

类可以归纳为理论学习型培训,即对本校教师的教育教学理论提升的培训,具体的方式有专题讲座、自修—反思式等其他形式的理论学习等;第四类是研究型培训,即对本校教师科研能力的培训,具体的形式有学会选题、设计研究方案、撰写教学个案,然后在学校真实的环境中对微型课题进行实证研究,以此提升教师的科研能力,培训的方式可以是范例研究型培训、互促互动型培训、问题研讨型培训、交流探索型培训等[1]。校内自主式教师培训模式根据分类标准的不同还有其他类型,在此就不一一阐述。

(三)特点

校内自主式教师培训模式的特点主要体现在以下几个方面:

首先,校内自主式教师培训模式的开展具有针对性。这种教师培训模式的开展是根据本校教师教学实际情况来进行的,可以针对本校特色或者是不足来确定培训主题。

其次,校内自主式教师培训模式的开展具有灵活性。这种灵活性主要体现在培训对象、培训时间、培训内容、培训方式等几个方面,学校可以根据本校实际灵活地开展教师培训课程。

最后,校内自主式教师培训模式的开展具有自主性。这种自主性主要体现在学校和教师两个培训主体上,可以不用受外界培训的阻碍,自主根据学校情况或者教育热点选择培训内容。

(四)注意事项

校内自主式教师培训模式坚持立足教育实践、突显教师主体、追求教师和学校的统一发展的指导思想。因此,在实施校内自主式教师培训模式的过程中,要以学校教育教学实践、教师实践为导向,着重解决学校及教师自身实践中存在的问题,充分发挥教师在专业成长中的主体性地位,积极探索中小学教师专业成长的路径及实施策略,强调学校与教师发展的一致性,促进教师专业发展,提高学校教育教学质量,最终实

---

[1] 钟浩樑:《创新教师培训模式 适应教师专业发展》,《教育导刊》2005年第2期。

现学校和教师的共同发展。

三 参与式教师培训模式

（一）含义

参与式教师培训是指以"参与式"为核心理念和方法，以促进教师的专业发展和提高培训实效性为目的的一种实践，以"参与式"为核心的教师培训不仅是一种简单再现"参与式"理念的模式或方法，更是一种行动哲学，贯穿于整个教师培训的各个环节。[①] 参与式教师培训需要突出教师的主体地位，比其他模式更具有开放性、双向性和平等性。

（二）类型

参与式教师培训的形式多样化，在中小学常见的有案例教学、上课+评课、角色扮演、互动性讲座、问题研讨、教育反思，等等。参与式教师培训是强调教师参与的任何一种教师培训模式，它不限于校内的培训模式，涉及校内、校外诸多培训，突出的是教师在整个培训过程中的主动参与性，而且特别注重在培训过程中的多元性。

（三）特点

参与式教师培训模式的特点主要体现在以下几个方面：

首先，参与式教师培训模式注重参训教师的主动参与性。需要参训教师与培训者根据教学实践共同确定培训主题、计划、实施方案等。整个培训的过程是以教师为主体，重视教师的主观能动性，坚持以人为本的思想，将教师作为"发展中的人"，竭尽全力促进教师的专业成长。

其次，参与式教师培训模式注重参与者的平等性。在该培训模式中，所有的培训者与参训者拥有同等的地位，可以针对同一问题各抒己见，这样可以让参训教师主动发表自己的看法，可以将参训教师的疑惑或者教学困境表现出来，有助于解决实际问题，促进参训教师的专业成长。

再次，参与式教师培训模式注重培训的过程性。在培训过程中参训

[①] 韩萍、李忠军:《参与式教师培训的理念及实践策略》，《现代教育管理》2013年第1期。

教师需要全身心投入其中，在过程中根据已有经验进行意义性构建，在体验中积累知识，在积累中达到专业成长。

最后，参与式教师培训模式注重理论联系实际，具体与抽象结合。该培训主要是通过问题情境来促使各位参训者可以集思广益，教师们通过提出问题、讨论问题、解决问题这一过程得到丰富而具有个性化的解决方法。

（四）注意事项

参与式教师培训主要是指由培训者创造一种适合互动、合作的场景，引导教师在活动中交流、反思的培训模式，参与式教师培训模式坚持立足教育实践、强调教师平等、自主参与、关注教师在已有经验背景下自主建构的指导思想。因此，在实施参与式教师培训模式时要强调培训对象的主体参与，所有活动的展开以培训对象的成长与发展为出发点和归宿，使所有参训者都有一种主人翁感。同时，还要重视调动教师利用自己已有的经验，鼓励教师在合作交流中生成新经验，以便于真正解决教师的教育教学实际问题，促进教师专业发展，提高教师教育教学质量。

四 U-S 合作式教师培训模式

（一）含义

美国学者古德莱德（Goodlad）和霍尔姆斯小组认为，"U-S"合作是一种伙伴关系，是两个不同性质的机构走到一起，为自己追求利益和解决共同的问题而建立的关系。这种关系最好的状态是"共生"（Symbiotic）关系[1]。U-S 合作式教师培训模式是高校（University）和中小学（School）针对教师专业成长建立的一种平等合作关系，高校的专家个人或者团队将教育理论和中小学教师的教育实践结合，共同追求理论和实践的提升。

---

[1] Goodlad, J. I. School- University Partnerships for Educational Renewal: Rationale and Concepts. //Sirotnik〉 and Goodlad, J. I., *School-University Partnerships in Action: Concepts, Cases, and Concerns*, NewYork: Kenneth Teacher14ACollege Press, 1988, p. 3.

(二) 类型

U-S 合作式的教师培训可以通过多种方式实现，现在常见的类型有课堂教学、课题合作、教师继续教育。高校教师与中小学教师可以在课堂中合作，高校专家的理论知识可以通过中小学教师的课堂得以验证、修正和提升，而中小学教师可以在高校教师的协助下将课堂实践知识升华为理论知识。中小学教师在实践中难以解决教学困境，缺乏理论知识引导，需要高校专家加以指导，而高校教师的课题研究需要借助于教学实践得以进行，所以课题合作可以促成高校教师与中小学教师有效协作。同时，高校也可以为教师提供继续学习的资源和场所，促进教师专业成长。

（3）特点

U-S 合作式的教师培训模式的特点可以体现在以下几个方面：

首先，U-S 合作式的教师培训模式的首要前提就是高校和中小学必须互相尊重，处于平等的地位。所谓合作（Cooperation），是指个人与个人、个人与群体、群体与群体之间为达到共同目的而彼此配合的联合行动[①]，只有在平等的原则上才能达到有效配合，促进发展。

其次，U-S 合作式的教师培训模式目的是在互相取长补短的情况下达到相互促进。高校有理论知识但缺乏实践指导，中小学有实践经验却缺乏理论指导，高校和中小学的积极合作可以达到取长补短、共同进步。

最后，U-S 合作式的教师培训模式的合作双方保持相对独立性。在合作的基础上，高校和中小学相互独立，除了合作的相关项目即促进彼此教师专业成长的事宜之外，其他校内事物互不干涉。

（四）注意事项

U-S 合作式教师培训模式是一种由大学和中小学合作开展的教师培训模式，主要坚持立足教育实践、实现合作共生、追求教育理论与实践的有机结合的指导思想。因此，在实施 U-S 合作式教师培训模式时要注

---

① 蔡歆：《U-S 合作视域下的校本化教育科研绩效研究》，博士学位论文，北京科技大学，2016 年。

重充分利用合作双方学校的资源优势,通过教育资源共建共享,实现大学与中小学优势资源互补,将大学教师的教育理论成果与中小学教师教育教学实践相结合,重点解决(S)教育教学实践问题,促进教师专业发展,提高学校(S)教育教学质量,最终促进大学和中小学的合作共生,共同发展。

五 个人研修式教师培训模式

(一) 含义

个人研修式教师培训模式是基于教师个人课程进行的一种培训,这种培训超越课堂教学,是结合了教师生活、教学研究以及教师专业发展的个体性经验认识的培训模式。这种教师培训模式比前面提到的个体式业务进修更能体现教师的自主发展意识,更需要教师个人具有主动性、反思性,培训的内容也因教师个体情况不同具有差异性。

(二) 类型

个人研修式教师培训模式的类型有很多种,比如常见的有计划地阅读书籍,参加学校听课、评课、摩课等最基本的教研活动,到高校进行访学,甚至进一步提升学历进行深造等。当然还有一种现在比较常见的就是做课题研究,一线的教师很容易被教学中出现的问题所困扰,很多人已经在尝试着用辩证的方法去研究这些问题,并尝试着寻找解决途径,并把这些研究成果通过文字的形式表达出来进行发表,不仅可以给其他有相同困扰的教师一些启发,也可以和感兴趣的同行进行交流,寻找更好的解决方法。这些都是个人研修式教师培训模式类型,教师只要有较强的自主发展意识,再加上外在的行动,就可以达到教师的专业成长。

(三) 特点

个人研修式教师培训模式的特点可以分为以下几个方面:

首先,个人研修式教师培训模式具有个体差异性。这种培训模式的内容是教师根据个体具体情况不同而有所区别的。教师可以先做个自评测试,然后选择适合自己专业成长的研修计划。

其次，个人研修式教师培训模式具有自主性。这种教师培训模式需要教师有很强的自主发展意识，并且能有毅力坚持下去。

最后，个人研修式教师培训模式具有时代适应性。个人研修式教师培训模式的课程内容是根据教师所处的时代来确定的，体现着时代的精神，就比如现在基础教育的人才培养目标是"学科核心素养"，教师就得积极学习和理解什么是学科核心素养、学科核心素养与之前的培养目标有何不同、怎样培养学生的学科核心素养以及如何测评学科核心素养是否养成等问题。

（四）注意事项

个人研修式教师培训模式是基于教师个人课程进行的一种培训，而教师个人课程是基于课程的话语体系，超越课堂教学，兼顾促进教师生活、研究及专业发展的个体性认识经验。它具有个体差异性、实践指向性、形式多样性、动态生成性和时代适应性等特征。因此，我们需要注意的是，教师与课程之间是同生共建的互动整体，[①] 教师需要发展出新的专业能力以胜任课程改革，同时，形成教师个人课程是教师专业发展的客观需要，两者是内在统一、相互促进的关系。教师个人课程的建构有助于促进教师专业成长，而教师专业成长则有利于教师建构高质量的个人课程，所以，中小学教师需要以教师个人课程为载体积极开展个人研修式教师培训，这样才能真正实现教师在实施个人研修式教师培训模式中实现自身专业成长。

第三节　基于教师专业成长实践性的中小学教师培训的辅助模式

本节主要介绍线上线下混合式教师培训模式，它是一种借助于互联网技术，将线上的资源共享优势和线下的现场指导优势充分结合起来，

[①] Stenhouse, *Struction to Curriculum Research and Development*, London: Heineman, 1975, p.76.

/ 第四章　基于教师专业成长实践性的中小学教师培训的模式结构 /

达到优势互补的促进教师专业发展的培训模式。2018年1月20日中共中央国务院印发的《关于全面深化新时代教师队伍建设改革的意见》中提出,"转变培训方式,推动信息技术与教师培训的有机融合,实行线上线下相结合的混合式研修"。这是立足于国家政策角度对线上线下混合式教师研修模式的充分肯定和认可。线上线下混合式教师培训模式是一种相对独立的教师培训模式,同时也是基于教师专业成长实践性的中小学教师培训所涉及的四种主要模式(县域内校际联盟式教师培训模式、校内自主式教师培训模式、参与式教师培训模式、U-S合作式教师培训模式、个人研修式教师培训模式)得以有效实现的辅助模式。

一　线上线下混合式教师培训模式的内涵解读

随着教育现代化进程的不断推进,数字化技术已经渗透到世界各行各业,正在实现数字化技术与各行各业的深度融合。"互联网+教育"这个概念的提出,就是数字化技术在教育领域的深度运用的集中体现。当前,有关"互联网+教育"的研究正飞速向前,取得了很好的成就,尤其是在教师培训方面的优势也日益突显出来。由此,形成了备受人们欢迎的线上线下混合式教师培训模式。

事实上,由于现代信息技术的广泛运用,混合式的学习已经不是一个新鲜词,美国印第安纳大学的柯蒂斯·邦克(Curtis J. Bonk)于2006年就编辑出版了《混合学习手册:全球化视野、本地化设计》(*Handbook of Blended Learning: Global Perspectives, Local Designs*)[1]。关于混合式学习的理解,他在接受中国记者访问时谈道:"随着信息技术的发展,开放教育资源的不断积累,混合学习模式的潜能在不断增加。归纳和总结混合学习的特点和规律,设计和开发混合学习互动和课程,提高混合学习的有效性将成为教育技术领域研究的要点之一。相信如我们的预期,在未来的十到十五年内,混合学习将在全世界地区蓬勃地开展起来。我

---

[1] 詹泽慧、李晓华:《混合学习:定义、策略、现状与发展趋势——与美国印第安纳大学柯蒂斯 邦克教授的对话》,《中国电话教育》2009年第12期。

们需要做好准备，让它真正成为一种有效的学习方式。"[①] 事实证明，正如柯蒂斯·邦克教授的预期，混合式学习模式近年来在教师研修方面很受欢迎。

所谓"混合式教师培训模式"，其主要涉及"线上线下""混合式""教师培训"三个概念。从字面上来理解，它首先是一种教师培训模式，而且是一种混合式的教师培训模式，也就是说其至少是两种以上的培训方式的混合。显然，"线上线下"则规定了其混合的方式是由线上和线下两种方式混合而成。因此，线上线下混合式教师培训模式是混合式学习方式在教师培训领域的综合运用，其主要集中反映了一种线上资源共享的优势和线下现场指导的优势于一体的互补型综合性教师培训模式。线上线下混合式教师培训模式能在很大程度上增强教师学习的灵活性，在提高教师研修效率的同时降低教师培训成本。

目前，线上线下混合式教师培训模式主要有基于MOOC平台的线上线下混合式教师培训模式、基于翻转课堂的线上线下混合式教师培训模式和基于网络资源包的线上线下混合式教师培训模式等形式。其中，基于MOOC平台的线上线下混合式教师培训模式主要侧重于教师借助于MOOC平台的学习，在线上学习和答疑的基础上，再集中学习，或是讲座、座谈，或是现场指导，或是教师实践等，形式多样；基于翻转课堂的线上线下混合式教师培训模式主要侧重于在进行集中培训时，针对传统的完全由专家现场讲座式学习，而采取的一种由参与研修的教师在集中培训之前先学习视频，再由专家在现场答疑解惑，由此提高培训效率的一种培训形式；基于网络资源包的线上线下混合式教师培训模式主要是一种普通意义上的在线学习和教师的教学实践相结合的教师培训模式，其在教师个人研修式学习过程中采用得比较多，其形式更加灵活多样，更能切合教师研修的实际情况，而且更能反映教师学习过程中的自主性。

---

① 詹泽慧、李晓华：《混合学习：定义、策略、现状与发展趋势——与美国印第安纳大学柯蒂斯 邦克教授的对话》，《中国电话教育》2009年第12期。

二 线上线下混合式教师培训模式的基本特征

结合线上线下混合式教师培训模式的内涵阐述，我们认为，在实践操作过程中，其主要表现为灵活多样性、优势互补性、时代适应性、经济实用性、快捷时效性等五个方面的特征。

（一）灵活多样性

所谓灵活多样性，是指线上线下混合式教师培训模式不局限于某种单一的学习方式，其超越了传统资源条件的限制。从当前采用得比较多的线上线下混合式教师培训模式（如基于MOOC平台的线上线下混合式教师培训模式、基于翻转课堂的线上线下混合式教师培训模式和基于网络资源包的线上线下混合式教师培训模式等）来看，线上线下混合式教师培训模式所采用的线上和线下组合的方式是很灵活且多样的。其中，线上学习的方式非常灵活，可以是MOOC平台的稳定课程资源，可以是翻转课堂式的简短视频，可以是手机APP式的碎片学习等，其能在很大程度上满足参与培训老师的个性化需求。

（二）优势互补性

所谓优势互补性，是指线上线下混合式教师培训模式能使教师的线上学习和线下实践产生优势互补。线上线下混合式教师培训模式主要是集线上优势资源共享与线下现场指导和实践相结合的方式进行，以致其充分吸收了线上学习的优势和线下实践和面对面交流的优势于一体。因为，一方面，单纯的线上学习由于缺乏现场感和互动性而导致所学知识和学习活动本身从其所处的真实情景中抽离出来，而产生"失真"现象，其在一定程度上表现出了线上学习的局限性；另一方面，单纯的线下学习由于时空等因素的限制而在很大程度上限制学习的效率和质量。显然，线上线下混合式教师培训能很好地实现线上和线下的优势互补，从而大大提高教师培训的效率和质量。

（三）时代适应性

所谓时代适应性，是指线上线下混合式教师培训模式能紧跟时代步伐。当前，人类社会已进入数字化时代，教育的现代化的进程正快速向前。人类的各行各业正面临着数字化信息的深度渗透和融合。正如有学者所言，数字化时代正以势不可当之势全面渗透现代人的生产生活各方面，在社会转型时期的关键时刻，把握数字化时代的深刻内涵，体会数字化时代的生存问题，实现数字化时代的生存超越，是我们面对数字化所要思考的一系列问题。[①] 另有学者也从互联网＋教育角度，认为"互联网＋教育的结果，将会使未来的一切教与学活动围绕互联网进行，老师在互联网上教，学生在互联网上学，信息在互联网上流动，知识在互联网上成型，线下的活动成为线上活动的补充与拓展"。[②] 可见，线上线下混合式教师培训模式顺应了时代发展的需要，其具有很强的时代适应性。

（四）经济实用性

所谓经济实用性，是指线上线下混合式教师培训模式由于借助了互联网的优势，能同时对大规模的参训教师进行培训，因此，大大降低了教师培训的成本。尤其是针对乡村教师的培训，更加便捷，他们可以在学校或自己家里随时接受培训，不再需要把大量的乡村教师集中到县城，乃至省城，从而减少了大量的路费和住宿费等方面的开支。从这个意义上来说，线上线下混合式教师培训具有经济实用性特点。

（五）快捷时效性

所谓快捷时效性，是指线上线下混合式教师培训模式能充分突显网络信息的优势，及时快速地把最新信息传递到有需要的任何地方。正是因为这种快捷时效性特点，让线上线下混合式教师培训模式很受欢迎。当前，随着信息化程度的普及，尤其是农村地区的教育信息化，以及智能手机的普及，让线上线下混合式教师培训模式的优势更加突显。线上

[①] 宋鑫：《数字化时代生存问题的马克思主义哲学回应》，《齐齐哈尔大学学报》（哲学社会科学版）2009年第5期。

[②] 《互联网＋教育的时代》，2018年7月4日，百度，http：//baijiahao.baidu.com/s？id＝1604958787926865298&wfr＝spider&for＝pc。

线下混合式教师培训模式的快捷时效性主要表现在三个方面：一是信息更新快且及时；二是信息传播快且及时；三是信息求证快且及时。

三 运用线上线下混合模式进行教师培训是注意事项

常言道："事物皆有两面性。"虽然，线上线下混合式教师培训模式的优势比较明显，但是其同时也存在着过于依赖参训教师的主动性、整个过程难于监管以及培训过程中的数字伦理缺位等诸多不足。那么，为了能更好地扬长避短，发挥其优势，在实践操作过程中，我们应该注意以下事项。

（一）倡导参训教师积极主动，增强教师自觉参与意识

线上线下混合式教师培训模式受参训教师的积极主动性的影响，其需要教师积极主动参与，方能发挥更大的效果，尤其是线上学习过程中，如果参训教师缺少积极主动性，那么他们很难顺利完成规定的学习任务。因此，在实施线上线下混合式教师培训模式时，需要充分调动教师参与的积极主动性，增强其自觉参与意识，使其主动参与到教师培训活动之中。

（二）加强教师培训过程监管，确保课程资源正确有效

诚然，快速及时、高效低成本是线上线下混合式教师培训模式本身具有的优势，但同时也由于线上学习的课程资源的大规模快节奏更新，以致其课程资源的科学合理性难以得到保障。因此，加强教师培训过程中各环节的有效监管，确保课程资源的正确有效显得尤其重要。

（三）加强相关设施设备建设，确保线上线下顺利进行

线上线下混合式教师培训模式主要采用了线上学习和线下学习相统一的一种学习方式。与传统的学习方式相比，线上线下混合式学习必须配备相应的如网络信息、信息传输器、信息显示器和相应资源包等必备的设施设备，否则无法顺利进行线上学习。

（四）加强教师培训伦理建设，确保教师培训良性运作

线上线下混合式教师培训模式实际上是将现实世界与虚拟世界相统

一的方式进行教师培训的。那么，其不得不涉及伦理道德这个核心问题。一个人能在现实世界里中规中矩地活动，不等于在虚拟世界里同样能保持中规中矩的活动。因此，如何确保参训教师在线上学习过程中遵循一定的伦理规则是必须考虑的问题。也就是说，线上线下混合式教师培训模式要求必须建起一套完备且合理的新型伦理体系。正如某学者所言，"'互联网+'时代的教师，必将超越农业时代的神祇与工业时代的技术安排，必将在自我救赎与释放生命能量的过程中，做自己的主人，对自己的命运负责，从而建构自己与世界的伦理关系"。[1]

---

[1] 唐松林、冯誉萱：《"互联网+"时代的教师伦理：从他者型塑转向自由审美》，《中国电化教育》2017年第8期。

第五章

基于教师专业成长实践性的中小学教师培训的课程设计

本章节主要是基于教师专业成长实践性的角度来设计中小学教师培训课程。首先，先论述基于教师专业成长实践性的中小学教师培训课程设计本真，对实践取向的中小学教师培训课程设计的基本内涵、特征进行详细阐释。其次，要寻找基于教师专业成长实践性的中小学教师培训课程设计的理论支撑，着重阐述教育现象学理论、施瓦布的实践性课程理论及建构主义课程观对其的理论支持。再次，深入探讨基于教师专业成长实践性的中小学教师培训课程设计原则，以保证课程设计的科学性和合理性。复次，要明确基于教师专业成长实践性的中小学教师培训课程设计要素，明确课程设计的基本要素是为了明晰实践取向的中小学教师培训课程设计的具体内容是什么，以便在具体实施方面可以找到相应的落脚点。又次，确定应该以何种具体的过程与方法进行实践取向的中小学教师培训课程设计，为实践取向的中小学教师培训课程设计提供具体的操作步骤，使其具有更强的可操作性。最后，还要进行基于教师专业成长实践性的中小学教师个人课程设计，从而明确中小学教师个人课程的应然走向，以期为一线中小学教师树立教师个人课程观、建构中小学教师个人课程、开展中小学教师个人课程研究提供参考。

第一节　基于教师专业成长实践性的中小学教师培训课程设计本真

实践在特性上属于哲学范畴。早在宋明时期就有"真见实践，深探圣域，千载绝学，始有指归"①"著书数百万言，大都精考索，务实践"②的说法。至近代，马克思对"实践"的界说才真正赋予了其系统丰富的含义。"取向"则表现为："选取的方向；趋向。"③关于实践取向，《教师教育课程标准（试行）》中对其做了特别强调，提出"教师教育课程应强化实践意识，关注现实问题，发展实践能力以形成个人的教学风格和实践智慧"④。从此实践取向便进入了课程研究者及教师培训的视野。之后，随着课程研究及教师培训实践取向的不断兴起，虽然人们对实践取向的教师培训课程也逐渐有了一定的共识，但在理论体系和构架方面尚未完善。因此，如何明晰实践取向的教师培训课程设计的基本内涵、本质特征及价值诉求等一系列理论问题则尤显必要。

一　实践取向的中小学教师培训课程设计的内涵

从实践角度探讨教师培训课程设计是源于教师教育课程标准强调的"实践取向"的理念，在对其研究的过程中，虽然尚未形成整体上的教师培训课程设计体系，但也取得了一定的成果。目前，关于从实践角度对教师培训课程设计的研究，概而言之主要有三个方面：一是从实践角度对教师培训课程内容进行研究的，如理论的真正价值在于落地，需要将教育理论与教学实践紧密结合，并以此进行培训内容的选择；⑤二是

---

① 胡昭曦：《宋史论集》，西南师范大学出版社1998年版，第168页。
② 徐岑：《徐文长》，人民教育出版社1962年版，第27页。
③ 《现代汉语词典》（第5版），商务印书馆2005年版，第1128页。
④ 《教师教育课程标准（试行）》（教师［2011］6号），2011年10月8日，教育部网站。
⑤ 张德勤：《"教学做合一"教师培训模式的实践与研究》，《课程·教材·教法》2009年第2期。

从实践角度对教师培训课程实施进行研究的，如有学者认为需要坚持课程实施的实践性。由于教师拥有丰富、独特的教育教学经验，且具有个性化的人格特征，所以，教师培训课程需要采取更多的具有实践性的培训策略。[①] 三是从实践角度对教师培训课程的设置进行研究的，有学者认为坚持以实践为导向，需要转变原有课程"重理论轻实践"的倾向，更多关注学校教育教学实践，实现与教师教育教学实际的紧密结合。[②] 显然，上述三个方面是从教师培训课程设计的不同要素对基于实践的中小学教师培训课程设计进行本真阐释，有助于我们加深对中小学教师培训课程设计的深入认识和理解。笔者认为，实践取向的教师培训课程设计作为一种课程设计理念，与传统教师培训课程设计存在不同的设计思路。这种课程设计主要涉及两层含义，一是形式上的实践取向，即对中小学教师培训课程设计的各个环节都要全程贯穿实践取向的理念，以实践为核心，突出实践的运用和实施。二是实质上的实践取向，即对中小学教师培训课程的设计重在激起教师的主体性认识，养成自主反思的习惯，逐渐在实践中不断促进反思性实践的形成和发展。其内涵具体表现在以下几个方面：一是强调课程设计的最终目的——指向实践；二是强调教学实践与理论课程的有机整合；三是强调教师专业成长的内在需求——实践理性；四是强调教师为了实践、基于实践、在实践中培训。

二 实践取向的中小学教师培训课程设计的特征

实践取向的中小学教师培训课程设计，摒弃了过去传统教师培训课程设计的种种弊端，且将教师培训课程设计的重心聚焦于实践上来，其不仅规避了当前中小学教师培训课程设计理论与实践相割裂的局限性问题，还明确规正了未来教师培训课程设计的价值取向和基本理念，其有

[①] 张喜萍、韩清林、杨红：《以基础教育课程改革为背景的教师知识结构优化途径探讨》，《教育研究》2008年第8期。
[②] 蒋维加、周赞梅：《论农村中小学教师培训课程体系的构建》，《当代教育理论与实践》2012年第1期。

着较过去不一样的基本特征，主要表现为下列五个方面：

（一）实践性

实践取向的中小学教师培训课程设计倡导课程设计的实践取向，其最为核心的特征则是实践性特征。一方面，实践取向的中小学教师培训课程设计关注教师专业成长的实践特征，认为教师专业成长是指向实践的，其不仅可以理解为教师的专业成长所关涉的是实践的内容，如教师在教育教学活动中必备的实践知识和实践技能；而且还应理解为教师的专业发展必须依赖于教师的亲自实践。另一方面，中小学教师的教学工作在本质上是一项充满浓厚的实践性意蕴在其中的，而实践取向的中小学教师培训课程设计正是切实符合中小学教师工作的特性，明确了中小学教师在自身的教学实践中不仅需要系统深入的教育理论知识，更需要培养在自身独特复杂的教学情境中处理教学实际问题的能力，以教师在具体的教学实践中的问题的解决为价值追求。因此，中小学教师培训课程设计应该转向对实践的关照，不断促使中小学教师教育实践能力的提升和发展，以促进教师实践智慧的养成和生成。

（二）反思性

教师的教学实践经验为教师的专业成长和发展提供基础，但是，仅仅拥有它是远远不够的，如想切实实现教师专业的成长和发展，还必须注重教师在自身的教学实践过程中不断反思已获得的教学实践经验。[①] 反思是教师获得专业成长和发展的主要策略。著名学者斯波纳认为教师专业主要从两个方面得以成长，一是教师自身原有的经验；二是教师的积极反思，教师的成长和发展与两者是密切相连的，是教师在积累丰富的教学经验的基础上进行不断的反思和改进。实践取向的中小学教师培训课程设计体现了教师专业成长的实践反思取向，说明了反思对于中小学教师成长的独特价值，关注中小学教师在长期的教学实践中积累的相当丰富的经验，并指导教师掌握反思的方法，形成反思的意识、能力和

---

① 魏建培：《论教师个人知识的生成》，《教师教育研究》2016年第1期。

习惯，以帮助其利用这些经验实现中小学教师的快速成长和发展，最终促进教师成为真正的反思性实践者。在实践取向的教师培训课程体系内，必须面向中小学教师的教育教学实践，坚持以实践为导向，重视和开发利用好他们丰富的实践经验，让反思成为推动教师发展的重要方式，促使中小学教师在学习的过程中掌握反思的方法和实质，不断养成反思习惯，自觉开展主动反思，提高自主反思的意识和能力，促进教师实践智慧的养成，这些方面均体现了教师培训课程设计的主要价值诉求。

（三）建构性

后现代主义认为，课程知识具有多元化和境遇化的特质，教师的知识构成也具有"前见性"和"重构性"的特点。[1] 教师培训是一种有前提的、有基础的和有背景的改进，其既不是在"零"基础上的塑造，更不可能是完全的"改造"。[2] 首先，实践取向的中小学教师培训课程设计在课程内容的选择上从教师的个体性出发，让教师可以在自身已有的知识结构和经验的基础上对知识进行重新排列、组合、建构、创新与生成，使其在发生内在本质上的转变后并内化为教师内在的知识，这类知识是教师自己建构的知识，是经过深刻加工过的知识，是含有反思意蕴在其中的知识，其能切实促进教师专业成长的提升和发展。其次，实践取向的中小学教师培训课程设计强调学习者以个人的直接经验为基础建构个体化的实践性知识，这类知识是教师特有的知识，具有独特性、个性化的内涵，具有高度的概括性和缄默性的特性，其建构生成的路径往往是在教师具体的教学情境之中，这样教师才能在自我反思的基础上获得实践的逻辑。最后，实践取向的中小学教师培训课程设计关注教师个体的认知水平和特点，充分利用教师已有的知识结构和丰富经验，引导并鼓励教师在已有经验基础上积极主动地建构，在反思与探究中生成新的知识与经验。

---

[1] 陈时见：《教师教育课程论历史透视与国际比较》，人民教育出版社2011年版，第329页。
[2] 陈永明：《教师教育研究》，华东师范大学出版社2003年版，第328页。

（四）自主性

实践取向的中小学教师培训课程设计的自主性主要是从教师的自主学习出发，主张教师培训课程设计要适于教师的自主学习。教师的自主学习是指教师从自身的需要、特点出发，进行自主学习、自我反思学习。教师作为成人其学习富有成人学习的自主性特性，由于教师具备了独立自主的概念，所以教师在学习的过程中更多的表现为一种自我导向的学习方式，这种方式则体现为一种倾向或者趋势，因为教师总是倾向于学习自己想学的，了解自己愿意了解的。教师在其专业生活中对于其专业教育服务和专业发展中具有自我控制与管理的能力，即教师专业自主能力。① 因此，实践取向的中小学教师培训课程设计需符合中小学教师学习的自主性特性，适应教师自我导向学习的需要，充分认识作为成人学习的特点，发挥教师在学习中的自主性，对其原有的实践经验给予足够的重视，引发其学习需要，并促进其主动学习和自主发展。

（五）主体性

以往的教师培训课程在实施的过程中往往出现把教师"学生化""学生中心"的现象，以传授系统的教育教学理论知识为主的教学模式和设计理念，而实践取向的中小学教师培训课程设计旨在改变这种不合理的现状，从教师角色的主体性出发，以教师为中心，尊重教师的主体性地位，将教师看作学习的主体，并将其置于课程实施的中心，主张课程实施需在具体的教育情境中进行，以实现教师教学知识与经验的改造与创新，使得教师培训课程设计做到真正意义上的以教师为主体，不再忽视教师作为成人的自我教育的需要和潜能。另外，实践取向的中小学教师培训课程设计也注重将教师置于培训的主体地位，突显了教师的主体性特性，强化了教师为本的发展导向，② 以教师为本位建构情境性、探究性的教学模式。

---

① 慕宝龙：《论教师专业自主能力的内涵结构》，《教师教育研究》2017 年第 3 期。
② 朱益明：《改革中小学教师培训的原则与策略》，《教师教育研究》2017 年第 2 期。

第二节　基于教师专业成长实践性的中小学教师培训课程设计基础

理论基础对研究起着方向性的指导和引领作用，丰厚的课程设计理论基础是设计高质量、内涵丰富的教师培训课程的重要支点。实践取向的中小学教师培训课程设计的理论基础不仅为整个研究提供理论支撑，又为教师培训课程设计具体要素的设计提供理论指导。本研究认为实践取向的中小学教师培训课程设计需以教育现象学理论为导向，以施瓦布的实践性课程理论、建构主义课程观为重要理论基础。

一　教育现象学理论

（一）教育现象学的基本观点

在众多哲学思潮的涌现过程中，现象学算得上是对人类贡献较大的一种，尤其是对人类思维方式的影响是颇具深远意义的。现象学是由德国哲学家胡塞尔（E. Husserl）创立的，其普遍流行于20世纪的西方。他认为"现象标志着一种方法和思维态度"[1]。这种方法和思维态度是在哲学的影响下发生作用的，具有深刻的哲学意蕴，其既体现为一种特殊的哲学思维态度，又属于一种特殊的哲学方法。胡塞尔在对现象学进行长期深入系统研究的过程中，形成了许多现象学的思想和理论，其对现象学的解释体现了一种新的思维方式，这种思维方式对后世哲学家的思维方式产生了深刻的影响，促进了他们思维方式的深刻变革，从而加速了西方哲学实现现代转向的进程，为西方哲学的发展提供了一种可能。随着现象学理论的不断发展、应用与拓展，教育界的学者们开始尝试将现象学引入教育领域，运用现象学的思维方式研究教育，以促进教育在其深邃理论的指引下进行改革与创新。德国海德堡大学校长克里克（E.

---

[1]　[德] 胡塞尔：《现象学的观念》，倪梁康译，上海译文出版社1986年版，第24页。

Krieck）是最早把现象学引入教育领域的代表人物，他把教育学看作是有关人存在的学问，并主张建立自律的教育科学。在教育现象学创立的过程中，以范梅南为主要代表人物，其众多的成果研究，使得"教育现象学"这一术语被广泛关注，并不断地发展与传播，不仅为教育界以另一种视角研究教育提供了理论上的可行性，也为我国的教育研究和教育改革提供了新的途径和方法。

教育现象学理论的主要观点是：教师要重视体验的意义和价值，要关注学生的体验世界，尤其是要密切关注学生实际生活的体验，明确体验的场所是在具体的教育情境中实现的，以促使教师通过对教育情境的深刻体验，实现全面掌握教育的意义；教师要提高教学机制，不断反思自身的行为。总之，教育现象学属于一种行为意识的研究，其不同于传统思维方式，尤其表现在思考具体问题时所采取的方式的不同，主要目的是理解教育的可能性，并为教育研究提供了一种新的途径和方法。[1] 同时，教育现象学含有实践取向的深刻内涵，重视实践的意义和价值，明确教育研究不单单是理论对实践的应用，还包含在实践中促进实践性知识的形成和发展。[2] 另外，教育现象学在认识论上，强调教育及其研究不可脱离情感意向和他人意识，并倡导对践行的追求；在方法论上，强调在反思生活体验的基础上，透过现象把握本质。[3]

（二）教育现象学与教师培训课程

一是"生活世界"与教师培训课程。

范梅南在对教育现象学进行研究的过程中十分重视"生活世界"所蕴含的价值，因此，他把"生活世界"作为一个主要的出发点对教育现象学进行研究，他认为"生活世界是一个即时体验而尚未加以反思的世

---

[1] 倪梁康：《现象学运动的基本意义——纪念现象学运动一百周年》，《中国社会科学》2000年第4期。

[2] [加]马克斯·范梅南：《生活体验研究人文科学视野中的教育学》，宋广文等译，教育科学出版社2003年版，第56页。

[3] 朱光明：《透视教育现象学——论教育现象学研究中的三个基本问题》，《外国教育研究》2007年第11期。

界，而不是我们可以为之下定义、分类或反应思考的世界"。① 生活世界所蕴含的相关特征再次印证了理论来源于实践的思维，同时也强调了实践的重要性和价值性。因此，范梅南在通过对"生活世界"的意涵论断中强调，教育学看似非常高深，其实质存在于看得见的、真实的、具体的生活情境中，只有在具体的生活情境中进行实践，才能真正地理解并把握教育现象学的本质内涵。所以，在进行教师培训课程设计时，不能过于注重复杂的理论体系建构，而是要在生活的世界中去寻找有价值的课程内容，即教师培训课程的设计要关注教师的"生活世界"，要切实回归教师的"生活世界"，做到与教师日常的教学活动紧密结合，促进教师在真实的生活世界中体验和学习，实现教师在体验与学习的过程中解决自身的教学实践问题。

二是"反思"与教师培训课程。

在教育现象学的思想中，同样也重视反思的意义和价值，且主张反思对于教育者来说是非常重要的，这同时也说明了教育现象学在发展与演变的过程中秉承了现象学的一些观点，因为现象学特别重视反思的开展，要求积极践行对世界进行反思的基本理念。因此对反思的价值定位必须准确、深刻，反思不仅是教育现象学研究的一种主要方法，也是教育工作者必备的素质之一。范梅南认为按照实践的发展顺序，反思涉及三种不同结构的反思，分别是：对过去经验的反思、对未来经验的期待性反思和对当前经验的反思，② 而最关键的、最具挑战性的则是对当前经验的反思。这个阶段的反思要求教师在关注自身生活世界的同时必须首先要拥有洞察、反思的意识和能力，其次要具有敏感、灵活、创新的教育机制。因此，在教师培训课程设计的过程中，要注重引导教师重视提高发现问题的意识和解决问题的能力，加强教师教学实践能力的提升

---

① ［加］马克斯·范梅南：《生活体验研究人文科学视野中的教育学》，宋广文等译，教育科学出版社2003年版，第11页。

② ［加］马克斯·范梅南：《生活体验研究人文科学视野中的教育学》，宋广文等译，教育科学出版社2003年版，第12页。

和发展,强调教师多方面、多角度、多层次的对自身教学实际与教学经验进行反思,促使教师掌握反思方法,形成反思意识、能力和习惯,使教师在反思中实践,在实践中反思,从而达到教师反思性实践能力的提升。

二 施瓦布的实践性课程理论

（一）实践性课程的基本观点

近年来,学术界在对教育实践与教育理论的研究中逐渐发现了实践取向的重要性,并深入探讨了与实践密切相关的"实践智慧""实践理性""实践性知识"等专业术语。在此背景下,教育研究的路径开启了"实践中心"的新取向。[①] 教育研究的这种实践转向也包含课程领域在内。其中比较有代表性的则是美国课程专家施瓦布。正如施瓦布所言："课程研究的经历需从追求理论,转向实践—准实践—折中的方式。"[②] 此后施瓦布在后续的研究中逐渐加深了对实践课程的研究,并在实践的过程中逐渐形成了实践取向的课程探究模式,指导并引领着课程的研究。施瓦布的实践性课程探究模式体现了丰厚的哲学意蕴,其主要来源于亚里士多德的"实践观"、杜威的进步主义哲学思想和现代欧洲大陆的人本主义哲学思想。施瓦布实践性课程理论的基本观点主要有：重视课程实践的核心价值,主张课程研究必须基于课程实践,从课程实践出发,面向课程实践,回到课程实践本身；认为课程是一个相互作用、有机的"生态系统",且课程是在这个"生态系统"中不断运行的；不仅重视教师的主体作用,还重视学生的主体作用,倡导教师和学生的关系是一种平等关系。倡导课程研究与课程实践相互统一、相互作用；倡导研究以问题的解决为出发点、为最终指向,注重研究过程与问题的解决过程的统一,强调通过集体审议的方式来解决课程中的问题。[③] 其最基本的内

[①] 邬志辉:《论教育实践的品性》,《高等教育研究》2007年第6期。
[②] Westbury, I., Wilk, N. J. eds., *Science, Curriculum and Liberal Education*, Chicago: University of Chicago Press, 1978, p.287.
[③] 施良方:《课程理论——课程的基础、原理与问题》,教育科学出版社1996年版,第192页。

核在于：以实践、实际问题、教师与学生的实际行为作为课程设计的依据。①

(二) 实践性课程理论与教师培训课程

施瓦布在对传统课程研究批判的基础上形成了实践取向课程的探究模式，此方法引领了课程研究的方向，认为在进行课程研究的过程中需要倡导实践取向。在课程实践中，通过实践，并为了实践，是课程研究实践取向的理路。② 施瓦布实践性课程主张其实践模式主要是开展行动研究，由于教师本身就是实践活动的主体参与者，这样教师可以在参与实践活动的过程中开展行动研究，且行动研究的范围必须是教师在具体的教学情境和生活情境中进行的。同时，施瓦布的"实践课程"理论也非常重视教师和学生的双主体地位，认为教师拥有丰富的教学实践经验，其在教师培训课程设计的过程中可以有效贡献自身的力量，在教师培训课程设计中应发挥教师参与设计的积极性和创造性；学生虽没有像教师那样具有丰富的教学实践经验，但是学生是教师培训课程的深切感受者和受益者，可以为教师培训课程设计的改进提供建议和策略，使教师培训课程在实施的过程中不断改进和完善，同时也促进了学生在参与课程改造的过程中得到提升和发展。而且，所谓的"实践的"课程探究，是并不与"理论的"课程探究冲突的，是相对于"理论的"课程探究而言的，并不等于是不要理论的指导，不需要理论的思考和探索，而是反对对"外来的"理论过分地依赖，且这种依赖往往是无根据的依赖、不假思索的依赖。在这里显然强调了自身理论的重要作用。因此，在教师培训课程设计中，教师培训课程要注重引导教师在行动中进行研究，重视教师的主体性地位，倡导在课程实施的过程中做到不是对理论性课程的直接应用，而是结合具体的培训课程和培训对象，有目的、有根据地对其进行分析和选择，最终达到对理论的重建与发展。同时，教师培训课程的设计不能仅仅局限于教育专家、课程设计专家或教师培训机构，而

---

① 丁念金：《课程论》，福建教育出版社2006年版，第314页。
② 郭文良、和学新：《课程研究的实践取向及其路径选择》，《全球教育展望》2015年第9期。

是要和一线教师共同开发，重视一线教师在教师培训课程设计中的重要作用，使培训课程能够切实有助于教师教学实践问题的解决。

三　建构主义课程观

（一）建构主义课程观的基本观点

建构主义主张世界是客观存在的，但是客观世界并没有现成的意义，而是由每个人根据自己的经验和知识对客观世界进行解释和建构，这样才建构了其意义。建构主义在发展的过程中形成了比较丰富的有关课程与教学方面的思想。首先，强调学习是一种意义建构的过程，强调学习者在学习过程中的主动性和建构性。在学习方面，学生学习的过程不是单向传输的，更不是被动接受灌输的过程，而是学习者发挥自身的主观能动性，主动进行意义建构的过程。其次，关注学生的主体作用和主体发展。建构主义认为在学生的学习与发展的过程中存在两种现象，一是学生的学习和发展并不是一定同步的；二是学生的发展不一定是其在接受知识的过程中实现的。因为，如果学生接受的知识只是单一的、机械的知识，而并未对所接受的知识进行深入理解并内化为自己的知识，那么学生则会因为缺乏个体的主体性意识和自主反思的意识而难以实现自身的长远发展。最后，在教学方面，建构主义倡导实施情境式教学模式，主张在教学中应积极选择与学生生活经验、生活实践有关的问题或生活情境，给学生创设互动与对话的学习环境，鼓励学生采取自我导向的学习方式。重视反思对学习者学习的重要性作用，要求学习者要通过反思来完成学习，教师要积极引导学生进行自主反思，通过采取多种途径进行反思和深层次的反思，引导学生养成自主反思的意识、习惯与能力，并运用反思提高分析问题、解决问题的能力，使得学习者在解决问题的同时实现对相关知识技能的获得和习得，促进学生学习的有效性和个人长远的发展。

（二）建构主义课程观与教师培训课程

教师的学习具有成人学习的各种特性，不应是被动消极的，而应该是积极主动的,因为他们在学习目的和学习动机方面有着明确的认识,尤其是他们还拥有大量丰富的教育教学知识和经验,这些知识和经验是具有个性化特征的。他们的学习不是简单的知识积累和被动接受,而是一种新旧知识、各种经验之间相互冲突、相互作用的过程,从而引发其观念的转变、知识结构的重新排列和重组,最终达到两者之间的一个平衡;是学习者在一定的教育教学情境中运用已有的知识和经验,通过与他人的交流与合作,主动进行意义建构学习的过程。因此,在设计教师培训课程时,培训课程目标需尊重中小学教师的主体性地位,关注中小学教师作为一个成年学习者,具有学习的自主性特征,倡导教师是主动建构者,并在主动建构的过程中实现教师的自主发展。课程内容强调意义的生成性,强调课程的预设与生成。不仅要有规定的课程科目,还应该重视通过教师们在互动交流自身知识和经验的同时形成新的课程内容,即生成性的课程内容。课程实施突出中小学教师的参与性和情境性,建构主义认为学习过程是学习者主动建构的,是在具体的教学情境中建构的,因此,在设计教师培训课程时要致力于提供、创设一种来源于教师真实的生活学习情境,以此调动参训教师的积极性和主动性,引导参训教师在已有知识经验的基础上主动建构新的知识和新的经验,促进教师知识和能力的提升。课程评价应重视过程性评价和多元性评价。实践取向的中小学教师培训课程设计在培训课程评价的主体上要体现多元性,应包括参训教师、培训者、课程专家、培训专家、教师培训机构。同时在整个的教师培训中应全程贯穿评价的思想,这样才能根据评价的结果及时调整培训课程、改进培训课程,使培训课程更能有效促进教师的学习。这样一方面发挥了评价的监督调控、导向与保障作用,另一方面也提升了教师培训的质量和效果。

第三节 基于教师专业成长实践性的中小学教师培训课程设计原则

实践取向的中小学教师培训课程设计不是对传统教师培训课程设计

的全面否定，而是对它的扬弃和超越、继承和发展。除了具有课程设计的一般原则，如科学性、针对性、知识性、指向性、教育性，实践取向的教师培训课程设计还应确立以下原则：

一　实效性原则

以往的教师培训课程过于强调学科知识的理论逻辑体系，不仅忽视了教师作为成人的学习特点和规律，更忽视了教师对理论知识和实践经验的自主反思，因此难以指导教师日常的教育教学实践，进而造成教师难以在自身的教学实践中运用自身所学的知识和经验，从而难以提高教师参加培训的积极性和主动性，甚至会出现削弱的现象。确立教师培训课程设计的实效性原则，就是要以中小学教师在教育教学实践过程中面临的实际问题为中心，课程内容的选择和组织则采用问题解决的方式来确定，鼓励教师基于自身的实践环境和实际的教育教学情境，通过不断地增强发现问题的意识，提高解决问题的能力，使教师在经过培训之后对学到的内容可以创造性地学以致用，学用结合，从而满足教师参与培训的需求性，促使教师既提高了自身教育教学的能力，又解决了教师实践中的实际问题，从而使得教师实践智慧在过程中不断生成与增长，促进教师专业成长的内涵式发展。

在实效性原则的指引下，课程内容的选择和组织绝不是简单地考虑教师的兴趣、需求或爱好，仅仅为了满足教师眼前的现实需要，还必须高度关注教师未来的、长远的需要。因此，教师培训课程传授给教师的知识和技能必须是以适应教师当前和未来的发展为导向，同时兼顾好现实需要和未来发展的关系，从而实现教师的长远发展。

二　整体性原则

教师培训课程设计不是一蹴而就的，并非是单独的某一方面的设计就可以实现的，其必须加入综合考虑和整体上的考虑，遵循一定的理论和实践逻辑，因此，实践取向的教师培训课程设计应该体现整体性原则，坚持整体设计的思路。首先，在教师培训课程内容的设计上，应以教师的真实具体的生活情境为出发点，以解决教师教学实践中的问题为指向，注重教师在解决自身教学实践中的问题中形成各种能力，尤其注重提高教师在面对具体教学实践问题时所形成的判断能力、分析问题的能力、解决问题的能力，同时，还要注重提升和发展教师付诸实践行动的能力。最后，在教师培训课程的基本要素方面，要用联系和一体化的思想仔细考虑各个要素之间的内在关联和逻辑意蕴，使整个教师培训课程具有一定的理论逻辑和实践逻辑，促使其建构完整的课程体系。同时，教师培训课程还应具备严密的联系性，这种联系主要体现为各要素之间的非重复性的交叉与融合，这样的联系为中小学教师创造了实现对话、探讨和反思的空间，是实现课程价值定位的具体体现，有助于教师向学者型、研究型和专家型教师迈进和转型。最重要的是，以整体化为指导思想进行教师培训课程设计时要坚持以实效性为旨归，发挥教师培训课程的真正价值。

三 多元性原则

一方面，多元体现为设计主体上的多元，不仅需要培训者、培训课程设计专家、培训专家、教师培训机构的参与，还要重视发挥中小学教师的作用，因为中小学教师不仅是参与培训活动的主体，还是培训课程目标确立的重要依据。强调中小学教师作为培训课程设计主体，不仅彰显了中小学教师作为教师个体的独立性、主体性、自主性和创造性等特性，更保障了中小学教师参与课程设计的权利，体现为一种文化权利，另外，也有助于增强中小学教师培养自我发展的责任意识。另一方面，多元原则是指教师培训课程设置的多元。首先，体现为教师培训课程类型的多元化、课程类型的多样化，不仅可以满足中小学教师对各种培训课程的需求，还可以促使教师在接受不同类型的教师培训课程后，一方面实现了教师不同方面的专业成长和发展，另一方面，可以实现教师不同层次的专业成长和发展，有助于从整体上提高教师培训课程的针对性和实效性,从而实现中小学教师教育教学行为的改善和实践智慧的养成。其次,是在课程目标、课程内容及活动方式上的多元,在课程目标方面,既有规定性的目标,又有生成性的目标;在课程内容方面,不仅重视显性课程的价值,还要密切关注隐性课程存在的必要性,不仅可以满足近期实用的需求,又可以加以利用并实现长远发展。

四　开放性原则

开放性在本质上体现为一种变化的特性,且这种变化是呈现出一种动态性的变化和发展。因此在进行教师培训课程设计时应秉持一种宽泛的、不确定性的、动态性的思维方式。坚持这种课程设计的思维方式可以为中小学教师在积极主动的探索中、在自身教学实践与体验中为实现自身发展创造一种可能。

以往的教师培训课程过于重视知识的逻辑顺序,强调内容的严谨性和理论性,这种课程虽使其内容更具系统性和完整性,短时间内可以迅速提高教师培训的效率,但同时也存在课程内容的封闭和僵化,过于强调知识和能力上的目标,忽视了教师情感、态度及价值观的建立,从而使得教师参与培训的积极性和主动性难以得到提高。

因此,如何在教师培训课程设计中,提高教师参与培训的积极性与主动性,促进教师基于实践经验的反思学习,激起教师个体的主体性意识,养成自主反思的习惯,是当前教师培训课程设计必须解决的重要问题。因为这些因素直接影响教师培训课程的实施和运行,进而影响教师培训的质量和效果。这些问题得以有效解决的关键就在于强调课程内容的开放性,突破其封闭性的不足。因此,确立实践取向的教师培训课程设计的开放性原则,就是要求在进行课程实施环节时,要重视发挥教师的主体性作用,赋予培训教师和参训教师更多的权利,在这里课程不再是高高在上不容置疑的权威,而是处于一种平等开放的环境之中。参训教师和培训教学可以根据自身的实际情况对课程目标和课程内容进行再次解读、再次选择及再次设计,使其更加适合教师自身工作实际,满足教师培训的需求。同时应提出更多具有思考性、创造性、意义性和价值性的问题，引导教师在积极寻找问题解决办法的过程中对知识进行自主性、意义性建构。另外，还要在设计培训课程内容时为教师留有足够的思考、讨论、实践、探索及体验的空间，让教师将自身丰富的实践经验填充进去并加以改进和利用，最终实现教师在已有经验的基础上进行自主反思，结合自身的教育教学实际进行自我创新和改造。

五 对话性原则

一是重视教师培训课程和中小学教师之间的对话和交流。基于后现代课程理论的背景，教师培训课程和中小学教师的关系不是主体对客体的关系，而是一种主体对主体的关系。两者内在于一种平等、开放的对话环境中，在相互促进、相互作用的过程中，实现两者的共同发展。在这个过程中，教师培训课程和中小学教师的角色和地位也将会发生很大的转变，教师培训课程不再是处于云端、不容置疑的权威，而中小学教师也不再是远离课程的被动接受者、不关心课程的漠视者。显然，要想实现这种形式的对话和交流，必须在教师培训课程的设计上下功夫，只有在设计的过程中考虑到这种现象的合理存在，并进行针对性的设计，才能保证教师培训课程设计的对话性原则的实现。所以，实践取向的中小学教师培训课程设计需要把中小学教师看作具有个体个性特征的人、鲜活生命的人，突出中小学教师的主体性地位，发挥中小学教师对教师培训课程改革的重要作用，在充分发挥其主观能动性的基础上，提高其自主反思意识，也为中小学教师提供自己主动生成个性化的培训课程的空间。同时，应特别重视强化课程和中小学教师之间的内在对话交流，为两者的对话交流提供合理的空间和可能，从而使两者之间的对话的质量和效果得以提高，进而帮助中小学教师更好地接受和理解所学内容，促进知识的有效迁移和本土化创生。

二是重视师生之间的对话和交流，即培训教师和参训教师之间的交流。实践逻辑是学习者在自身的反思性实践中自主建构的，而任何意建构的过程都在不同程度上依赖于主体间的社会互动。① 实践逻辑则与教师实践活动密切相关,其对教师实践活动的开展提供了逻辑上的方式,因此,借用实践逻辑的思维,在教育实践的过程中需要注重主体间的社会互动。所以,实践取向的中小学教师培训课程设计需关注培训教师和参训教师之间平等的对话与交流。虽然培训教师和参训教师的经验背景、专业素养、成长经历和知识结构都处于不同的状态,存在很大的差异性,且培训教师的各种表现往往会高于参训教师,表现出一定的优势,但我们需要明确的是,正是这种差异性的存在可以有效使得培训教师和参训教师之间、参训教师之间的对话、交流得以实现,为其提供了一种可能。当不同的个体在阐述自己的观点时,个体不仅学会了勇于表达自己的观点,提高了自身的语言表达能力,也学会了在吸收借鉴他人观点的基础上建构属于自身的知识和经验,这种建构往往是意义建构,长此以往,会使得教师建构的知识和经验更加丰富多样。当然,我们还应特别指出的是对话交流的前提是大家处于一种平等的关系中,这种平等的关系是对话交流得以顺利进行的保障,有利于促使教师实现真正的意义性建构。

第四节　基于教师专业成长实践性的中小学教师培训课程设计要素

在对整个实践取向的中小学教师培训课程设计进行系统阐述时,需要对其基本要素进行分析,厘清其内涵。在《培训课程设计全案》一书中,作者指出了现代培训课程设计主要涉及课程目标、课程内容、培训教材、课程模式、课程策略、课程评价、学习者、执行者、课程时间以及空间十大要素。② 而目标、内容、活动、资源和评价是课程的五个基

---

① 徐莹莹:《实践取向学前教师教育课程的核心理念与改革路径》,《教育评论》2017年第2期。

② 刘永中、金才兵主编:《培训课程设计全案》,南方日报出版社2005年版,第6页。

本要素，它们之间相互关联，构成完整的课程。① 因此，根据现代培训课程设计的要素分析和课程设计的一般理论的指导，结合中小学教师培训课程自身特点，分析实践取向的中小学教师培训课程设计的基本要素，对每一要素的具体的设计进行详细深入的探讨，以促使其建构完整的体系。

一 培训课程目标的设计

培训课程目标是根据培训宗旨和需求而提出的培训课程的具体价值和任务标准，培训课程目标的达成度不仅反映了教师培训的质量和效果，也彰显了教师培训课程设计的科学性和合理性。众所周知，教师的工作体现为很强的实践性特征，教师的专业成长是教师在自身的教育教学实践中不断发展和提高的。所以，实践取向的中小学教师培训课程的目标就是培养中小学教师的实践反思能力和实践智慧，以解决中小学教师在教育教学实践中的问题为导向，坚持育人为本，提升中小学教师的实践理性。因此，实践取向的中小学教师培训课程在课程目标的设计上应该着眼于促进中小学教师在具体的教学实践中的持续发展的培养。

（一）以实践反思为培训课程目标设计的核心取向

随着社会的不断发展变化，人们对理想的教师专业成长的定位早已经从对技能熟练型的教师转为反思型、创新型和专家型教师，看似表面上的转型，其实质是对教师提出了更高的要求，尤其是对教师的实践反思的要求变得更多、更高。其要求教师不仅要具有实践反思的意识，还要学会运用实践反思，掌握反思方法，养成实践反思的能力和习惯，这些要求是教师在完成其职业任务时所需的一种专业精神、专业态度与实践能力。唯其如此，才有可能培养出具有敬业精神的教师和具有较强实践素养的教师。

---

① 董新良、刘刚：《课程设计概论》，山西教育出版社2012年版，第21页。

（二）以目标先行为培训课程目标设计的主要策略

美国心理学家耐特（Knight）和瑞莫斯（Remmers）在实验研究的基础上发现[①]，学习者在认清了学习目标之后，有助于学习动机和学习兴趣的提升，反之，则学习动机和学习水平都处于较低层次。其说明了学习目标对学习动机具有一定的影响。因此，学习者明确并深入理解学习目标的具体内容及其体现的内在本质，将会增强学习目标的诱因性。根据学习目标先行的观点，实践取向的中小学教师培训课程在目标设计上应明确而又具体，不仅注重教师理论性知识的获得，更加注重教师形成反思性实践的能力和习惯，强调教师在理性指导下的实践，使教师对学习目标有个清晰的了解和认识，并能顺利将目标与自己的教育行动结合起来，使之内在于自己的教育行动之中，在教育行动中实现培训课程目标，从而有效地提高教师的培训效果。

二 培训课程内容的设计

教师培训课程是以具体的培训内容为载体的，培训课程内容是培训课程目标达成的关键载体。在对教师培训课程内容进行选择和组织时，不仅仅是一个技术性或操作性的过程，其离不开"价值"的取舍。教师的专业成长离不开教师实践性知识的发展和实践智慧的生成。"实践性知识是教师专业发展的知识基础"，[②] 是教师在日常的教育教学工作中积累而成的，是教师内心真正信奉的、在教学工作中实际使用的知识。[③] 教师的实践智慧是一种综合能力的体现，这种综合能力是教师在善的价值追求的前提下逐渐形成的，具体表现为教师在教学实践中对教学工作的规律性把握、创造性驾驭、深刻洞悉、深度思考、敏锐的感悟与反应以及灵活机智的应对。[④] 因此，本研究认为，实践取向的中小学教师培

[①] 邓泽民、侯金柱：《职业教育教材设计》，中国铁道出版社2006年版，第111页。
[②] 陈向明：《实践性知识：教师专业发展的知识基础》，《北京大学教育评论》2003年第1期。
[③] 陈向明：《理论在教师专业发展中的作用》，《北京大学教育评论》2008年第1期。
[④] 赵瑞情、范国睿：《实践智慧与教师专业发展》，《教育导刊》2006年第7期。

训课程在培训内容上的设计应以教师实践性知识发展和实践智慧的生成为取向进行内容选择；以教师教学工作中的现实问题和现实需求为取向进行内容组织。

（一）以教师实践性知识发展和实践智慧的生成为取向进行内容选择

在进行教师培训课程内容的选择时，要重视教师实践性知识的发展和实践智慧的生成。由于实践性知识和实践智慧均是教师在自身的具体教育教学实践中不断积累反思总结而得，且体现出个体性和动态性的特点，同时，我们还需认识到，重视教师实践性知识的获取和实践智慧的生成，亦不能忽略理论性知识的学习，理论在实践性知识的生产和实践智慧的生成过程中起到了一种催化、引导的作用，只有在理论指导下的教育实践才能切实促进教师教育教学实践能力的提升。所以，本研究提倡问题解决式的课程内容选择方式，同时兼顾学科知识的逻辑体系。因此，实践取向的中小学教师培训课程内容的选择应主张：①以教师教学现实问题和现实需求的解决为逻辑主线，选择的培训课程内容必须是与解决教师教学现实问题和现实需求直接有关的知识与技能，目的是提升培训课程的针对性和实效性。②以简洁、明了的理论知识为内容支撑，为教师开展基于实践经验的反思活动提供理论的支撑。③以教师已有的知识和经验为反思基础，引导教师在交流与合作中开展实践反思并生成新的知识和经验，主动进行意义性建构，从而实现自我发展和提高。④以教师具体的教学任务和案例为课程选择的重要内容，并对其进行深入和全面的考察，实现教育理论与实践的对接。

（二）以教师教学工作中的现实问题和现实需求为取向进行内容组织

从教师专业成长的实践性出发，在进行教师培训课程内容的组织时，要重视在实践中发现问题，要以教师教学实践中的现实问题和现实需求为取向。面向教师教学工作中的现实问题，深入了解教师的现实需求应该成为教师培训活动的出发点，并以此为基础进行培训课程内容的设计，确保培训课程内容的针对性，坚持以培训的实效性为旨归，进而提高教师培训的质量和效果。这与实践取向的中小学教师培训课程设计以关注实践，解决实践中的问题为基本的价值诉求不谋而合，都在于明确强调了解和把握教师在教学工作中的现实问题和现实需求的重要性。首先，可以基于教师教学工作中的现实问题和现实需求为取向确定培训主题或问题，通过主题或问题的设计引导教师进行积极主动的探究和反思。以主题或问题来组织培训课程内容时，可以促使教师在具体的教育教学情境中进行分析、讨论、合作与交流，在实践反思中丰富完善实践性知识。其次，我们还需认识到，以主题或问题为中心来组织培训课程内容，并不是忽略教育理论的学习，而是将教育理论知识置于主题或问题培训中，帮助参训者实现培训的有效迁移。在这里教育理论知识起着提供资源的作用，主要作用是帮助实践性知识得以有效建构，促进实践智慧的生成。即通过参与培训参训者可以将教育理论知识与自身特定的教育教学情境联系起来进行主动意义性建构。

三 培训课程实施的设计

教师培训课程的实施是教师培训课程目标达成的重要环节，实践取向的中小学教师培训课程要求培训教师运用多种培训方式，来提高教师培训的实效性，同时还应该转变以往单一知识授受、知识传递的教学模式，在具体的培训实施的过程中需要重视参训教师的主体性地位，将其置于培训实施的中心。另外，培训实施的场所一定是处于真实具体的教学情境中的，并将其作为培训实施的基础。最后还需要设计切实符合参训教师学习特征的培训方式。

（一）由"课堂中心"转向"实践活动"，通过活动教学来实现

实践活动是教师成长的必要条件，将实践活动作为培训的载体或中介，需要注重实践活动与实践反思的统一，促使实践与反思达到互动融合，以此实现教师外部实践活动和内部心理活动的统一。其不仅突显了教师的主体性地位和实践活动的重要性，还明晰了教师需将实践与反思进行互动融合。教师只有学会在自身教育实践中不断反思，才能够自觉

地认识和分析实践之中的知识，进而促使实践性知识的有效生成，实现在实践中不断反思、在反思中不断丰富和完善自己，实现"理论"与"实践"的实质性整合。

（二）通过案例评析的方式来实施，实现理论与实践的对接

在案例评析中，需要明确案例实践和理论解释的内在关联，其中案例实践是检验真理的唯一标准，是理论落地的真实载体；理论解释是案例实践的评析支点，不仅对设计案例有帮助，更是形成案例研究结论的工具，两者之间是辩证统一的关系。[1] 通过案例评析的方式，能够较好地使抽象的教育教学理论和具体的教学案例进行结合，帮助教师提升运用理论分析教学实践的相关能力，有助于教师在参加培训的过程中，易于对理论知识进行巩固说明，达到对其牢固掌握的目的、顺利实现理论的迁移，从而提升教师分析问题、解决问题的能力，促使理论知识的实践化。一方面，案例的选择要立足于教师的教育教学实践，从实践出发，真实反映教师的教育教学情境。另一方面，案例评析要站在一定的理论高度，将理论与实践紧密结合，突出重点，不仅解决了教师的教育教学问题，又帮助教师架起理论与实践操作之间有效沟通的桥梁。

（三）通过探究性学习、做中学的方式来实施，以教师为本建构情境性的、探究性的实施方式

教师培训课程实施是在一定的教育教学情境中进行的，培训教师需要创设良好的培训情境，形成自身的教学情境感，以恢复教学指向人的意义[2]。其中，探究性学习是培训教师和参训教师动态围绕教育教学情境中的问题进行研究，培训教师引导参训教师"自主发现，自主探究"，在探究中实现对参训教师的批判性思维的培养，提升教师的批判性思维的意识和能力，在探究中进行意义性建构，努力形成具有个体特征、高度经验化、概括化的实践性知识。做中学是专门针对那些应用性的教学理论而言，紧紧围绕具体的教师培训课程内容，在培训教师的指导下，

---

[1] 胡小勇：《案例研究的理论与实例》，南京师范大学出版社2008年版，第23页。
[2] 余闻婧：《论教师的教学情境感》，《教师教育研究》2017年第3期。

参训教师对培训内容进行深入分析、深刻解读和实践操作,让教师通过在行动中学习并掌握知识,充分理解这类教学理论的真谛,以获得直接的课程体验。

(四)通过参与、体验和反思的方式来实施

首先,参与是实践取向的中小学教师培训课程实施的重要前提和基础。教师作为实践主体进行积极参与,必须真正参与到实际的教学实践中,才能切实提高教师的教育教学实践能力和教学水平,真正实现实践取向的中小学教师培训课程的价值与意义。此处的参与是教师全身心的参与,既指教师身体活动的参与,又包括教师思维活动的参与。两者相互促进,缺一不可。其次,体验是实践取向的中小学教师培训课程实施重要的方式之一。在具体的课程实施中,由于教育教学情境具有复杂性和不确定性的特性,因此,需要让教师亲身体验,在体验中学习和成长。其形式可通过观摩、角色扮演等方式,引导教师积极体验和感受,以此帮助教师更加深入地理解课程内容,促进实践智慧的发展生成。最后,在培训课程实施的环节还需注重引导教师进行反思、培养其反思的能力和习惯。正如波斯纳所言:教师成长来源于其丰富的经验和反思。此说法再一次印证了反思能力在教师专业成长过程中的重要地位,其作用和意义也是显而易见的。对于教师来说,在获取经验的过程中没有加入反思的过程,其经验只能是表象的、浅显的,是难以内化为教师自身的知识中去的,即实践经验难以内化、本土化。因此,教师应该在自身的真实的教学情境中不断开展反思性实践,提高自我反思的意识和能力,通过不断反思自身教学实践,提高教师解决问题的能力,从而提高其教学实践能力和教学水平,使教师在实践中不断反思,在反思中不断成长和发展。

四 培训课程资源的设计

课程资源是教师培训取得成功的核心要素之一。[①] 培训课程资源是

---

① 黄越岭、李鹏、朱德全:《资源众筹:"互联网+"时代教师培训课程供给模式变革》,《中国电化教育》2017年第1期。

/ 第五章　基于教师专业成长实践性的中小学教师培训的课程设计 /

指蕴藏于培训环境中支持学习者进行学习的各种学习资源的组合，其有利于教师培训课程实施、课程标准达成和课程目标实现。虽然常规的教师培训课程在培训课程资源上的设计考虑的不太多，但为了提升教师培训的质量和效果，本研究在对培训课程资源进行设计时，专门针对具有可操作性的要素如培训师资、培训环境、培训材料等方面进行了安排与设计，力求提高教师培训课程设计的质量，增强教师培训课程的适用性。

（一）培训师资

实践取向的中小学教师培训课程设计不仅对理论的需求要求高，对实践能力的要求也相对较高，所以，在基于培训内容设计的基础上，安排授课教师时需要提高具有相当丰富教育理论知识的培训专家、高校专家、学者、教授及教学理论专家的比例，还需要提高具有丰富教学实践经验的一线骨干教师、优秀教师、教研员及名特级教师的比例，以此来提升教师培训的深度和广度，促使参训教师实现理论知识实践化、实践知识本土化，做到教育教学理论和教学实践的深度融合。另外，授课教师需要加强丰富培训课程资源、拓宽培训学习渠道的意识。在进行培训环节时，逐步根据教和学的需求，有意识地提供贴近学生实际、贴近时代要求的培训学习资源，创造性地利用和开发现实生活中生动鲜活的培训学习资源。

（二）培训环境

培训环境需要根据不同的培训内容进行设计，由于实践取向的中小学教师培训课程在培训方法上的设计注重参与、体验和反思，因此，需要为参训教师营造和谐宽松的教师培训环境，创设和谐的培训参与氛围，激发参训教师的培训积极性。同时，还要营造良好的心理氛围，在心理上接纳并支持培训的整个过程和内容；促使参训教师积极主动地参与培训，在参与培训的过程中进行体验与反思。

（三）培训材料

为了培训教师更好地实施教学，参训教师更好地参与培训，培训及机构需要准备多种形式的培训材料，以供培训教师和参训教师选择，如当前教育热点、培训热点、培训计划、培训课程方案、任务考核要求手册、培训 PPT、听课记录本、笔等一系列培训材料。另外，还可以积极利用报纸杂志、网络信息资源等培训材料，拓展培训教师和参训教师利用培训材料的渠道。

五 培训课程评价的设计

根据美国著名的评价学专家泰勒的观点，评价就是看看目标的达成情况。那么，实践取向的中小学教师培训课程设计旨在以关注实践、解决实践中的问题、追求教师实践智慧的养成和追求理性指导下的实践为基本价值诉求，决定了其培训考核的设计同样应该是以培养教师实践能力为其基本考核标准。

（一）以培养教师实践能力为导向

长期以来，中小学教师培训课程在设置上偏重理论性知识的讲授与传授，对实践性知识的运用重视不够，忽视教师对实践经验自主反思，参加培训的教师在培训过后虽然在理论和实践方面具备足够的知识水平，却缺乏运用知识的能力，难以实现教育理论和实践的本土创生，难以顺利适应教学工作。因此，我们必须转变培训观念，形成新型的培训理念，认识到教师实践能力培养的重要性，促使评价的标准从以往关注教师的实践操作上升到关注教师的实践智慧，以切实培养学生实践能力为导向，促进教师教学实践能力的提升和实践智慧的生成，从而真正实现教师的教学实践的自我改造。

（二）把实践能力的培养定位于实践智慧的培育

我们把实践能力的培养仅仅看做是"实践技能的获得"，陷入了"技术层面"，那就是没有切实认清教育教学实践的实质和内涵，反而使教育教学实践呈现狭窄化、程序化、表面化和僵化的趋势。因此，必须把实践能力的培养定位于实践智慧的培育。实践智慧是一种能力的体现，且这种能力不是单一的，而是一种综合性能力，并带有一定的问题解决性和创造性的特质。所以，如果我们把实践能力的培养定位与实践智慧的培育，且是以实践智慧为特征的、融合"先在性"的理论与教师已有的知识和经验，那么，我们自然而然就会更加关注除了技术、技能、方法以外的其他更为关键的要素。

第五节 基于教师专业成长实践性的中小学教师培训课程设计过程与方法

我国台湾学者饶见维在其《教师专业发展理论与实务》一书中，基于实践反思的教师学习观，提出了教师专业发展的"知行思交融模式"（如图5-1所示）。①

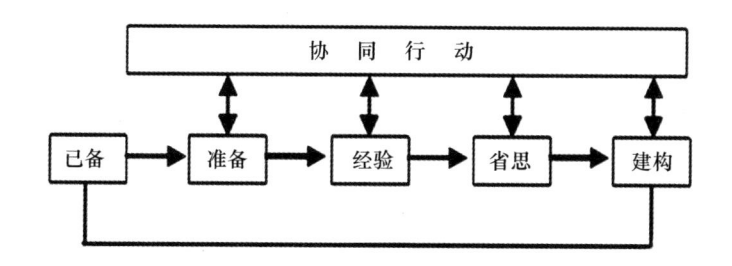

图5-1 饶见维的"知行思交融模式"

在"知行思交融模式"中，不仅遵循了知行合一的学说，还倡导行思并进和学思并重，重视反思对于知识建构的意义和价值，重视教师在具体的教学实践中学习，同时强调教师应该积极反思自身教学经验，以促进教师更好地付诸实践，最终实现理论、实践与反思三者相互促进、循环发展。其中"知"包含着教师专业的"已知"与"新知"；"行"是教师为了获得实际的亲身体验，在自身的具体的教育教学情境中所采取的教育行动；"思"是教师针对"行"中获得的实际经验进行的任何分析、反省、反思等高层次的认知活动。

---

① 饶见维：《教师专业发展理论与实务》，五南图书出版公司1996年版，第212页。

基于对上述"知行思交融模式"的深入理解和分析，可以看出其模式对于分析实践取向的中小学教师培训课程设计的过程与方法有着重要的借鉴意义。因此，本研究认为作为教师培训活动载体的培训课程，其设计应该以"知行思交融模式"为指导，确立以"疑—知—思—行"的具体过程与方法。此过程与方法是针对以往教师培训课程设计的一种改进与升华，体现了教师专业成长的实践性在教师培训课程设计中的实施与运用。同时是教师培训课程设计的理念由"知识本位"转向"教师本位"，是教师的主体性地位得以提升的重要标志，它也重视教师的学习过程，并以此为主线加以展开。另外，其所传达的教师培训课程设计的最终目的是以知识为载体，激起教师个体的主体性意识和自主反思意识，通过积极主动反思促进教师的实践性知识不断丰富和拓展，同时也有效促进教师的实践智慧的生成和发展。

实践取向的中小学教师培训课程设计的过程与方法，在借鉴"知行思交融模式"的基础上进行改造和创新，使之适应本研究的研究思想，其在本质上遵循了"学起于思，思源于疑"的基本逻辑。这一过程与方法具体表现为"疑—知—思—行"四个环节，它们之间是一种递进的关系，主要目的是在递进的过程中实现"由实践到反思，再由反思到实践"的认识过程（如图 5-2 所示）。下面将就四个环节的具体设计内容进行详细分析。

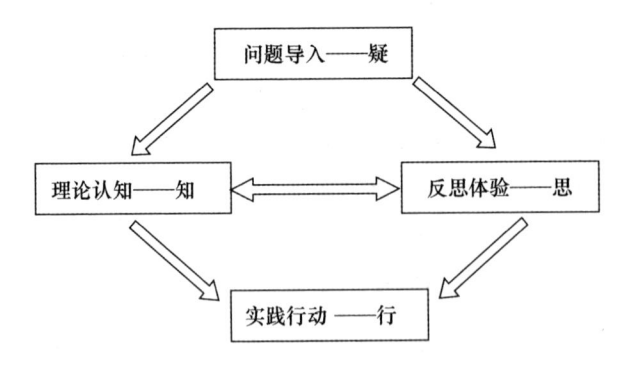

图 5-2 实践取向的中小学教师培训课程设计的过程与方法

第五章 基于教师专业成长实践性的中小学教师培训的课程设计

一 问题导入——疑

在问题导入环节需要认识到"问题"的重要性,尤其是要确定"问题"的来源。根据教师专业成长的实践性特征,以实践取向为逻辑起点的中小学教师培训课程设计的"问题"来源必须是教师真实的、具体的教学实践,目的在于直接引发教师对实践问题的"疑"。因为教师在实际的教学实践中会遇到各种问题,而这些问题往往是亟待解决的问题,同时这些问题也是困扰教师专业成长的主要因素之一。同时,虽然教师作为教学实践的主体拥有大量丰富的教学实践经验,但是这些实践经验往往是有待提升的,这就需要教师把这些实践经验和自身学习结合起来,才能使实践中的问题在学习中得到解决,切实促进教师实践经验的内化和本土化,从而丰富提升教师的实践经验。另外,通过问题导入环节的实施和引领,教师可以实现基于自身教学实践中的问题进行有针对性的问题解决式的学习,只有准确导入这些问题,教师培训课程才能够激发教师参与培训的动机和兴趣,提高教师培训的积极性和主动性,促使教师对自身教学实践问题产生主动探究的愿望,让教师真正领会到主动参与探究的意义和价值,明白教师自身的教学实践需上升到理论的高度,从而提高教师的意识和能力,最终提高教师培训的质量和效果。

因此,将"问题导入"作为实践取向的中小学教师培训课程设计的过程与方法的第一个环节是不容置疑的。教师培训课程必须要引发教师的"疑",激发教师的问题意识,通过以问题为中心进行设计,才能有效促进教师基于实践经验进行主动思考和积极反思。另外,还需注重问题设计的针对性和合理性,因为教师自身的教学实践问题是非常多的,但不是每个问题都是需要进行解决的,在这里要注重对问题加以选择和组织,必须设计一些针对教师自身的问题,且这些问题一定是值得研究的问题,具有思考价值的问题,这样才能激起教师对问题探究的热情,有效引导教师在认知方面的参与,尤其是深层次的认知参与,这样才能激发教师个体的认知潜能,有助于促使教师对所学知识的精准把握,加深教师的深刻理解,最终实现教师对知识的牢固掌握,并学会运用知识解决实践中的问题,顺利实现知识的广泛迁移与运用。此环节可以采取"问题""现象"或"案例"导入等形式展开。

二 理论认知——知

理论认知是基于"知识"层面的认识。教师在从事教学实践工作时需要理论的指导,因为理论只有真正落地才能真正发挥理论的意义和价值,且其在指导教学实践工作时必须是正确的、与实践相符合的理论,因为只有这样才能提高理论指导实践的针对性和实效性。因此,实践取向的教师培训课程设计需要重视理论的重要性,将"理论认知"作为其中的一个重要环节。教师培训课程设计在这个环节中,不仅表明教师需要精准把握教育理论的本质内涵和主要内容,以促进理论更好地指导教师自身的实践,还注重引导教师对实际问题应该进行深层次的追问和剖析,从而使其上升到理论的高度,促进教师升华自身的实践经验,促使教师实践经验的内化,满足教师在理论层面的需要。

在理论认知环节可以与教学案例相结合而展开。两者不仅具有紧密的内在联系,而且是相互促进的。一方面,教学案例可以为理论的切实落地提供真实的样本,因为教学案例大多是真实且具有一定的特色,尤其是翔实的教学案例更具特色,更能为理论真正落地提供真实的样本,使理论实现真正意义上的落地。另一方面,理论认知可以为案例实践提供评析上的理论依据。经典的案例蕴含着相当大的理论知识,若想真正解释案例背后的意蕴或传达的某种思想,则需要在理论方面对其作出理论高度的解说和评析,从而加深教师对案例实践的认识,提高教师重视案例的意识,使其明白案例需要与理论相结合,这样才能实现理论的发展和提高案例的分析能力。因此,此环节可以采取"理论点拨""案例评析"等形式展开。

三 反思体验——思

反思体验环节注重反思和体验的运用和实施,强调教师基于"自我"的层面的反思,首先是教师对自身的教学实践进行理论性的反思,其次是在进行理论反思的基础上,将教育理论知识和实践知识进行结合并促使其实现内化和生成,最后是运用内化生成后的教育理论反思自身教育实践。在这个过程中,反思将再一次被使用,这时的理论知识和实践知识经过再一次的反思都将达到一个新的高度,教师的学习也将是一种意义学习的过程。建构主义学习观强调学习需参与到真实情境中,在情境中进行意义性建构。从此角度看,教师的学习不仅仅是只强调理论知识的接受与识记,而且是在一定的情境中进行的,基于一定的问题、案例背景的情境性学习或探究性学习。通过在情境中开展反思体验,促使教师学会在教育理论的引领下丰富和提升自身的教育实践,不断挖掘教育理论对教师自身教育实践的价值,这样才能使教师的学习更有意义和价值。

因此,"反思体验——思"也应作为实践取向的中小学教师培训课程设计的一个重要环节。在此环节中,教师培训课程设计应采取多种形式,如活动、案例、讨论、思考和总结等,以教师为本建构情境性、探究性的学习方式,使得教师把做、学、思三者有机结合起来,实现"做中有学""学中有思""思中有做",达到知、行、思三者统一和谐发展的境界,以提高教师的自主反思意识和反思能力,促进教师掌握反思方法,积极开展反思体验,使教师在反思体验中不断进步和发展。此环节的设计可采取"活动设计""情境设计"或"案例分析"等形式展开。

四 实践行动——行

"实践行动"环节强调的是教育理论与教学实践的结合,注重践行教育理论,帮助教师实现教育理论在自身教育教学实践中的有效迁移和运用。理论不是高高在上的,而是需要实践落地的,这样才能真正实现理论的意义和价值。因此,教师培训课程在为教师传达教育理论的同时,还需明确把理论转化为实践的具体行动策略,这种策略可以有效帮助教师将理论具体化、实践化、内化。

因此,"实践行动——行"应当作为实践取向的中小学教师培训课程设计的一个重要环节。英国教育哲学家保罗·H.赫斯特（Paul H. Hirst）在对理性本质的重新认识中发现,行动是建立在先前反省基础上的。[①]这句话说明了反省对行动的重要作用,表明教师的实践行动需建立在先前的反思基础上,这样有利于降低实践的盲目性,提高实践的正确性。"实践行动"可以引领教师积极运用教育理论联系自身教学实践,并对其教学实践中的问题进行分析、反思,从中精确找出解决问题的方法和策略,从而提高教师对问题进行分析、反思和解决的能力。在这一环节教师培训课程应该设计一些能引起教师思考的价值性的问题,并提出具有可操作性的实践性作业,从而激发教师在培训中进一步学习、思考与实践的积极性和主动性。此环节可采取"操作指导""问题反思""思考与讨论"等形式展开。

第六节　基于教师专业成长实践性的中小学教师个人课程设计

自新课程实施三级制课程管理以来,课程管理体系的单一、僵化问题被打破,教师的课程自主权也随之扩大,从而促进中小学教师个人课程的形成与发展。然而,随着核心素养的提出及课程实践的多元化发展趋势,当前建构的中小学教师个人课程不能适应核心素养发展的时代性要求,也不能满足课程实践的丰富性、多元化需求,且单方面增加教师的课程自主权并没有切实提升教师的课程意识和课程实践能力,造成中小学教师个人课程的结构质量和运行水平普遍不高。因此,要切实推进中小学教师个人课程的可持续发展,有必要对基于教师专业成长实践性的中小学教师个人课程进行设计研究,从而明确中小学教师个人课程的应然走向,以期为一线中小学教师树立教师个人课程观、建构中小学教

[①] 赫斯特:《教育理论》,载瞿葆奎《教育学文集：教育与教育学卷》,人民教育出版社1993年版,第56页。

师个人课程、开展中小学教师个人课程研究提供参考。

一 基于教师专业成长实践性的中小学教师个人课程的基本内涵

目前,关于中小学教师个人课程的理解主要表现为三个方面:一是认为教师个人课程在课程实践活动中形成;[1] 二是认为教师个人课程存在多种形态;[2] 三是认为教师个人课程是在课程实施中实际运作的课程。[3] 其实,中小学教师个人课程主要涉及生本位和师本位两个方面,且不同本位下的理解则呈现出教师个人课程的不同特征。其中,生本位的中小学教师个人课程主要是从学生的角度出发;以学生发展为本建构教师个人课程;师本位的中小学教师个人课程则是从教师自我提升的角度出发,同时兼顾教学的指向性。鉴于此,本研究基于师本位的角度思考中小学教师个人课程,认为师本位的中小学教师个人课程是客观存在的、实实在在存在的,且一直以来以不同形式、不同程度地影响着教师的日常生活、教师的专业发展、教师的科学研究、教师的教学活动。但我们并没有将其作为一种重要的课程形态去关注,没有从课程的角度、课程的名义去理解它,它一直处于潜在或隐藏的状态,只不过现在将其以课程的名义命名,使它由隐性课程转变成显性课程。至于其为什么是客观存在的,是因为教师的日常生活、教师的专业发展、教师的科学研究、教师的教学活动需要这些作为动力支撑,现在我们赋予它教师个人课程的"名称",从课程角度去理解它,以便按照课程的思维更好地解决它存在的问题,探索它的理论体系,这有助于我们更好地开发一些能够帮助教师提升生活素养、促进教育科研、提升专业发展及丰富教学活动等方面的课程。

---

[1] 赵垣可、范蔚:《教师个人课程哲学的意蕴、实践价值及建构策略》,《教育理论与实践》2018年第7期。

[2] 于冰、于海波:《教师个人课程:前提假设、基本内涵与实践价值》,《当代教育科学》2013年第15期。

[3] 袁强:《教师个人课程:内涵、价值及其实现策略》,《课程·教材·教法》2016年第11期。

基于这个角度，我们认为，师本位的中小学教师个人课程主要涉及四个方面：一是教师作为普通的个体，需要生存、生活，教师为了维系日常生活，需要提升自身生活的技能和素养，因此，就需要有支撑其生活、素养的一些内容和经验，而这些"内容或经验"实际上就是教师的个人课程。二是教师作为一名专业技术人员，具有专业发展的欲求，为了实现自身的专业发展，需要教师不断地学习与修炼，而支撑教师学习与修炼的知识和内容也就是教师个人课程。三是教师作为一名研究者，为了研究的顺利进行和研究质量的保障，教师需要在行动研究中不断提升自己、发展自己，在这个过程中所需要的支撑材料就是教师个人课程。四是教师作为教学主体，需要开展相关教学工作，在完成教学任务的过程中所需要的支撑材料乃至教师自身都是教师个人课程。此外，我们还需注意的是以教师发展为指向的师本位中小学教师个人课程并不排斥生本位的中小学教师个人课程，其在促进教师发展的同时也实现了学生的发展，比如指向教师自身的教学虽是一种师本位教学，但也内在地指向学生的发展。师本位中小学教师个人课程和生本位中小学教师个人课程共同构成中小学教师个人课程。需要说明的是，本研究从四个方面理解师本位的中小学教师个人课程，并不是将其简单地割裂、孤立开来，只是为了更明确地表明其主要涉及这几个方面，而其对教师某一方面具体发挥的作用并不是单一的，而是综合起作用的。

事实上，所有的国家课程、地方课程和校本课程的真正落实和实施，都将首先被转化为教师的个人课程，方能有效服务于教学，从而更好地促进学生发展。如有学者所言，官方课程如果不通过教师转换成一种实际的课程，就会毫无意义。[1] 这是反映教师作为连接课程与教学的关键人物，必须履行一定课程职责的根本所在，同时也是研究中小学教师个人课程的基本前提和内生动力。综上，本研究认为，师本位的中小学教师个人课程是基于课程的话语体系，超越课堂教学，兼顾促进教师生活、

---

[1] [美] 乔治·J. 波斯纳：《课程分析》（第三版），仇光鹏等译，华东师范大学出版社2007年版，第197页。

研究及专业发展的个体性认识经验。

二 基于教师专业成长实践性的中小学教师个人课程的主要特征

根据师本位的中小学教师个人课程的本质内涵，我们认为，师本位的中小学教师个人课程的基本特征主要表现为如下五个方面：

1. 个体差异性

教师作为独立的个体，在先天因素和后天环境共同的影响和作用下，个体之间会存有较大的差异性，每个教师对课程的自我认识和理解都会因个体经历、教育背景、知识结构、认知能力和思维方式及环境需求的不同而有所不同，从而形成各具特色的个人课程。正是这种个体差异性的存在为教师建构不同的中小学个人课程提供了可能和空间，使其在促进教师个体差异化发展的同时也实现学生的差异化发展。此外，中小学教师个人课程的形成还因课程内容来源及课程目标指向的不同，具有不同的形态表征，每类中小学教师个人课程的形成都会受到教师所处的教育环境、面对的学生个体、学校文化背景及教师个人能力的影响。因此，不同教师在建构中小学教师个人课程的过程中会形成不同水平、不同层次的教师个人课程，且建构的中小学教师个人课程的结构质量和运行水平也会存在不同，具有明显的个体差异性。

2. 实践指向性

中小学教师个人课程具有鲜明的实践旨趣，其主要通过直接经验和间接经验两种途径获得，其中在直接经验中获得的课程是教师基于自身的实践经验在日常的课程实践活动中所形成和发展起来的教师个人课程。教师参与课程实践活动是中小学教师获得个人课程的一种最重要、最直接的途径。在间接经验中获得的课程是教师通过学习他人的经验总结，间接获得中小学教师个人课程。事实上他人的间接经验本质上还是来自直接经验，因为他人的经验也是从实践中不断获得、形成和发展的，只不过因为经验感知者的不同而改变了形式。如想真正转化为中小学教师的个人课程，必须经过教师个体化理解的过程，需要教师在课程实践中积极主动地进行体悟与践行，因此也具有实践性。另外，还值得注意的是中小学教师个人课程只有返归课程实践，在课程实践中才能不断地进行检验、修正和补充，进而促进教师个人课程的改进和发展，切实发挥其应有的价值和意义。

3. 形式多样性

基于对师本位的中小学教师个人课程类型的划分，可以看出其具有形式多样性的特性。从课程内容的来源看，既有对国家既定课程的忠实理解而形成的中小学教师个人课程，又有基于教师个人实践经验，在长期实践中不断形成发展的中小学教师个人课程，还有教师在结合自身实践经验对国家既定课程进行个体化理解、消化、吸收的基础上形成的中小学教师个人课程。在课程目标的指向方面，师本位的中小学教师个人课程基于课程的话语体系，其又不仅仅指向教学，同时也指向教师生活、教师专业发展、教育教学研究，共同形成了完整的中小学教师个人课程。虽然师本位的中小学教师个人课程的形式多样，但它们之间并不是孤立、割裂开来的，往往是综合起作用的。随着课程改革的不断深入发展，课程实践路径多元化现象的出现，中小学教师个人课程必须顺应课程改革发展的趋势，走向多元化发展，才能满足课程实践发展的要求，随着课程实践的发展而不断发展，从而有效服务于教学，进而更好地促进教师和学生的共同发展。

4. 动态生成性

课程是一个动态生成的过程，这种动态的生成过程反映了客观规律及人的主观意志，是一种主观与客观相结合而逐渐生成的过程，[①] 中小学教师个人课程也不例外，其在形成与发展的过程中，易受社会、教师个人及具体情境的影响，充满了不确定性、境遇性和流变性。首先，社会是处于不断变化发展中的，其间会产生新的课程问题、课程现象及课程理念，教师基于新的课程理念会产生新的看法和理解，做出新的解读，

[①] 丁念金：《课程内涵之探讨》，《全球教育展望》2012年第5期。

从而不断检验、修正和补充自己对课程的既有认识，加深对课程的理解与建构。其次，教师作为人是生成性的存在，是不断发展变化的，且具有自我提升与发展的追求，注重在实践中不断地发展和完善自身的课程知识结构和课程认知能力，从而在看待课程问题时会透过现象把握其本质，做出全面深层次的解读。最后，具体的课程实践情境总是呈变化发展的趋势，而教师的课程实践活动是其个人课程产生的重要源泉和主要路径，因此，产生于课程实践的中小学教师个人课程自然也会随着课程实践的发展而不断发展。

5. 时代适应性

师本位的中小学教师个人课程既回应了课程改革的时代呼唤，顺应了时代发展的需求，也反映了强化教师课程意识、提升教师课程实践能力的现实诉求。师本位的中小学教师个人课程的实践性内在表明其具有一定的客观现实性，这种客观现实性则蕴含着时代性。就其时代性而言，师本位的中小学教师个人课程是具体的、现实的，其蕴含着时代的内涵，体现着时代的精神，同时，超越时代的师本位的中小学教师个人课程是不存在的，因为"没有人能够真正地超越他的时代"，[1] 其必须在特定的时代背景下规范运行，师本位的中小学教师个人课程要想有效地指导现实的课程实践，就必须站在时代发展的高度，时刻关注课程实践中的现实问题，因为"问题就是时代的口号"，[2] 它深刻反映了时代发展的实际情况。只有在不断发现、分析进而解决课程实践问题的过程中，中小学教师个人课程才能与时俱进，适应时代发展。核心素养的提出为中小学教师个人课程的形成与发展拓展了新时代的发展空间，但由此带来的中小学教师个人课程质量的问题，是需要我们特别注意的。这需要教师紧跟课程改革的步伐，认识到中小学教师个人课程对学生核心素养培养的重要作用，将中小学教师个人课程与学生核心素养培养整合起来，并进行一定的改造和升华，以此促进中小学教师个人课程的发展和进步，促

---

[1] 黑格尔：《哲学史讲演录》（第1卷），商务印书馆1981年版，第57页。
[2] 《马克思恩格斯全集》（第40卷），人民出版社1982年版，第289页。

进学生核心素养的形成与发展。

三 基于教师专业成长实践性的中小学教师个人课程的重要功能

新形势下，师本位的中小学教师个人课程的提出是提高教师课程意识、课程实践能力及教师专业发展的现实诉求。师本位的中小学教师个人课程作为一种客观存在的课程，在明确了其具体的课程形态后，更好地满足了课程实践发展要求，对教师生活、研究、教学及专业发展都具有重要的现实意义，且这种意义往往不是单一的、孤立的，而是综合起作用的。

1. 唤醒教师课程意识，促进教师个人课程观建构

师本位的中小学教师个人课程不仅仅局限于课堂和教学，而是一种超越课堂、超越教学的课程思维方式，其有助于唤醒教师的课程意识，强化教师自觉的课程意识，改变教师自身的课程认识。唤醒课程意识是教师个人课程观建构的前提。[1] 人是具有自觉目的性的存在物,[2] 师本位的中小学教师个人课程唤醒并激发了教师内心深处自觉的课程意识，并将其转化成教师内在的课程行动，在充分发挥教师主体性和创造性的同时，实现中小学教师个人课程观的建构，并最终促进课程的发展。近年来，新课改倡导的教师是研究者、课程理解者、课程开发者的理念逐渐深入教师内心深处，使得中小学教师的课程意识得到普遍提高，课程行动的力度也不断增大。师本位的中小学教师个人课程主张教师在深入把握课程本质的基础上，学会创造性地理解课程、开发课程及实施课程，其有助于中小学教师个人课程观的建构。中小学教师个人课程观的确立，是促进课程发展的核心因素，其具有双向性的特点，兼具共性和个性。其中，表现为共性的是教师需要具有国家课程地方化、地方课程学校化、学校课程教师化、教师课程师本化、生本化的课程思维，这种课程思维

---

[1] 张晓瑜:《教师个人有机课程观的建构：基于过程哲学视角的分析》,《教育研究》2016年第5期。

[2] 王德军:《人的活动目的性分析》,《江汉论坛》2007年第4期。

具有整体性特征，可以为广大教师提供实践指导。表现为个性的是教师个体在深入理解课程观的基础上并在其引领指导下形成个人课程观。因此，在形成中小学教师个人课程的过程中需有效把握中小学教师个人课程观的本质特征，这样才能促进中小学教师个人课程观的有效建构。

2. 实现教师自我角色转变，促进教师专业发展

教师之所以成为教师，更多的是"自我塑造"而不是"被塑造",①这体现了教师角色转变蕴含着教师的主动性和自主性。师本位的中小学教师个人课程在课程目标指向上将教师的角色看成是一名普通的个体、一名研究者、一名专业技术人员、一名教学主体中的人，其不仅体现了教师角色的复杂性，还蕴含着教师对自我角色进行主动转变与塑造的精神，促使教师成为能动的思想者、批判者、反思者、创新者、研究者，而不是仅仅扮演着课程忠实执行者的角色，有利于实现教师自我角色的转变。同时，师本位的中小学教师个人课程突显教师主体性和创造性的发挥，将教师自身发展融入课程实践活动，在课程实践中带着理性的态度对课程实践进行再认识、再理解,②促进课程实践的丰富与发展，达到自身认同与自身完整。③ 这无疑有利于强化教师自我意识的觉醒及课程实践能力的提升，有利于提升教师专业素养，促进教师专业发展。此外，我们还需注意，教师与课程之间是同生共建的互动整体,④但很多教师并没有发展出新的专业能力以胜任课程改革。⑤ 因此，形成中小学教师个人课程是教师专业发展的客观需要，两者是内在统一、相互促进的关系。中小学教师个人课程的建构有助于促进教师专业发展，而教师专业发展则有利于教师建构高质量的个人课程。

---

① 钟启泉:《教学实践与教师专业发展》,《全球教育展望》2007年第10期。
② 和学新:《课程改革：新世纪的国际视野》,中国社会科学出版社2018年版,第214页。
③ [美] 帕克·J. 帕尔默:《教学勇气——漫步教师心灵》,吴国珍译,华东师范大学出版社2005年版,第10页。
④ Stenhouse, *Struction to Curriculum Research and Development*, London: Heineman, 1975, p. 76.
⑤ 姜勇:《论教师的课程意识及其唤醒》,《教育理论与实践》2006年第9期。

3. 推动教师课程智慧生成，促进学生核心素养发展

师本位的中小学教师个人课程可以有效推动教师课程智慧的生成，其强调教师的课程意识、课程知识、课程认识能力、课程信念、课程批判反思能力、课程创新能力，这些都属于课程智慧的范畴。课程智慧决定着教师个人课程的结构质量和运行水平。[①] 教师课程智慧的有效生成促进教师建构不同类型的中小学教师个人课程，其有助于引导教师基于学生核心素养发展的立场，积极探索中小学教师个人课程的构建及运用。另外，师本位的中小学教师个人课程所蕴含的时代性与核心素养的提出不谋而合，其体现了核心素养的发展要求，以促进学生的发展为终极旨趣。师本位的中小学教师个人课程对学生核心素养的形成与发展具有重要的作用。学生核心素养的发展是以具体的学科课程为载体的，是必须通过学科课程来实现的。具体而言，中小学教师个人课程是教师在对所教学科进行理解、消化与吸收的基础上转化成中小学教师的个人课程，其不仅是教师课程实践经验的总结，是教师课程知识的创造，更是教师在个人有机课程观的指导引领下，秉持理性的态度，在树立课程自觉意识、提高课程认识能力的同时基于学生核心素养发展的视角来审视当前课程实践的不足之处，以此调整和补充自己对课程的认识，发挥中小学教师个人课程指导和服务于教学活动的实践价值，最终促进学生核心素养的发展。

4. 明确课程存在形态，满足课程实践发展要求

师本位的中小学教师个人课程明确了课程存在的形态，更好地满足了课程实践发展的要求。明确师本位的中小学教师个人课程的存在形态，并不是赋予其新的形态，而是发现了这种客观存在的事物，从课程的角度、课程的名义理解，并以课程命名，把其潜在或隐藏的状态变成显性的课程，更有助于我们理解课程，更容易把课程的真实一面展现出来。师本位的中小学教师个人课程主要是从更充分体现教育适切性、课程适

[①] 于海波：《论教师的课程智慧》，《教育理论与实践》2013年第22期。

切性的角度，沿着原有三级课程建构的思路，而发现的一种新的课程层次或形态，具体表现为国家课程—地方课程—校本课程—教师课程四级课程，这体现了课程在发展的过程中实现了从对"三级"课程的关注到"四级"课程的建构，是教师在三级课程的指导下，但同时又跳出三级课程的内部框架，基于教师发展、学生发展的立场而形成的中小学教师个人课程。此课程形态是从课程实践的维度着手，重视课程实践的复杂性与情境性，认识到随着课程实践的多元化发展，原有的三级课程形态与课程实践的发展之间出现了不适现象，不能满足课程实践的丰富性、多元化要求，需要做出改变或调整，而师本位的中小学教师个人课程正是与课程实践的发展相契合，满足了课程实践发展的内在要求，使得课程更加适应教师和学生的发展。反过来，中小学教师个人课程是教师在课程实践活动中不断形成和发展的，在形成的过程中也彰显了教师课程意识和课程实践能力的提升。因此，中小学教师个人课程在满足课程实践发展的同时也促进了中小学教师个人课程自身的发展。

5. 明确教师课程责任，提升教师课程担当

中小学教师个人课程的研究能够明确教师的课程责任，体现出教师要有一定的课程担当。拥有课程责任和课程担当是以课程意识为前提的，但有了自觉、主动的课程意识并不代表教师拥有了课程责任和课程担当，需要教师付诸自身的课程实践活动。教师既需要为了适应社会生活、发展专业素养、促进科学研究和组织教育教学活动而发展教师的个人课程，提升个人课程能力，明确自己的课程角色，树立课程建设的责任意识和使命意识，[1] 还需要在落实国家课程、地方课程和校本课程的过程中，首先将众多课程转化为教师的个人课程，方能有效地组织教育教学，使之更好地成为学生学习的课程内容，促进学生的健康发展。由此可见，教师是所有课程付诸教学实践的最关键人物，教师对待课程的责任意识直接决定着课程指导和服务于教学活动的最终质量和效果。教师在课程

---

[1] 蔺红春、徐继存：《论学校课程建设的文化自觉》，《教育理论与实践》2016年第34期。

实践中发挥着如此重要的角色,决定了教师必然要有相应的课程责任和担当。这是研究中小学教师个人课程的基本前提和根本性动力所在。

四 基于教师专业成长实践性的中小学教师个人课程的师本位设计

基于对教师专业成长实践性的中小学教师个人课程的基本内涵、特征及功能的思考,我们认为,根据不同的角度可以将师本位的中小学教师个人课程划分为不同的类型。基于内容来源角度其可分为源于对既定课程的理解、源于教师自我的理解、源于二者兼顾的理解等三种课程类型;基于课程目标指向角度其可分为指向教师生活、指向专业发展、指向科学研究、指向教学活动等课程类型。因此,本研究认为,基于教师专业成长实践性的中小学教师个人课程的师本位设计需要从教师生活、教师专业发展、教师科学研究、教师教学活动四个方面进行:

（一）指向生活的中小学教师个人课程设计

课程在一定条件下"回归生活"是有意义的、必要的,但课程承担的更主要、更积极的使命是创造生活、美化生活。[①] 中小学教师在生活中需要形成教师个人课程,其对中小学教师的生活具有指导促进作用。一方面,中小学教师个人课程在设计的过程中需要指向教师的实际生活,这样可以促进教师更好地适应社会生活,提升教师生活素养及教师生活的深度和广度,[②] 以使教师在应对社会发展变化时仍坚守自身的生活品质,促进课程的生活指向。另一方面,中小学教师个人课程设计需要实现对生活的回归,体现生活的旨趣,明确教师在建构个人课程时需面向生活、回归生活,注重与自身生活的紧密结合,实现在生活中不断创造教师个人课程。

---

① 张楚廷:《课程"回归生活"吗——论课程与生活的关系》,《课程·教材·教法》2010年第5期。
② 龙宝新:《对当前我国教师教育中存在的"钟摆"倾向的反省》,《教师教育研究》2009年第1期。

（二）指向自身发展的中小学教师个人课程设计

英国课程学者斯腾豪斯曾说过："课程即教师发展"，这句话明显突出了课程与教师发展的关系，从某种意义上讲，中小学教师个人课程与中小学教师发展也存在着一定的内在关联，中小学教师个人课程发展的主体是中小学教师，中小学教师的发展是中小学教师个人课程发展的前提条件，而中小学教师个人课程的发展对中小学教师专业的成长也具有重要意义。中小学教师在教育教学中需要努力促进自身的专业发展，然而，中小学教师自身专业发展的实现需要发挥中小学教师个人课程的重要作用。因此，基于教师专业成长实践性的中小学教师个人课程设计，需要以教师为主体，关注教师发展，体现教师特色，在扩大教师课程自主权的同时，为教师提供一个获得专业发展的平台。同时，还需在课程设计时明确教师个人课程的地位和作用，以更好地促进教师实现自身专业发展。

（三）指向研究的中小学教师个人课程设计

当前教师承担的一个重要角色即教师作为一名研究者，需要积极开展行动研究，研究是加速教师成长的一种有效方式。教师作为教育教学活动的主要实践者，应当成为教育教学活动的研究者，从而推进教师积极向学术型、专家型教师的道路迈进，以此助力学校和教师实现共同发展、可持续发展。因此，在设计中小学教师个人课程时，需要对教师行为做出相关规定，即教师在教育教学研究中需要形成和发展教师个人课程，中小学教师个人课程是促进教师开展教育教学研究必不可少的行动资源，其可以促进教师的研究走向合理、走向科学，从而提升教师教育教学研究的质量和效果。另外，还需注重教师课程智慧的生成在开展中小学教师个人课程研究过程中的重要作用，促进教师建构不同类型的中小学教师个人课程，有助于学生核心素养的具体落实与培养。

（四）指向教学的中小学教师个人课程设计

课程是实现教师教学目标的载体，是教学目标、教学任务完成的根本保证，是决定教学质量的关键因素。从这个意义上来看，教师课程的质量不仅会影响教学质量的结果，也会直接影响教师的专业成长和发展。教师在教学中处于教学主体地位，是连接课程与教学的关键人物，教师在有效组织教育教学活动、解决教学实践中的问题时必须依赖于高质量的课程，尤其是教师个人课程。因此，基于教师专业成长实践性的中小学教师个人课程设计，需要教师在自身教学中形成和发展中小学教师个人课程，此课程是教师在教学实践中基于个人教学经验，不断总结、反思而形成的教师个人课程，其有助于加强教师的教学反思能力，解决教学实际问题，促进教师教学能力的提升，实现教师教学的自我完善。

第六章

基于教师专业成长实践性的中小学教师培训活动化设计[①]

教师培训是我国中小学教师专业成长的重要手段之一，为中小学教师专业成长和新课程改革的实施提供了基本保障。各级主管部门、培训实施单位积极主动创新培训方式方法，取得了一定的成绩。但总体来说，多数培训依然停留在讲座、观摩、报告、作业、反思等由培训者向受训者传递知识、受训者被动接受的方式。虽从数量上取得了较为丰硕的成果，但对成果深入思考会发现：其成果流于表层；疏于立足受训者的实际情况；部分受训教师甚至出现逆反心理。因此，打破传统传递式单向培训模式，革新教师培训模式已势在必行，使培训活动化、受训者主动化、关注专业技能、生成专业自我已逐渐成为教师培训的新方法、新途径。

第一节 基于教师专业成长实践性的中小学教师培训活动化设计缘由

教师培训对教师专业发展的作用和意义早已得到人们的肯定和认可，

[①] 该部分主要内容已发表于《中小学教师培训》2018年第6期。邵征锋、杜尚荣：《教师培训活动化的内涵、特征及操作设计——基于"小学数学基础理论"的案例分析》，《中小学教师培训》2018年第6期。

也吸引了众多学者对教师培训的研究和思考,传统教师培训模式的不足也逐渐暴露在人们面前。

1. 教师培训自上而下的管理方式

当前的教师培训,无论是从培训的管理还是培训内容的制定,采用的都是自上而下的模式,其表现为:谁需要参加培训、谁能参加培训、去参加什么培训、培训多长时间等都是自上而下决定的,而非基于教师的实际需求。培训什么内容、培训多少内容、培训的是基础学科知识还是理论升华等都是由培训主管部门所决定,受训者仅需要按照上级部门安排参加培训即可获得相应培训证明或相应的考核指标等,作为后续绩效考核、职称评定的依据,而非立足于受训教师的经验和需求而组织培训,造成教师培训内容与受训教师经验和需求相脱离的现象。各教师培训机构的培训内容虽都经过各机构聘请专家的论证,但对受训对象的调查和研究却显得相对薄弱,造成培训内容"不是看你需要什么,而是看我有什么"的现象,培训者是为了完成培训任务,受训者为了完成被培训的任务,拿到培训学时证明,回到工作岗位上,一如从前。培训内容与受训者的经验和需求相脱离,甚至部分专家为彰显个人研究成果的先进性和创新性,将自身研究的最新成果作为培训内容给受训者进行讲授,但由于受训对象认知水平与培训者存在的差距和研究成果的微观化,造成受训者如闻天书,不知所云,挫伤了受训者的学习积极性。

2. 将受训者定位为群体接受式学习

《国家中长期教育改革和发展规划纲要(2010—2020年)》中对继续教育提出了"为学习者提供方便、灵活、个性化的学习条件"的发展要求。[①] 传统的教学培训往往采用的是群体接受式学习,受训者只是被动地接受培训内容,虽然之后也有研讨、反思等个体性活动,但更多以接受式地学习为主,一方面忽视了成人学习方式的差异和个体差异,另一方面忽视了受训者社会交往的需求。在学习的过程中,知识应是在与

---

① 《国家中长期教育改革和发展规划纲要(2010—2020年)》,《中国德育》2010年第3期。

周边社会环境的交互中不断完善和提高的，是通过实践不断提升、不断优化的，而当前教师培训在受训者之间的交互、合作、竞争方面几乎完全被忽视，尤其是在竞争方面，且培训内容虽标榜紧密围绕学科课程标准要求，如培养其活动经验方面，绝大多数的培训还是以理论讲授的方式来告诉教师活动经验的重要性、必要性和可行性等内容，并未有实例或让教师参与到活动中去，造成受训教师虽有理论概念却感觉难以着力于实践。

3. 培训模式传统陈旧

当前教师培训主要还是以邀请相应学科专家、学者或较为优秀的一线教师作为培训者，其培训模式还主要是讲座、报告、作业、反思、示范等方式，多年未有变化，甚至出现部分培训者数年内在不同地区针对不同对象讲授的都是同一内容。热锅炒冷饭的现象时有发生，不注重与时俱进，尤其是当前随着移动互联网技术的发展，受训者信息获取渠道增多，培训模式不顾受训者的内在需求和已有认知水平必然是要走向失败的，甚至部分培训者将教学和培训相混淆，不清楚二者之间的差别和联系，还是以学校教学的方式来进行，更是让教师培训的声誉受到影响。

教育要发展，教师是关键，教师的发展教师培训是重点。传统教师培训模式在受训者参与性、主动性、能动性、情境性、合作性、竞争性等方面都存在忽视现象，影响着教师培训的效果，故在教师培训上，应打破传统群体传递式培训模式，变革培训方式，转变培训思路，结合受训者已有认知经验和需求，将培训内容以小组活动的形式进行开展，注重受训者的参与、体验和升华，通过培训内容活动化促进受训者发展。

第二节 基于教师专业成长实践性的中小学教师培训活动化设计本真

一 基于教师专业成长实践性的中小学教师培训活动化设计的内涵

所谓培训内容活动化，是指以活动为培训内容的载体和桥梁，以活动的形式把培训内容按照培训目标有目的、有组织、有计划地依据逻辑关系进行编排，将培训者所要达到的目标、受训者的需求，包括基本的知识技能、内在的思维技能以及情感、态度与价值观等内容都内化于活动中，从而实现受训者发展的目标。[1] 培训内容活动化的概念还包含了师生、生生之间的互动，将学习内容转置于一定的学习场景中，让受训教师之间具有基于活动内容产生交互，形成碰撞，并且在施行过程中，培训者并非完全置身事外，而是补充完善、引导受训者朝着教学目标发展。基于培训内容活动化其内涵包括：（1）教师培训应做好培训需求分析[2]，结合受训者已有认知经验将培训内容模块化，并将其活动化，使其具有可操作性。培训内容活动化过程立足于教师已有认知基础、兴趣需求，赋予培训内容以发展性和连接性，使培训更具可操作性，同时明确教师培训的教育教学实践性，使教师能转化成为教学实践中的内容。（2）培训内容活动化需要与相应的活动环境相契合。培训内容活动化决定着培训内容必须是在相应的环境下进行，如合作、竞争、探究等环境的建构有利于受训者融入培训内容的文化氛围中，积极主动参与到培训内容的自我建构过程中，使培训内容与受训者的经验发生认知冲突。（3）培训者以补充完善、示范引领的角色对受训者活动进行指导。培训内容活动化并不代表培训者置身事外，而应示范引领培训活动，甚至可以参与到培训活动中去，起到带头作用。（4）培训内容活动化重视受训者综合素质能力的发展。当前培训往往以知识和技能、过程与方法的培训为主，较少关注教师如组织能力、合作能力、发现问题、解决问题、提出问题等综合素质的能力的发展。

二 基于教师专业成长实践性的中小学教师培训活动化设计的特征

教师培训内容活动化相较于传统教师培训模式，其有着自身的特点：

---

[1] 詹青龙、祝智庭：《教师培训的新思路：培训课程活动化》，《教育发展研究》2007年第22期。

[2] 余新：《有效教师培训的七个关键环节——以"国培计划——培训者研修项目"培训管理者研修班为例》，《教育研究》2010年第2期。

(1)教育性。作为教师培训,教育性是其根本属性,培训内容活动化区别于其他培训模式在于通过活动达成受训者的学习目的和培训者的教育目的,其教学目标不仅包括知识和技能的发展,而且还包括教育管理、沟通合作等内容,通过活动化的形式,让受训者亲身实践这些内容,帮助其将培训内容内化成为个体素质。(2)趣味性。趣味性是培训内容活动化与传统教师培训最大的区别,追寻轻松愉快的氛围是人的本性,培训内容活动化使受训者在轻松愉悦的环境中体会知识发生、发展、应用、提升的过程,同时体会到学习的趣味性。(3)规则性。教师培训活动化的另一特征是其规则性,对活动的具体实施过程有着明确的规则,受训者须遵守相应的活动规则才能使活动正常进行,同时由于其明确的规则性,受训者能更具安全感,受训者能对自我学习的节奏更具可控性。(4)协作性。在活动过程中,需要受训者充分沟通,交流协作,在发挥个体参与性和主观能动性时还需要协调与他人之间的关系,与传统教师培训中小组合作有分工合作但深度交流沟通较少相比,对培训的影响和意义更大些。(5)竞争性。竞争是激发受训者团队意识和发挥个体主观能动的重要手段,在教师培训活动化过程中,通过小组间的竞争互相学习,来自对手的看法对受训者的冲击比本组成员的建议更大。(6)挑战性。传统教师培训主要以受训者被动接受式为主,即使偶有活动,也只是为了补充内容的需要,往往缺乏挑战性,这就造成受训者要么因为学习内容简单而不屑一顾,要么因为超过受训者自身经验太多而无从下手,故将培训内容活动化的过程要注意教师的可接受范围,设定合适的挑战性,激发受训者主动参与建构自我认知。同时通过挑战可以让受训者感受到经过努力解决问题时的兴奋感和荣誉感。(7)亲历性。新课改一直在提倡培养活动经验,但传统教师培训在活动经验的养成方面主要以理论建构和观摩等方式实现,较少有让受训者亲身实践的机会,通过教学内容活动化可以让受训者感受到活动经验的发生过程,具有很好的示范作用。

教师培训内容活动化其本质是以培训活动的形式实现培训目的,以受训者的内在需求为基点，以培训者的引领为手段，在实践中感受知识和思想的发生、发展、升华过程。要实现这一目标，最终还是要落实到具体的活动中，下面以小学数学教师培训的内容为例详细阐述教师培训内容活动化的过程。

第三节 基于教师专业成长实践性的中小学教师培训活动化设计案例

为了帮助人们更好地理解基于教师专业成长实践性的中小学教师培训活动化设计的本质内涵，下面我们拟以《小学数学基础理论》这门课题为例进行具体分析。

一 案例呈现

（一）课程介绍

《小学数学基础理论》是小学数学教师的基础内容之一，是小学教师专业本体性知识的根本，这门课的主要目的是为教师讲解小学数学中的数学知识背景，揭示数学知识背后的数学规律，发展其数学思想，帮助小学数学教师深入理解数学知识规律、提高教学质量。在以往的培训过程中，这门课都是最难上的，一方面，作为小学数学基础课程，小学教师对相关知识较为熟悉，部分教师认为没必要听讲；另一方面，数学学科本身趣味性相对较弱，这使得培训者若单纯以讲授知识、作业等形式来对教师进行培训，必然会造成教师对培训内容的抵触。从培训内容来说，培训与教学是有差别的，培训主要立足于已有一定基础的受训对象要求在某些方面得到进一步提升而进行的活动，教学主要是以系统掌握某方面知识为目的。本门课的主要目的是让受训教师对小学数学本质的进一步了解和完善，并能与他人分享个人对数学本质的理解。

（二）培训对象

培训对象是贵州省各项目县（市、区）域内具有良好发展潜力、能够承担乡村小学数学教师送教下乡培训、网络研修指导工作的骨干教师和教研员。本案例所涉及的对象共计29人，其中男7人，女22人；研究生1人，本科16人，专科12人；最长教龄23年，最短教龄1年。

（三）培训目标

任何培训都必须有一个或多个培训目标，不同的目标其实现方式也不一样。参照盖蒙（Gammon）的学习目标分类，[①] 培训目标包括：

认知视觉：通过活动习得和同化新知识到已有图式，应用已有经验，建立认知间的联系，引起认知冲突，形成新的知识；

情感视觉：挑战自我，认识自我价值，鉴赏他人思想，提升好奇心、信心，将好奇心和挑战的愉悦感深入到学习内容中；

个体视觉：增加自信和确认自我认知；

社会视觉：发展沟通、表达、协调、组织、交流的能力；

发展性视觉：预测、推理、估算、观察、计算、分类、提出问题、表达问题、解决问题、决策等能力。

（四）培训活动环境设计

一直以来，环境是学习的主要组成部分，许多专家学者对此也做过详细的研究，其中对于活动的环境设计常见的有圆桌式、秧田式、空心U形、宴会或鱼骨形、椅子圈、三角形等，而本案例中所使用的环境是圆桌式，将29人分成6组，每组5人，其中一组4人。前面有多媒体，通过多媒体进行随机数抽取，使得过程具有随机性。

（五）培训过程

本次活动计划时间4小时，分为三个阶段：

1. 准备阶段

培训教师给受训教师宣读活动规则，并根据规则做好前期准备：

（1）进行随机分组：以抽签的形式决定分组，每组5人，最后一组4人；

[①] Education Web Adventures, Interactive Design for Online Learning Activities, http://www.eduweb.com/Eduweb_ Design_ Process.pdf.

（2）对各组分别进行编号，组别分别为 A、B、C、D、E、F，组员编号为 1、2、3、4、5，例如第一组组员序号分别为 A1、A2、A3、A4、A5，最后一组为 E1、E2、E3、E4。

（3）各组设计一个关于数学的队名，并做出解释。

（4）组织者宣读活动规则，规则如下：

本活动是通过从组织者（培训者）手中购买材料（纸条）制造作品（按照组织者提出的要求制作相应的作品）来进行出售赚取货币，制作周期以轮为单位，每组起始货币为 100 元，可提供贷款 100 的倍数的货币，但不能超过自身总金额，每轮利率活动开始前利率为 50%，开始后利率为 100%（每轮收一次），房租 50 元每轮（四轮收一次），组与组之间可相互借贷，借贷利率与份额自行决定。

第一步，购买材料，每张材料费用为 20 元；

第二步，组织者宣布制作商品规则；

第三步，受训教师根据要求制作商品（15 分钟）；

第四步，在制作商品过程中发生随机事件：①工商局查税，交税 20 元（不交则停止交易 1 周）；②出现不可抗因素，损失现金一半；③什么都没发生；④连续下雨，损失做好的东西一件；⑤水电局上门收水电费 15 元（不交则停止交易 1 周）；⑥什么都没发生；⑦今天过节，给员工发红包 15 元（属于开支，不交则停止交易 1 周）；⑧交网费 10 元（不交则停止交易 1 周）；⑨什么也没发生；⑩路上捡到 5 元。随机事件由随机生成器生成。

第五步，收购，收购价 40 元/张，价格由本组成员及其他组的表现而决定：

①随机抽取某组某成员，该成员从提前准备的 10 道题中抽取一道给其他人进行讲解，讲解清楚正确，则本组此环节每件商品加 5 元，不能讲解清楚正确，则本组此环节每件商品减 5 元。②随机两组配对，随机抽取一位受训者回答配对组所制作商品的问题，若回答正确则配对组每件减 5 元，不能回答正确且所抽问题正确无误，制作商品方每件商品加

5元。双方互相检测。

第六步，讨论下轮工作安排（3分钟），同时出现随机消费事件：①出行打车花去20元；②请人喝咖啡花去10元；③什么也没做；④请人看电影花费15元；⑤员工过生日花去15元；⑥什么都没做；⑦接待客户花去30元；⑧买彩票花去20元；⑨什么都没做；⑩彩票中奖30元。

该活动通过随机分组，使受训教师理解随机性变化的一些特征以及在生活中的运用，生活中的随机现象通过编码即可看到其变化规律，通过随机事件让受训者理解数学学习的整体性原则，同时让受训者与人沟通交流协商做出决策的过程，提升受训者教育管理协调能力。例如一开始就将全部资金购买材料，造成储备资金不足，在面临变故时缺乏抵抗力，抑或害怕风险而购买很少材料，对后续发展造成前期积累不够的现象。在教学中也要求教师有全盘意识，能够立足于整体对局部进行把握，从而在组织教学内容时做到正确取舍，将时间放在重点和难点的处理上。通过让配对组回答本组问题，要求受训者不仅要关注所出题目的数量，还需要关注所出题目的质量，从而提升教师提出问题的能力。

2. 活动实施

在受训者理解活动规则的同时，各组商量用15分钟时间设计、绘制各组的队标、队名及释解。其目的让团队成员互相认识，加强组员间的沟通交流。

活动进行第一轮：

第一步：培训者询问各组是否需要贷款，有2组选择贷款。

第二步：各组选择购买材料数量，其中2组购买了1张材料（纸条），1组购买了2张材料（纸条），1组购买了3张材料（纸条），1组购买了4张材料（纸条）。

第三步：组织者宣读本轮需要制作的规则：包含加、减、乘、除和括号，并且结果是2016的算式，本组所列算式不能重复，重复商品作废。（特别提醒，若随机对手组能够回答出问题将所有材料都减少5元收

购价格）

第四步：在受训者完成规定活动时，各组选派代表通过随机数生成器抽取可能发生的事，其中贷款100元，且只购买了三张材料（纸条）的组抽中了损失当前现金一半，损失了70元，可谓损失惨重，其他各组都或多或少有损失。由于任务简单，各组很快都完成了各自的任务。

第五步：在各组完成任务之后，组织者进行商品收购，首先，从10道题中抽取1道进行回答，用时不得超过1分钟，并对题目做出解释。题目为小学数学基础知识的应用，题目略。其次，对6个组分别抽取对手组，并通过随机数软件从对手组选择一名对手，检测对方题目，1分钟内完成对方所出题目，不能够按时完成或答案错误视为失败，成功者所在组每件商品价格上浮5元。第一轮所有对组都能回答对手组抽中题目。各组选择剩下的题目由组织者进行讲解。

完成收购，商量下一轮活动对策，发生随机事件。第一轮活动结束。

本轮活动的目的主要是让受训者熟悉活动流程，小学数学教师根据教学目标编写试题是其数学基本能力之一，通过本轮活动来培养受训者提出问题、解决问题的能力，同时掌握加减乘除四则运算规则的本质，并能灵活运用。在制作过程中小组成员间还需要进行充分的沟通，以免出现重复现象。提前准备的10道题主要涉及小学数学的基本运算，需要教师掌握快捷运算的规律。

活动第二轮规则与第一轮相同，第三步制作题目的规则是：写出三个8位数，其公约数包括71、89、191三个数，组内数不能重复。第五步通过10道题让受训者了解整数的基本性质，包括整数的整除性、质数和分解质因数、最大公约数和最小公倍数、余数应用等内容，通过活动让受训者初步了解数学基础知识。对受训者不会或者不能很好解释的内容，培训者需进行补充和解答。各组选择剩下的题目由组织者进行讲解。

活动第三轮规则与第二轮相同，第三步制作题目的规则是：由分数和小数组成，且必须包括加减乘除运算，最终结果为$\frac{2016}{2015}$的算式，组内数不能重复。第五步通过10道题让受训者了解小数和分数的四则运算，繁分数、循环小数、简份数等内容。各组选择剩下的题目由组织者进行讲解。

活动第四轮规则与第一轮相同，第三步制作题目的规则是：编写应用题，其中需要包括加、减、乘、除、括号和乘方，结果为$\frac{15}{16}$。出现错别字或病句，或结果错误，材料均作废。第五步通过10道题让受训者了解小学数学应用题，包括了归一问题、归总问题、行程问题、工程问题、牛吃草问题、鸡兔同笼问题、方阵问题、商品利润问题、银行利率问题、最优问题等，让受训者了解一些常见问题的解法。各组选择剩下的题目由组织者进行讲解。

最后收取房租，缴纳贷款，查看各组最后成绩，宣布本次活动结束。

3. 活动总结

四轮活动结束之后，培训者组织受训者进行总结，先是各组汇报，然后个人补充，总结归纳如下：

大部分受训者认为在货币的总数上还可以进一步提升，特别是在第一轮时对于购买多少数量的材料未能把握好，有受训者意识到如果按照数学的方法来做出决策，将更加科学。例如第一轮，因为在第四步可能会出现随机事件，但最多损失15元，那么100元完全可以购买4张材料（纸条），200元可以购买更多的材料，当然由于购买材料时对所会遇到的困难是不可知的，造成大家态度比较谨慎，但数学能使大家做出更好的抉择。其次是大家感受到合作的重要性、沟通的重要性。在制作的过程中，有些小组组织得当，沟通高效，能很快扭转局面，还有一个小组成功将手中的现金贷款给隔壁小组，比培训者所提供的贷款利率更低。再次，所有的受训者都参与到了活动中，部分不善于表达的受训者"被迫"表达了自己的思想，并获得了大家的认可。另外，由于随机数是由随机数产生软件生成，故大家对随机数和随机事件有了充分了认识。还有，受训者通过活动充分看到了数学与经济、数学与生活之间的关系、数学在生活规划中的重要性。最后，受训者表示，通过活动内容大家在不知不觉中应用了数学基础知识。

二 案例反思

结合教师培训内容活动化及实施情况,对案例进行分析如下。

1. 培训内容活动化充分尊重受训者已有认知经验

立足受训者已有经验,遵循"最近发展区"原则,结合培训内容特征将培训内容活动化,通过活动的小组合作,共享经验,提升教师专业能力。尊重和重视受训者已有认知经验,是遵循教师培训规律、提升教师专业素养的起点。教师培训不是推翻教师已有经验、从头再来,而是在已有认知经验的基础上促进教师发展,必须要考虑个体需求和个体发展需要。从案例中,充分发挥教师已有经验的作用,在回答问题的同时分享对某一知识点的理解,有助于从多元角度理解同一知识点,发展受训人专业思维。由于活动立足于受训者的已有认知经验,教师参与活动的积极性得到充分的调动,且教师在这个过程中更易找到自我定位和自我成就感,从而在团队中发挥更大的作用。通过活动的实施,使受训者个体和群体都得到发展,个体主动积极地参与到群体活动中,将个体的需求与群体的要求相协调,创造受训者群体之间的沟通、交流、表现和创新的机会,让受训者自我掌控进度,把内容建立在他们具体的认知基础和经验之上。

2. 培训内容活动化重视培养团队合作、竞争和分享的意识

人是社会的人,教师专业发展也有必要与他人进行合作和竞争,传统培训更多是"一团和气",缺少团队的合作和竞争意识,忽略了分享的重要性。本案例通过小组制作题目且不能重复的方式促使受训者加强小组合作和交流,在交流中创新发展,形成新的内容;通过小组间资源的竞争,互相回答对方完全的题目来增加双方商品的价值,促使受训者小组内需更加团结,同时通过小组间贷款等方式加强小组间的交流合作,让受训者理解共同发展才是最终的目的;通过抽取提前准备的内容让小组成员讲解,有利于教师分享对知识的理解和发展,尤其这种分享来源于同质对象,避免了传统培训自上而下、适应性较低的问题,在教师分

享的基础上，培训者再加以补充和总结完善，从而促使大家对相应知识点有更为深入的理解。通过任务驱动式活动方式提高受训教师的积极性，[1] 且立足于受训教师的实践活动来进行，更具针对性。

3. 教师培训内容活动化有利于受训者教育管理能力的提升

教学管理是教师日常非常重要的部分，传统教师培训在教育管理方面主要采用讲授或案例示范的形式进行，教师未能进行实践操作，理解相对较浅。本案例通过实践活动，让教师参与教学管理过程，在活动开始之前商量是否贷款，购买多少材料，还要预估在此过程中可能发生的随机事件所造成的影响等，这需要教师在教学管理过程中不仅具有宏观协调能力，还要有微观把控能力，从实践中培养教师的教学管理能力。作为小学数学教师，组织和实施数学活动是教师必备的教学能力，通过本案例不仅可以让教师在知识技能上得到发展，同时在活动组织上也更具示范性。

4. 教师培训内容活动化注重趣味性和教育性的结合

"玩"是人的天性，传统教师培训注重了知识的严肃性，却忽略了知识的趣味性，将教师培训内容的趣味性与教育性相隔离，造成教师培训给受训者的影响就是严肃而无趣的内容，通过教师培训内容活动化，在活动中达成教育目标，在"玩"中理解培训内容，受训者通过活动达成预期的教育目的，实现教育性与趣味性的结合，二者相辅相成。本案例通过制作数学问题来达成对数学知识的理解，并通过一些娱乐性过程将之串联，形成知识体系，很好地实现了最后的教学目的。当然，在教师培训内容活动化过程中不仅要关注趣味性和教育性，还需要注意其规则性，只有在具有共识的规则之下才能更好地完成教育目标，不能因为追求趣味性而没有规则。

三 结语

在整个活动结束之后，组织者对学员进行了简单调查，其中非常满

---

[1] 解书、马云鹏：《"任务驱动式"教师高端培训模式的实践探索》，《教育研究》2014年第12期。

意 24 人，满意 4 人，一般满意 1 人。其中一位老师留言道："这是近几年数学培训中最有趣的一次，不仅让大家都积极地参与到活动中，同时还增加了大家的感情。对于参加培训的人来说，一次讲座或者一次课并不能在知识上给我们多大的冲击，但这次活动却给了我一个新的视觉来认识数学的教学活动。回去后我会将这种方式推广到我们的教师培训中，让更多的教师受益。"

纵观整个活动，笔者作为培训者，在活动的过程中也收获颇丰，受训者在活动中提出了很多优秀的问题，很多都是培训者提前未能想到的。同时，在组织实施的过程中，还存在着诸多不足之处，笔者始终认为教师培训应该不断探索新的方式，教学有法，教无定法，学无定法，只有不断帮助教师自我成长，整个教师队伍才能不断成长。

下篇　实践探索

第七章

基于教师专业成长实践性的中小学教师培训的现实考察

本章内容主要是对基于教师专业成长实践性的中小学教师培训进行现实考察，重点涉及考察的对象、问卷的编制与发放、访谈信息及分析工具等基本信息。另外，对县域内校际联盟式教师培训情况、校内自主式教师培训情况、参与式教师培训情况及 U-S 合作式教师培训情况分别进行阐述，以便从中发现基于教师专业成长实践性的中小学教师培训存在的问题。

第一节 基本信息

一 调查对象

在本次研究中，我们先对贵州省内各市的教师培训情况进行了解和分析，以四种"内发自主式"培训模式的"典型"城市为主，其他城市为辅，进行调查和研究。主要调研了省内的六盘水、毕节、铜仁、黔南民族自治州、遵义、安顺等市（州），并在各个市州里面选取部分中小学教师培训方面做得比较优秀的学校和教师，对其进行深度的访谈，充分了解其所负责的培训模式，并对该学校的教师进行访谈和问卷调查。

二 问卷的编制与发放

(一) 问卷编制

本书在设计问卷时,充分考虑了各种培训模式的个性和共性因素。首先,从个性上来说,我们根据不同类型的教师培训的特殊性,分别编制了《基于实践的中小学教师校际联盟式培训情况调查问卷》《基于实践的中小学教师校内自主式培训情况调查问卷》《基于实践的中小学教师参与式培训情况调查问卷》《基于实践的中小学教师U-S合作式培训情况调查问卷》。其次,就共性而言,四种培训模式的问卷实行统一模式编制,每种模式的问卷都分成四个大的模块,分为被调查教师整体情况、教师对教师专业成长的实践性的理解情况、所采取的培训模式中教师培训实施情况和培训模式的不足与建议四个部分进行编制。第一部分主要从教师岗位、性别、年龄、教龄、职称、学历等方面进行编制;第二部分主要从教师对教师专业成长的实践性的了解状况进行编制;第三部分从各培训模式教师培训的实施情况进行编制;第四部分主要从实践角度对各培训模式的不足和建议进行编制。

(二) 问卷发放

研究过程中,根据调研学校的实际情况,有针对性地发放相应的问卷。问卷发放的类型和数量,根据各个地方和学校教师培训的实际情况而定。本次调查总共发放400份问卷,通过分析整理后有效问卷380份。调研对象覆盖了贵州省的六盘水、毕节、铜仁、黔南民族自治州、遵义、安顺等市(州)。

三 访谈信息

本书编制了访谈提纲对调研学校的相关负责人或管理者和参与培训较多的部分教师进行了半结构式访谈。针对管理者的访谈,主要从培训模式的概况、为何选择这种教师培训模式、该模式的优越性和不足、是否有相关的文件或制定了相应的制度、是否成立有专门的组织机构(层次关系和分工情况)、是否开展了相应的合作项目和具体方面、组织管理、相应的调节、监督、激励评价、保障措施、存在的问题(问题的根源和如何解决)、具体的建议等方面进行了解。针对教师的访谈主要从教师参加该教师培训模式的主动性、培训模式的有效性、参加的项目、教师对项目(运行、评估、监督、激励机制等)的了解情况、对自身的帮助情况(有没有帮助,有帮助表现在什么地方或没有帮助的原因)、存在的问题、对培训模式的建议等方面进行了解。由于对象的积极配合,使得我们的访谈顺利进行。

四 分析工具

本次调查主要采用的分析工具有 WPS Office 和 Microsoft Office 两个软件中的表格软件对获取的数据信息进行分析整理。

第二节 考察结果

一 县域内校际联盟式教师培训情况

(一) 调查样本的整体情况分析[①]

在本研究中,主要通过对参训教师的岗位、性别、年龄、教龄、职称、学历等方面进行数据呈现与分析,以说明参加县域内校际联盟式教师培训的教师的基本情况。

由图 7-1 和图 7-2 可知,从参训教师的年龄结构中可以看出,虽然没有 56 岁以上的参训教师,但其他年龄层次还是较为丰富的,多以中青年教师为主,说明参加教师培训的主体是中青年教师群体,但同时也存在年龄偏大的现象,如 36 岁以上的参训教师共占了 45.2%,而 25 岁以下的青年教师所占比例则较少,只有 8.6%。从岗位来看,参加培训的大多是从事一线教学的任课教师,所占比例超过一半,共占 51.6%,

---

[①] 调查结果在统计过程中因四舍五入,总和数值可能大于或小于 100% (余同)。

此外班主任也比较多,达到41.9%,从事其他方面工作的人员为6.5%。其他部分的基本情况见表7-1。

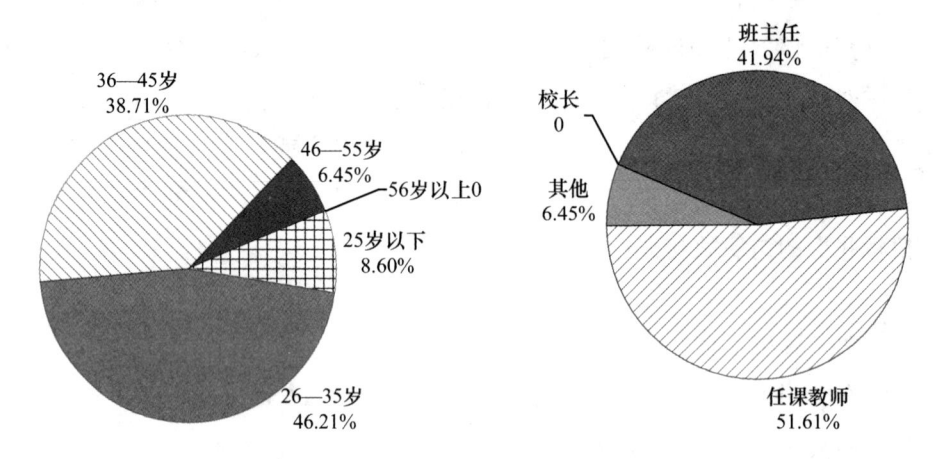

图7-1 被调查教师的年龄分布

图7-2 被调查教师在本校的职位

表7-1 被调查教师的基本情况

基本情况		人数	百分比(%)
性别	男	29	31.18
	女	64	68.82
教龄	5年以下	22	23.66
	5—10年	34	36.56
	11—20年	25	26.88
	20年以上	12	12.90
职称	未定级	13	13.98
	三级教师	2	2.15
	二级教师	24	25.81
	一级教师	41	44.09
	副高级教师	13	13.98
	正高级教师	0	0
学历	高中或中专	1	1.08
	大专	14	15.05
	本科	63	67.74
	研究生及以上	15	16.13

结合图7-1、图7-2和表7-1可以看出参加校际联盟式教师培训的老师情况有以下几个特征：

（1）来参加培训的教师性别存在不均衡现象，多以女性教师为主，而男性只占了31.2%。另外，参训教师的年龄和教龄也存在较大的差别现象，如35岁以上的教师占45.2%，教龄11年以上的教师则占了39.8%。从中可以看出参与校际联盟式教师培训的教师无论是在性别方面，还是年龄和教龄方面，都有其不合理之处，尤其是教师年龄和教龄的偏大通常会造成教师自身教学理念与教学方法的思维定式，这类教师群体在更新教学理论与教学方法方面会存在一定的困难，这对于校际联盟式培训是很大的一个障碍。

（2）来参加培训的老师拥有职称的比较多，共占86%，其中多以三级教师、二级教师和一级教师为主，但拥有高级职称的教师则比较少，其中只有14%的参训教师具有副高级职称，而正高级职称的教师则没有。由此说明，参与校际联盟式培训的教师缺少高级别的教师职称，而教师职称的高低与教师的教学水平和教学能力密切相关，因此，其职称的差异则是影响教师培训的重要因素。

（3）教师的学历层次较为丰富，多以本科学历为主，但还有待于提高。其中，拥有大专学历的教师占15.1%，拥有本科学历的教师占67.7%，拥有研究生及以上学历的教师则相对较少，只有16.1%，由此说明参训教师的学历还有待提高，因为教师个体的学历水平反映了教师自身的教学背景，这也是影响教师培训的一个重要因素。

（二）被调查教师对教师专业成长的实践性的了解状况

1. 被调查教师对教师专业成长的实践性的理解状况

由图7-3可以看出，对教师专业成长的实践性的理解程度，一般理解的教师占35.5%，比较理解的教师占35.5%，非常理解的教师占了25.8%，不太理解的教师占了3.2%。在访谈中，当被问到"您对教师专业成长的实践性是否理解？"时，教师的回答是：有一定的理解，且大多数情况下是在培训的过程中逐渐理解的。笔者在访谈中了解到，在不太理解的 3.2% 的老师中，大部分是年纪较大的教师。

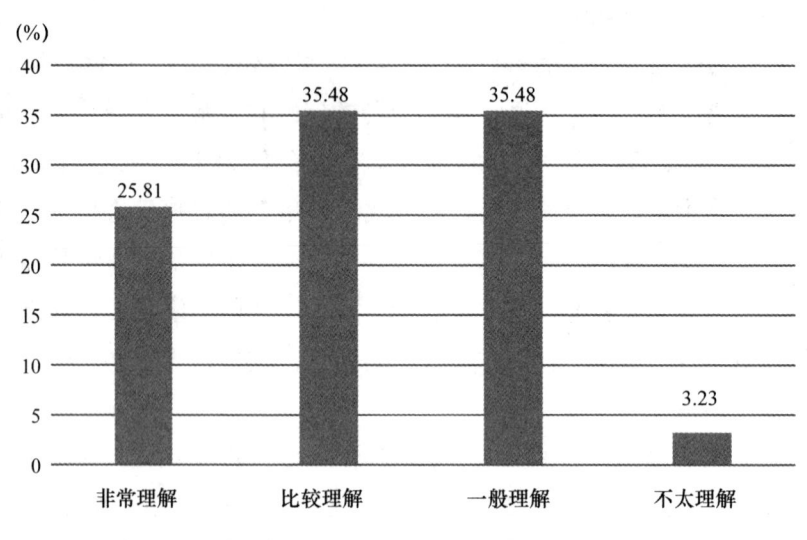

图 7-3　被调查教师对教师专业成长实践性的理解状况

这就说明了各校在进行校际联盟式教师培训时在这方面还是做得比较到位的，大部分教师对于教师专业成长的实践性还是有一定了解的，这样就为接下来校际联盟式培训的开展提供了好的开端。

2. 被调查教师对其专业成长的实践性的赞同情况

图 7-4、图 7-5 和图 7-6 再一次印证了教师对教师专业成长的实

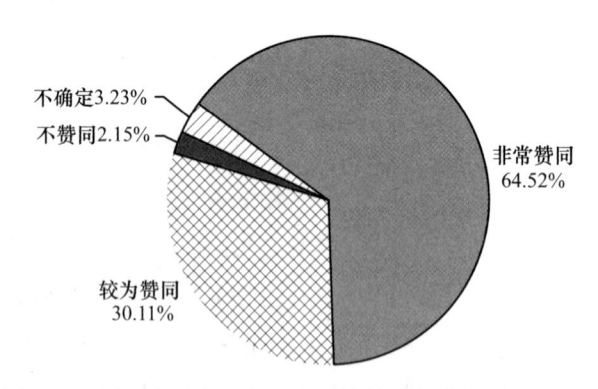

图 7-4　被调查教师对教师专业成长是指向实践，是一种实践性活动这一观点的赞同度

/ 第七章 基于教师专业成长实践性的中小学教师培训的现实考察 /

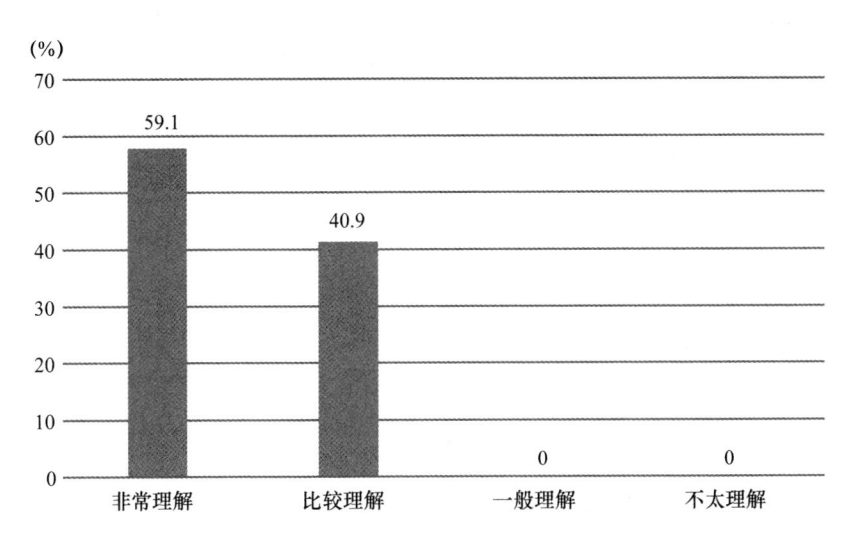

图7-5 被调查教师对教师的专业成长是面向教育教学实践的活动这一观点的赞同度

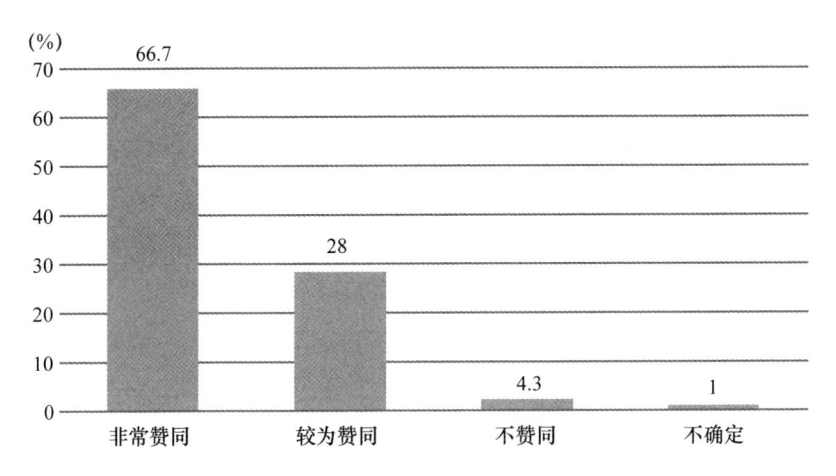

图7-6 被调查教师对教师的专业成长必须依赖教师的亲自实践这一观点的赞同度

践性的认同度及理解度,其中对教师专业成长是指向实践,是一种实践性活动这一观点持非常赞同态度的为64.52%,对教师的专业成长是面

159

向教育教学实践的活动这一观点持非常赞同态度的为59.1%，对教师的专业成长必须依赖教师的亲自实践这一观点持非常赞同态度的为66.7%。这就说明了教师对教师专业成长的实践性不仅了解和赞同，而且对其本质内涵也有一定的了解，这就为校际联盟式培训的顺利开展创设了有利的环境和条件。

3. 被调查教师对其专业成长的途径与方式应偏重的方向

由表7-2可以看出，在关于教师专业成长的途径与方式问题上，教师也做了相关的选择，其中正规的培训占29.4%，个人的探索及反思占25.7%，尤其是与人合作的探索及反思所占比重为44.1%，这说明教师在发挥个人的主动性及与人合作的主动性上有所重视和提高，也更加注重了反思对教师专业成长的重要性。

表7-2　被调查教师关于教师专业成长的途径与方式应偏重的方向

方向	人数	百分比（%）
正规的培训	40	29.41
个人的探索及反思	35	25.74
与人合作的探索及反思	60	44.12
不太清楚	1	0.74
没有思考过	0	0

（三）校际联盟式培训实施情况

1. 被调查教师对校际联盟式的了解情况及认识来源

由图7-7和图7-8可以看出被调查的教师对校际联盟式的了解还是挺充分的，其中了解大概的占48.9%，有过专门研究的占10.9%，其认识来源也比较丰富，不仅有自我学习、课题研究，还有校际联盟式培训项目及培训者培训，其中主要是通过校际联盟式培训项目来获得的，共占51.4%，这也从侧面说明教师参与校际联盟式培训的积极性，且参与的机会也比较多。

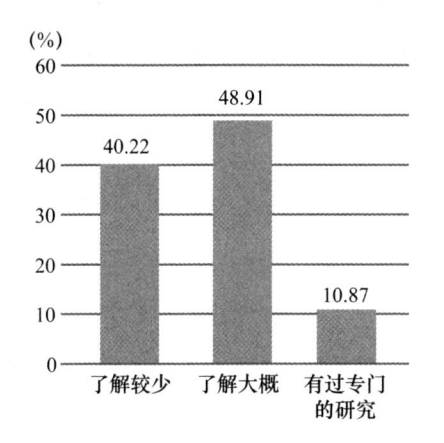

图 7-7 被调查教师对校际联盟式培训的了解情况

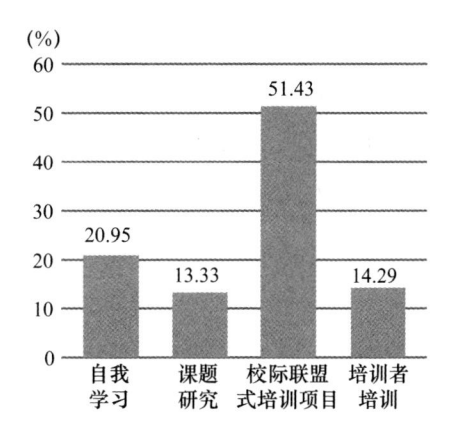

图 7-8 被调查教师对校际联盟式培训的认识来源

2. 被调查教师参与校际联盟式培训的类型

从图 7-9 中可以看出，教师在参与校际联盟式培训时的类型是多种多样的，其中共同开展研讨活动占 20.3%，学校间资源共享占 17.6%，师徒结对占 19.3%，集体备课占 19.9%，跨校听课占 22.9%。从各种类型所占比例情况来看，教师参与校际联盟式培训不仅种类多，而且对

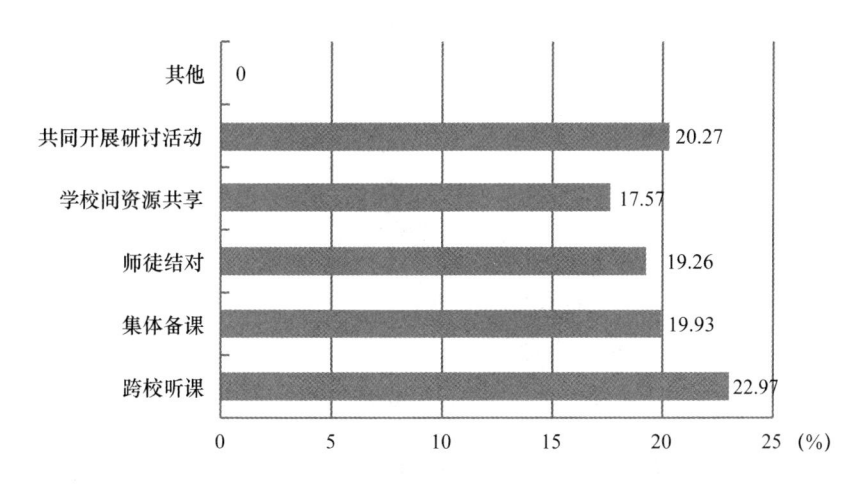

图 7-9 教师参与校际联盟式培训的类型

待每一种类型都非常重视。访谈中当笔者问及校际联盟式培训的类型时，其中管理者和教师也说明了校际联盟式培训的类型主要有两种，一种是分项目进行，项目主要有联考、教学研讨、同课异构、成果评选、优质课评比、教师教学技能大赛、课题研究、校际之间的支教交流、轮岗交流、寒暑假集中培训及外请专家培训等，真正在联盟内部实现了教师之间的广泛交流，并促进了教师的专业成长。另一种是分学科进行，组建了语文、数学、音乐、美术、体育、科学、英语、品德、信息技术等专业委员会，每个学科下设一个学科专业委员会，各学科的正常运行由学科专业委员会负责管理。

3. 学校采取校际联盟式培训的原因

从图7-10中可以看出，学校在采取校际联盟式培训的原因主要有三个方面：一是为了学校的发展；二是为了促进教师的发展；三是校际联盟式所固有的功能。在访谈中，当笔者问及贵校采取校际联盟式培训的原因时，他们答道："校际联盟式培训有很大的优势，它是集培训与教研活动为一体，既是理念的提升，又是优势经验的总结，联盟建设的理念是资源共享、合作共赢，目的在于资源共享和教育资源的均衡配置，发挥优势学校的示范和引领作用，使不同等级、不同水平的学校在同一个平台上得到共同发展。同时，也为教师提供一个相互交流、学习的研

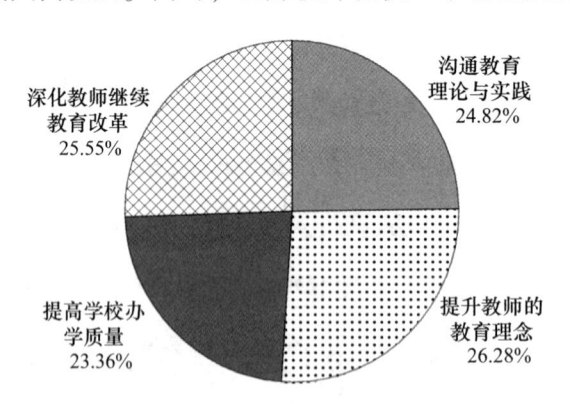

图7-10 学校采取校际联盟式培训的原因

（沟通教育理论与实践 24.82%；提升教师的教育理念 26.28%；提高学校办学质量 23.36%；深化教师继续教育改革 25.55%）

训一体的平台。教师在参加教学交流研讨活动过程中，通过这种'主题式''互动式''实践式'的模式，切实得到了提升。"

4.校际联盟式培训对教师专业成长和学校的促进发展作用

从图7-11和图7-12可以看出，校际联盟式培训对教师专业成长和学校发展的促进作用都非常明显，其中，有61.3%的教师认为其对自身的专业成长的促进作用很大，有62.4%的教师认为其对学校的促进发展作用很大，这也说明了校际联盟式培训追求的是学校和教师共同发展的理念。在访谈中，问及校际联盟式的作用时，他们答道："在促进教

图7-11 校际联盟式培训对教师专业成长的促进作用

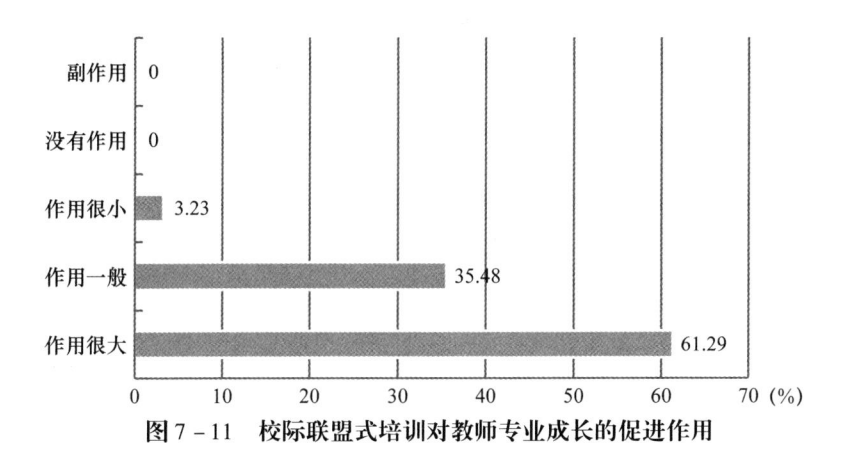

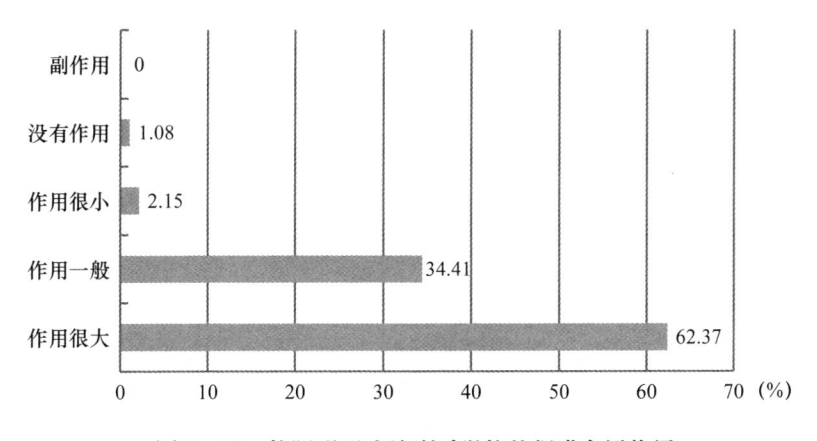

- 副作用 0
- 没有作用 0
- 作用很小 3.23
- 作用一般 35.48
- 作用很大 61.29

图7-12 校际联盟式培训对学校的促进发展作用

- 副作用 0
- 没有作用 1.08
- 作用很小 2.15
- 作用一般 34.41
- 作用很大 62.37

师专业发展方面可以促进学习动力,提高教学技能与能力,提高课堂管理能力,更新自身的知识结构,起到实践反思作用。在促进学校发展方面,可以促进校长管理能力的提高,促进学校的全面发展和内涵发展。"

(四)校际联盟式教师培训的不足

从图7-13、图7-14和图7-15可以看出,教师对校际联盟式培训的态度及其不足之处,其中,图7-13反映出大多数教师对校际联盟式培训的态度是能够接受的,占53.8%,尤其是比较喜欢的占44.1%。虽然教师对其接受的力度是很可观的,但是图7-14表明校际联盟式培训的不足主要有教师自身专业发展外在条件有限,占39%;培训时间、培训方式不合理,占33%;教师专业理念转变阻力大,占22%;其他不足

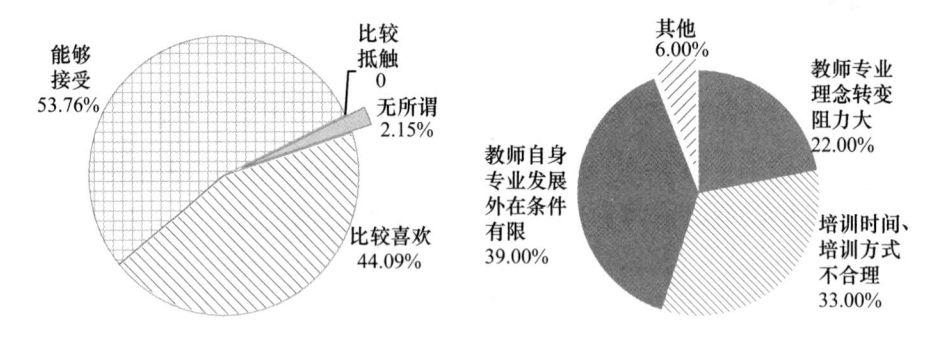

图7-13 被调查教师对校际联盟式培训的态度

图7-14 校际联盟式教师培训的不足

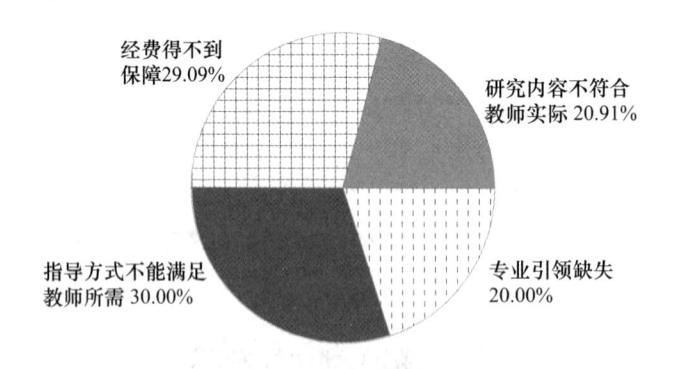

图7-15 采用校际联盟式培训的最大困难

占6%。图7-15反映了采用校际联盟式培训的最大困难主要表现在指导方式不能满足教师所需、经费得不到保障、专业引领缺失、研究内容不符合教师实际,其中前两项所占的比重最多,分别是30.0%、29.1%,说明经费和培训方式对其的影响是显而易见的,是不容忽视的,并且还要重视培训内容要符合教师实际和专业引领的到位,这样才能使校际联盟式培训达到所需的效果。

(五)从实践角度对校际联盟式培训的建议

1. 目前教师所需要的培训内容及培训方式

从图7-16和图7-17可以看出教师在关于校际联盟式培训的内容方面主要有教学技能训练,占38.6%;科研能力训练,占28.6%;现代教育理论,占17.9%;反思能力训练,占15.0%。这反映出教师对培训内容的要求在不断提高,不仅有理论的提升也有实践的反思,不仅注重自身教学技能的提高,也重视学术科研方面的发展。在培训方式方面,其中学校间资源共享的比例最高,占29.9%,其次是跨校听课占26.0%,共同开展教研活动占17.0%,集体备课占13.6%,师徒结对占13.0%,其他占0.6%。通过数据也反映出了教师内心所渴求的培训方式

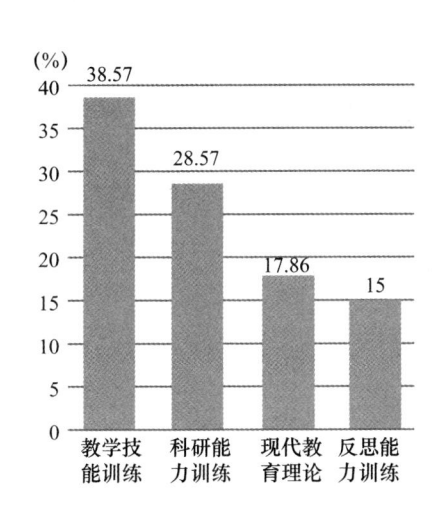

图7-16 目前教师需要的培训内容

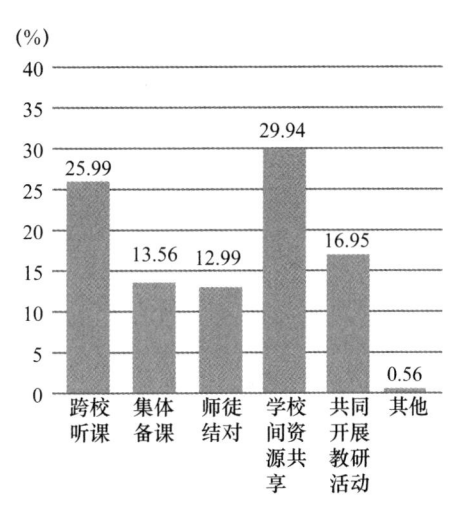

图7-17 校际联盟式培训的最好方式

有哪些,且需要培训方式的多元化。

2. 教师在培训中应该扮演的角色

从表7-3中可以看出教师在培训中的角色是非常多的,增强了教师参与培训的积极性和主动性,同时也更加重视了教师专业成长的实践性特征。

表7-3　　　　　被调查教师认为培训学员在培训时应该做的事

活动	人数（人）	百分比（%）
改变自己作为"被动的接受者"的角色	69	18.16
积极主动与培训者进行讨论交流	85	22.37
就具体问题发表自己的意见	56	14.74
与其他学员交流有关教学经验或课程内容方面的话题	60	15.79
关注实践,亲自实践,形成实践智慧	62	16.32
多进行一些参与性的活动	48	12.63

3. 推进校际联盟式培训的做法

图7-18和图7-19反映了在开展校际联盟时的具体建议和做法,其中图7-18表明在推进校际联盟式培训时要加大对其的理论与实践研究,其比例共占67.9%,培训者培训占21.1%,严格的管理考核占7.3%,其他占3.7%。图7-19表明在开展校际联盟式培训时需要坚持平等自愿、合作共赢的理念,这样才能提高校际联盟式培训的效率,促进教师和学校的共同发展。在访谈中,当笔者问及目前推进校际联盟式培训的具体建议和做法时,管理者和教师都对此问题进行了回答,他们答道:"第一,要有政策支撑,这样才能有政策保障,联盟才能走的长远;第二,要有经费,有一定的经费支撑,举办的各种活动才能持续,不至于因此而间断;第三,要有激励机制,每年对联盟进行综合评比,给予相应的奖金和其他形式的奖励,通过这个机制,把奖金作为承办的经费,相应的开销就有着落,否则的话就很难持续下去,联盟就是散乱的、不可持续的;第四,要循序渐进,因地制宜,在推进时要先从小范围慢慢扩大,要保持核心力量,进行外围扶持,要针对当地具体的实际

/ 第七章 基于教师专业成长实践性的中小学教师培训的现实考察 /

情况,并按计划有序地进行。"

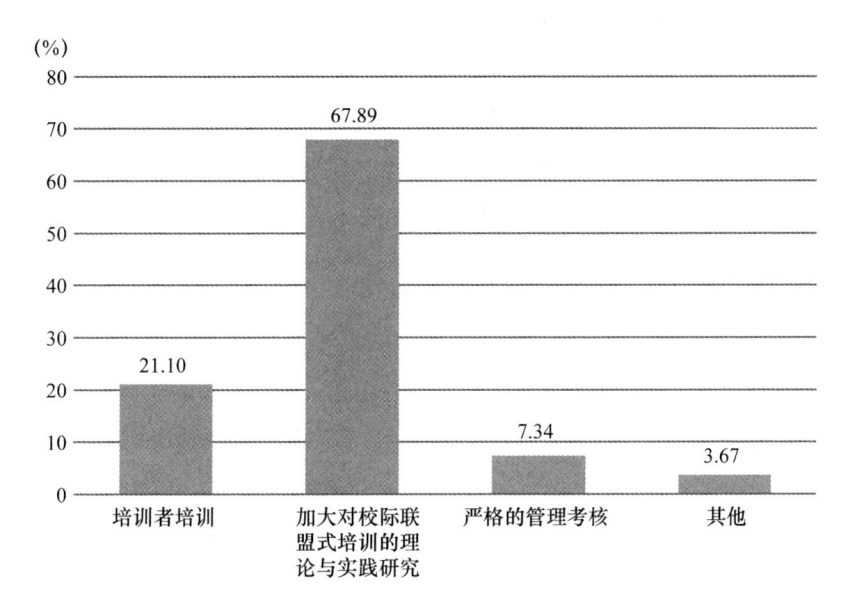

图 7-18 目前推进校际联盟式培训最可行的做法

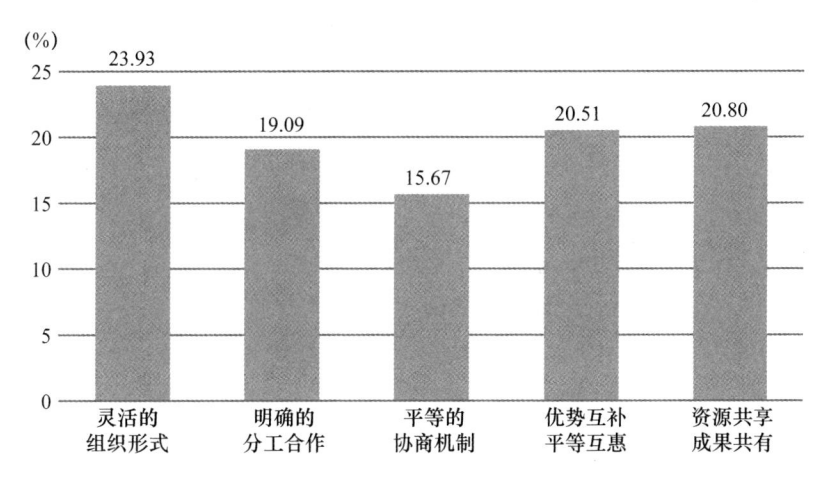

图 7-19 开展校际联盟式培训的建议

167

二 校内自主式教师培训情况

（一）调查样本的整体情况分析

在本研究中，主要从教师岗位、性别、年龄、教龄、职称、学历这几方面来阐述参加"校内自主式"教师培训的教师的基本情况。

由图7-20和图7-21可知，从岗位来看，大部分来参加培训的是

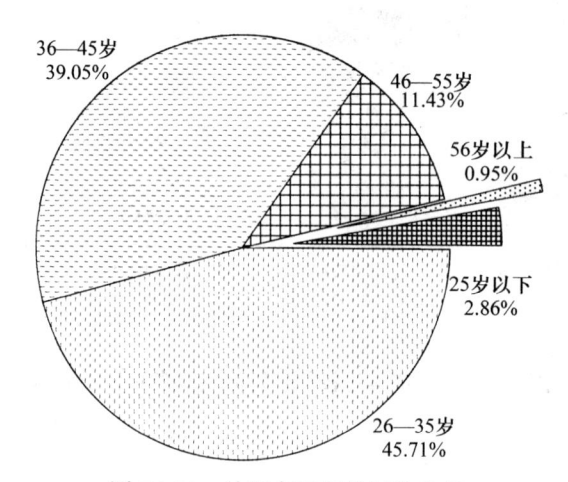

图7-20 被调查教师的年龄分布

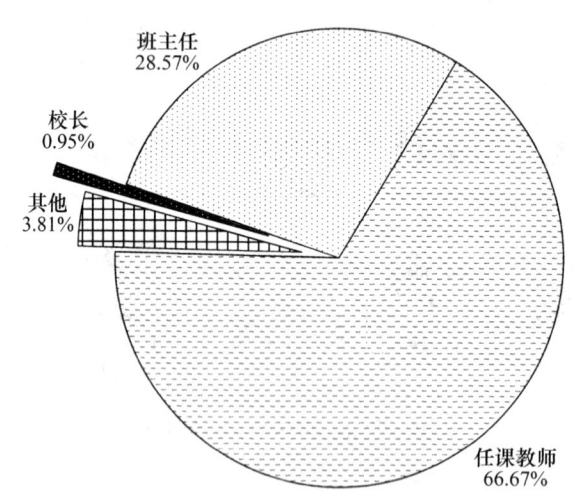

36—45岁 39.05%
46—55岁 11.43%
56岁以上 0.95%
25岁以下 2.86%
26—35岁 45.71%

图7-21 被调查教师在本校的职位

班主任 28.57%
校长 0.95%
其他 3.81%
任课教师 66.67%

从事教学的任课老师,共占67%,此外也有班主任,占29%,其他人员为4%。在年龄构成中,26—35岁的中青年教师最多,共占46%,其次是36—45岁,占39%,46—55岁的占11%,25岁以下的教师只占很少一部分,只有3%,56岁以上的只有1%。

其他方面的情况详见表7-4。

表7-4　　　　　　　　　被调查教师的基本情况

基本情况		人数	百分比(%)
性别	男	25	23.81
	女	80	76.19
教龄	5年以下	14	13.33
	5—10年	21	20
	11—20年	52	49.52
	20年以上	18	17.14
职称	未定级	5	4.76
	三级教师	4	3.81
	二级教师	29	27.62
	一级教师	53	50.48
	副高级教师	14	13.33
	正高级教师	0	0
学历	高中或中专	1	0.95
	大专	11	10.48
	本科	87	82.86
	研究生及以上	6	5.71

从图7-20、图7-21和表7-4可以看出参加校内自主式教师培训的老师有以下几个特征:

(1) 参与培训的教师中女性教师占了76.19%,男性只有23.81%。这些教师年龄段大多在26—35岁和36—45岁,这一部分一共占了近85%。教龄在5年以上、20年以下的占了大部分,为69.52%。从这些数据可以看出参与校内自主式教师培训的教师性别分配不均衡,教师年龄以青年为主,教龄差别较大。这给培训主题确实带来了很大的难度。

(2) 参与培训的老师基本都拥有职称,共占95.24%,其中三级教师占3.81%,二级教师占27.62%,一级教师占50.48%,副高级职称占13.33%,正高级职称的教师没有。教师职称的差异是影响培训的重要因素。

(3) 参与培训的教师中,大多都是本科学历,共占82.86%。研究生及以上的教师较少,只有5.71%。具有大专学历的教师占10.48%。教师的学历差异也是影响培训的重要因素。

(二) 被调查教师对教师专业成长的实践性的了解状况

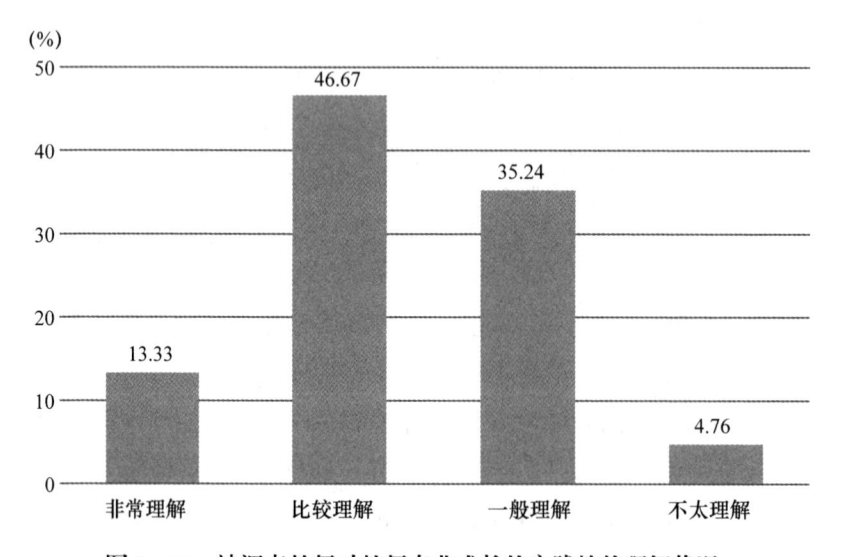

1. 被调查教师对教师专业成长的实践性的理解状况

由图7-22可以看出,被调查教师对教师专业成长的实践性的理解程度,一般理解的教师占35.24%,比较理解的教师占46.67%,非常理解的教师占了13.33%,不太理解的教师占了4.76%。以上数据表明学校在进行校际联盟式教师培训时,大部分教师对培训还是很理解的,从侧面看出学校对培训还是做得比较到位的。大部分教师对于教师专业成长的实践性有一定了解,这样就为后续培训的开展提供了良好的开端。

图7-22 被调查教师对教师专业成长的实践性的理解状况

2. 被调查教师对其专业成长的实践性的赞同情况

从图 7-23、图 7-24 和图 7-25 可以看出，对教师专业成长是一种

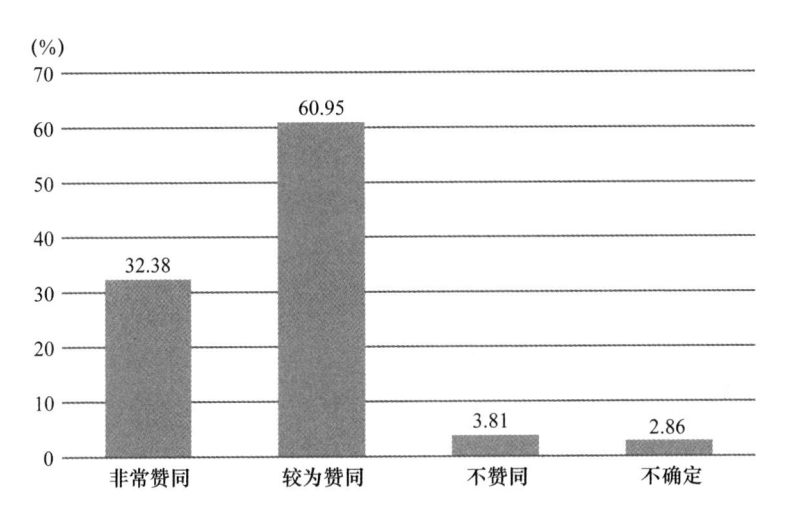

图 7-23 被调查教师对教师专业成长是指向实践，
是一种实践性活动这一观点的赞同度

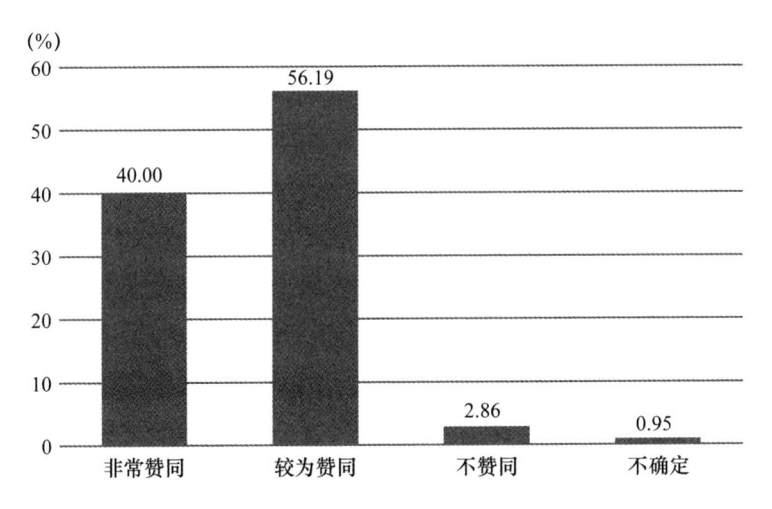

图 7-24 被调查教师对教师的专业成长是面向教育
教学实践的活动这一观点的赞同度

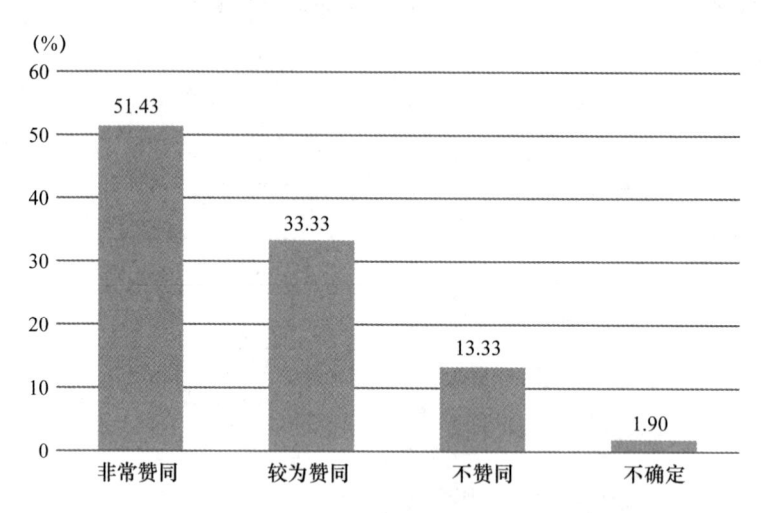

```
     (%)
     60
         51.43
     50
     40
                  33.33
     30
     20
                           13.33
     10
                                    1.90
      0
         非常赞同  较为赞同  不赞同   不确定
```

图 7-25　被调查教师对教师的专业成长必须依赖教师
的亲自实践这一观点的赞同度

实践性活动这一观点持非常赞同态度的为 32.38%，对教师的专业成长是面向教育教学实践的活动这一观点持非常赞同态度的为 40%，对教师的专业成长必须依赖教师的亲自实践这一观点持非常赞同态度的为51.43%。这一数据说明了教师对教师专业成长的实践性不仅了解和赞同，而且对其本质内涵也有一定的了解，这为"校内自主式"培训的顺利开展创设了有利的环境和条件。

3. 被调查教师对其专业成长的途径与方式应偏重的方向的选择

由图 7-26 可以看出，在教师专业成长的途径与方式中，选择正规的培训占 30%，个人的探索及反思占 26%，与人合作的探索与反思占 41%。以上数据表明教师在培训时比较重视与人合作，同时也重视正规的培训和个人的探索及反思。

(三) 校内自主式培训实施情况

1. 被调查教师对校内自主式的了解情况及认识来源

图 7-27 表明被调查教师对校内自主式的了解比较充分，其中了解大概的占 52.38%，有过专门学习和研究的占 15.24%。图 7-28 表明教

/ 第七章 基于教师专业成长实践性的中小学教师培训的现实考察 /

师的认识渠道丰富，主要有自我学习、课题研究、校内自主式培训项目、培训者培训，其中校内自主式培训项目占很大比重，共占41.82%。这些数据表明了教师参与培训的积极性较高，参与的渠道也较为丰富。

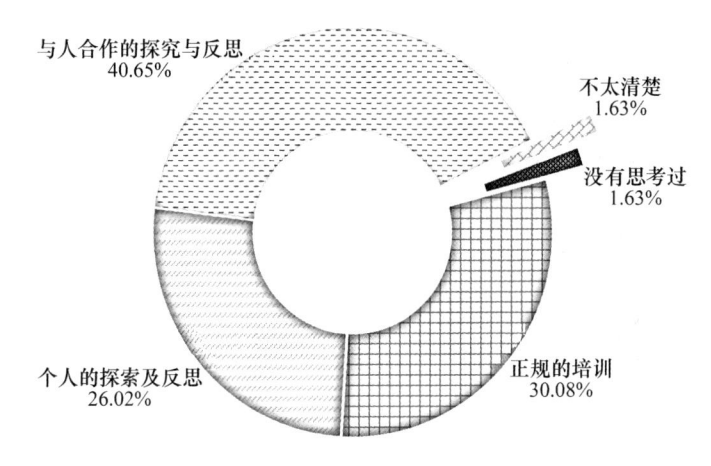

与人合作的探究与反思 40.65%
不太清楚 1.63%
没有思考过 1.63%
个人的探索及反思 26.02%
正规的培训 30.08%

图7-26 被调查教师对其专业成长的途径与方式应偏重的方向的选择

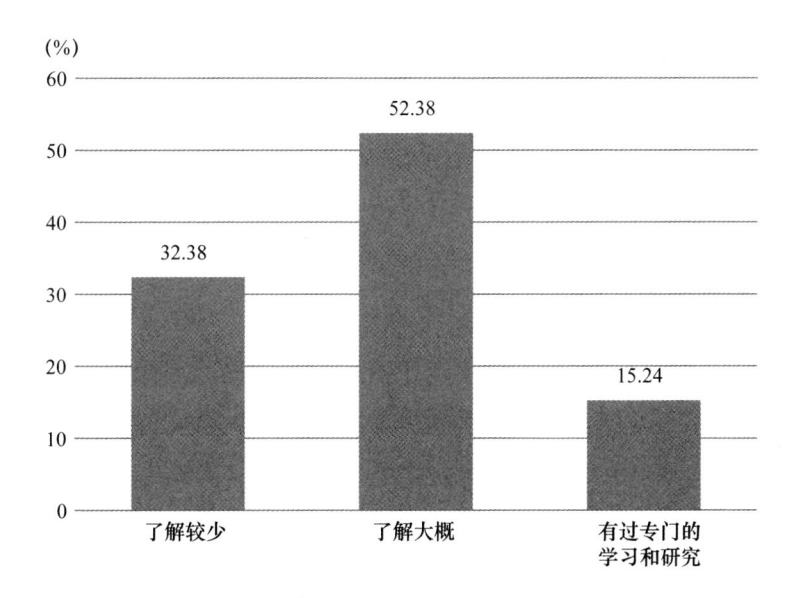

了解较少 32.38
了解大概 52.38
有过专门的学习和研究 15.24

图7-27 被调查教师对校内自主式培训的了解情况

173

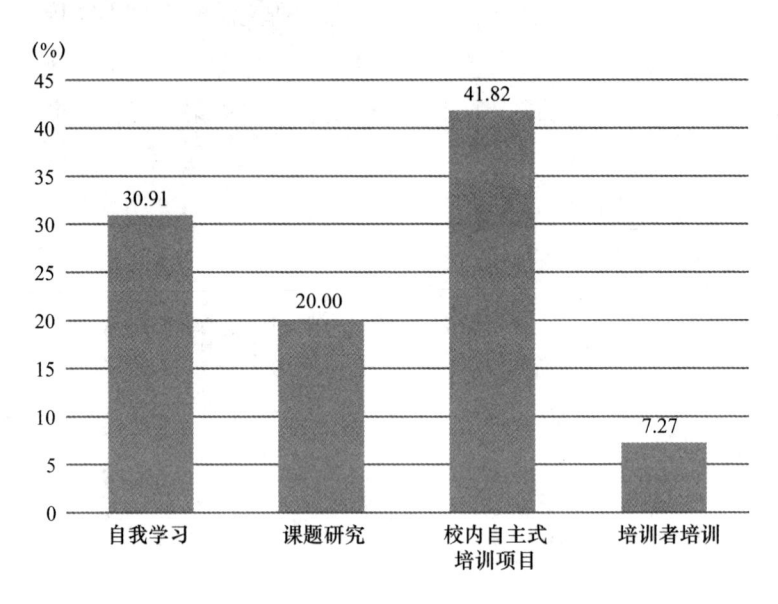

/ 中小学教师培训模式的改革与创新 /

图 7-28 被调查教师对校内自主式培训的认识来源

2. 被调查教师参与校内自主式培训的类型

图 7-29 表明教师参与培训的渠道是多种多样的，其中专家讲座报告占 19%，项目观摩占 16%，互动研讨占 16%，师徒带教占 14%，自主研修占 11%，团队协作占 8%，个人课题研究占 8%，实践体验（做中学）占 7%。从各种类型所占比例情况来看，教师参与校内自主式培训不仅种类多，而且对待每一种类型都是非常重视。这样不仅可以优化培训过程，也可以让参加培训的教师有更多的选择，达到更好的培训效果。

3. 学校的校内自主式培训的内容

图 7-30 显示校内自主式培训的内容主要是教育理论和教育观念、教学方法和技能，这两项各占了 21% 和 23%。校内自主培训的内容不仅仅局限于教育和教学方面。在教育的学术研究、教学的现代教育技术、学科知识的更新和扩展、教师的职业道德修养等方面都有涉及。可以看出学校内的自主培训不仅渠道多样化，内容也是丰富多彩的。

174

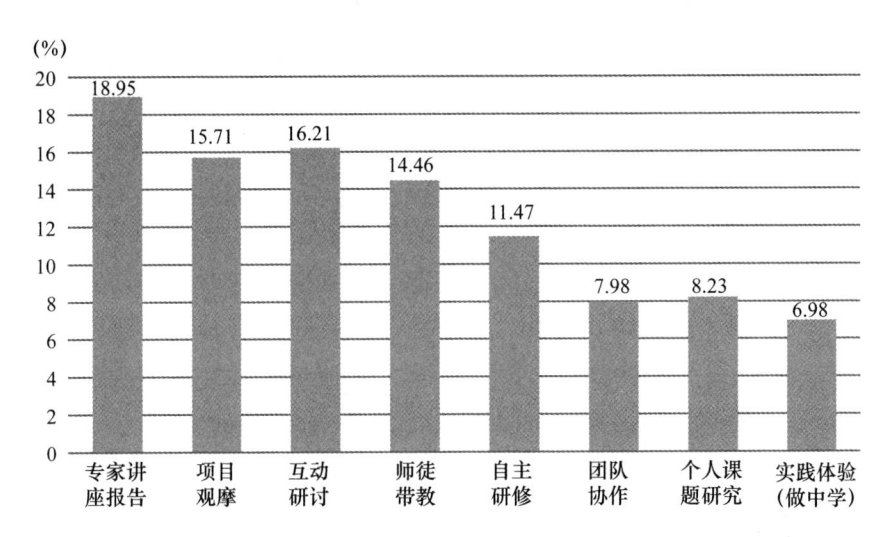

图 7-29　教师参与校内自主式培训的类型

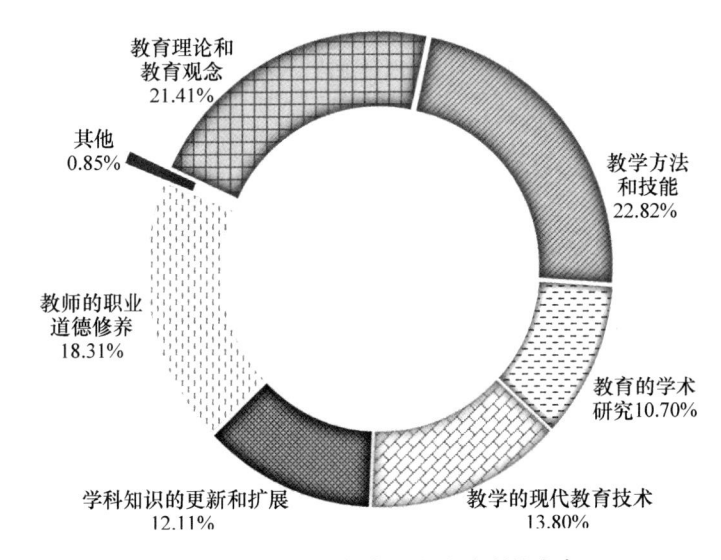

图 7-30　学校的校内自主式培训的内容

4. 校内自主式培训的不足及原因

图 7-31 表明了校内自主式培训的不足。其中培训形式单一，内容

缺乏针对性占30%；时间安排不当工学矛盾突出占24%；培训者理论水平及教学能力不理想占18%；管理流于形式没有实效占22%；其他占6%。图7-32表明了造成这些不足的原因主要有以下几点：校内自主式培训所固有占32%，组织不得法占20%，教师缺乏积极性占32%，其他占15%。这两个图直接反映了校内自主式培训的缺点，需要引起注意，以便更好地进行校内自主式的培训。

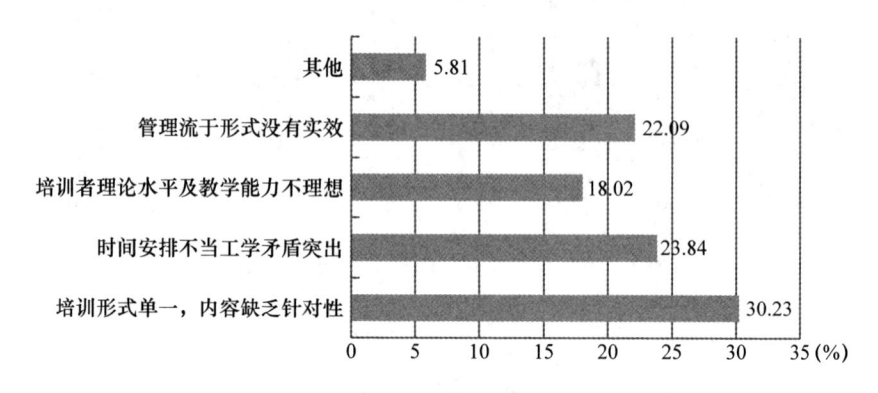

图7-31 校内自主式培训的不足

- 其他 5.81
- 管理流于形式没有实效 22.09
- 培训者理论水平及教学能力不理想 18.02
- 时间安排不当工学矛盾突出 23.84
- 培训形式单一，内容缺乏针对性 30.23

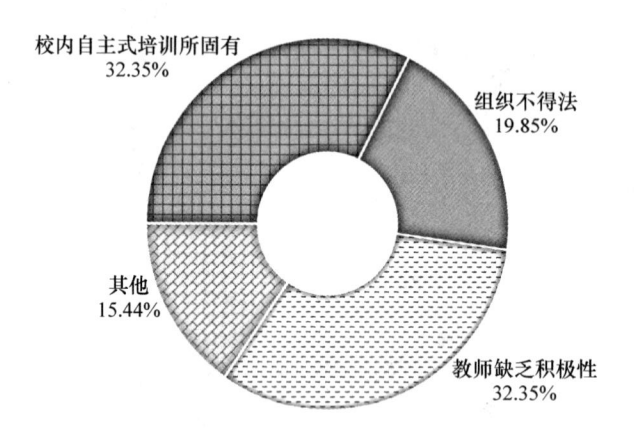

图7-32 造成校内自主式培训不足的原因

- 校内自主式培训所固有 32.35%
- 组织不得法 19.85%
- 教师缺乏积极性 32.35%
- 其他 15.44%

（四）从实践角度对校内自主式培训的建议

目前教师所需要的培训内容及培训方式如下：

图 7-33 和图 7-34 表明，教师认为校内自主式培训所需要的内容主要有以下几方面：教学技能训练占 39.1%，科研能力训练占 26.28%，现代教育理论占 18.59%，反思能力训练占 16.03%。这反映出教师既注重自身教学技能的提高，也重视学术科研方面的发展。在培训方式方面，专家讲座报告占 14.89%，项目观摩占 17.73%，互动研讨占 17.02%，师徒带教占 12.41%，自主研修占 10.64%，团队协作占 12.41%，个人

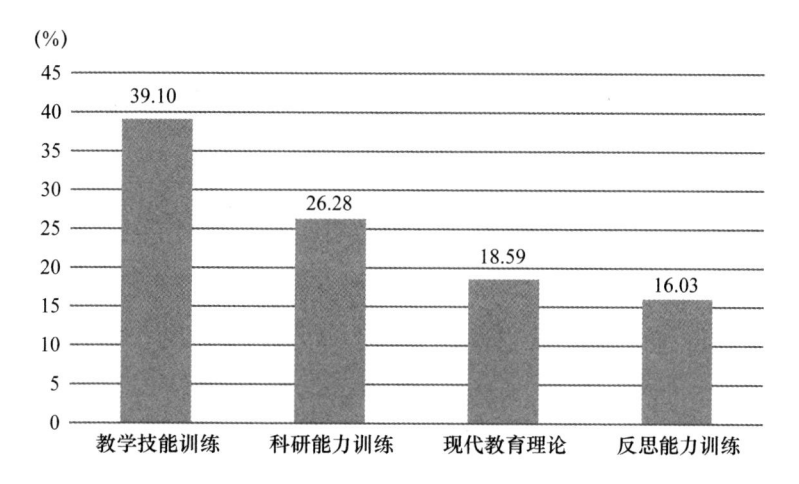

图 7-33　教师认为需要的培训内容

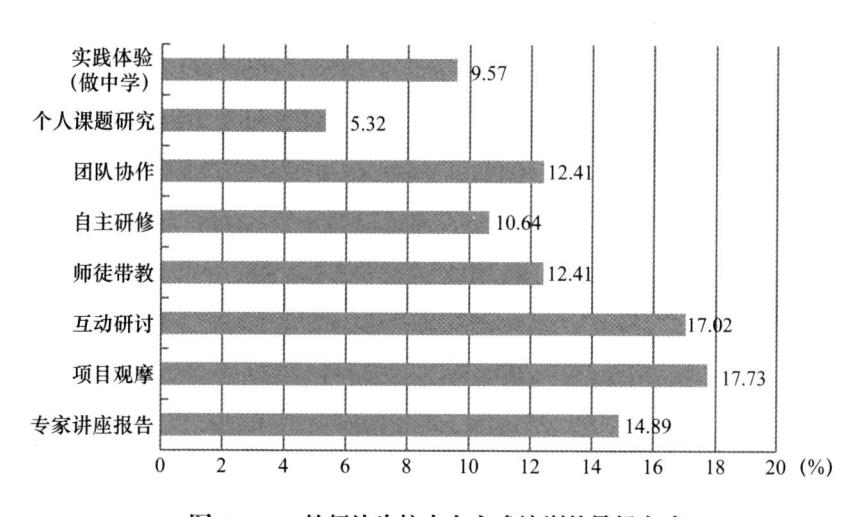

图 7-34　教师认为校内自主式培训的最好方式

课题研究占 5.32%，实践体验（做中学）占 9.57%。这些数据反映了教师渴望从各个方面，通过各种途径来提高自己。

三 参与式教师培训情况

（一）调查样本的整体情况分析

在本研究中，主要从教师职位、性别、年龄、教龄、职称和学历等方面来阐述参加参与式教师培训的教师基本情况。

由图 7-35 可以看出，参加培训的教师在年龄构成中，56 岁以上的没有，教师年龄集中在 26—35 岁和 36—45 岁，即中青年教师较多，分别占 41% 和 34%，46—55 岁和 25 岁以下的较少，分别占 16% 和 10%。

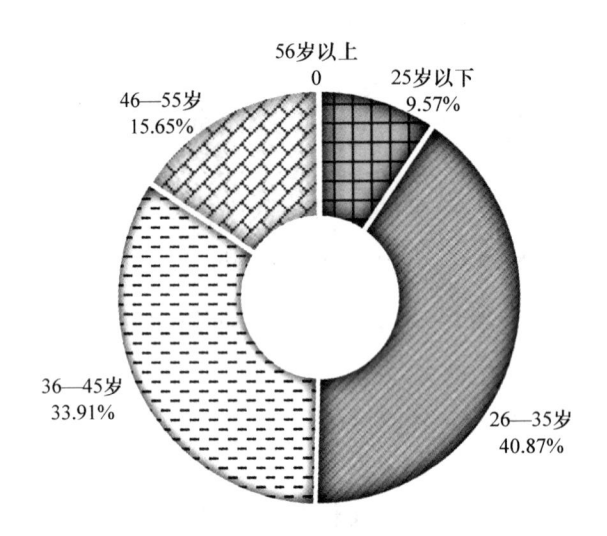

图 7-35 被调查教师年龄分布

由图 7-36 可以看出，大部分来参加培训的是从事教学的任课教师，共占 65%，说明参加培训的任课教师居多；此外也有班主任，占 32%，说明参加培训的班主任也不少，且班主任多数是任课教师，也反映出任课教师更多；校长和其他人员只占 3%，学校教职工中教师本来就占多数，其他人员占比少属正常现象。

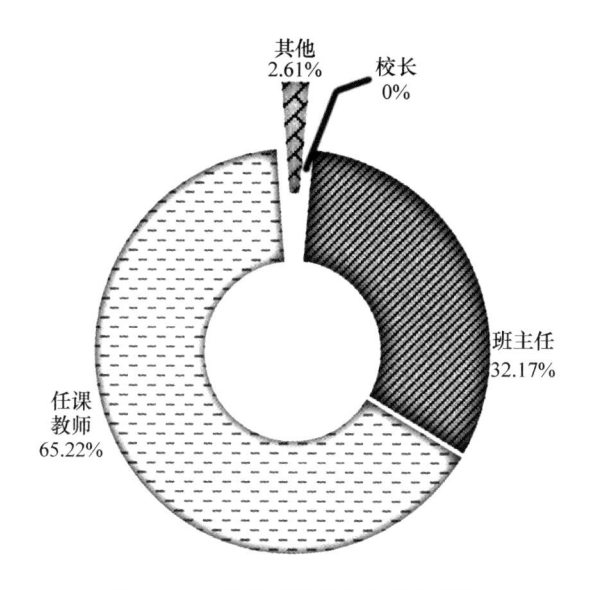

/ 第七章 基于教师专业成长实践性的中小学教师培训的现实考察 /

图 7 - 36 被调查教师在本校的职位

其他方面的情况详见表 7 - 5。

表 7 - 5　　　　　　被调查教师的基本信息调查情况

基本情况		人数	百分比（%）
性别	男	41	35.65
	女	74	64.35
教龄	5 年以下	23	20.00
	5—10 年	18	15.65
	11—20 年	51	44.35
	20 年以上	23	20.00
学历	高中或中专	2	1.74
	大专	19	16.52
	本科	89	77.39
	研究生以上	5	4.35

续表

基本情况		人数	百分比（%）
职称	未定级	9	7.83
	三级教师	6	5.22
	二级教师	29	25.22
	一级教师	61	53.04
	副高级教师	10	8.70
	正高级教师	0	0

从图7-35、图7-36和表7-5可以看出参加参与式教师培训的教师的基本情况有以下几个特征：

（1）来参加培训的115名教师大部分都是女性，女性占了64.35%，男性只有35.65%。笔者在访谈中了解到，多数教师认为当教师虽然工资不高但比较稳定，所以比较受女孩子喜欢，导致女教师本来就比较多。教师年龄集中在26—45岁，中年教师居多，年轻教师较少。

（2）此次调查中参加培训的拥有职称的较多，共占92.18%，其中一级教师，占比最大为53.04%；其次是二级教师，占比25.22%；三级教师和副高级职称的教师很少，共占比13.92%；而正高级职称的教师则没有。教师职称的差异是影响培训的重要因素。

（3）教师的学历层次较为丰富，多以本科学历为主，但还有待于提高。其中，拥有大专学历的教师占16.52%，拥有本科学历的教师占77.39%，但是拥有研究生及以上学历的教师则相对较少，只有4.35%，由此说明参训教师的学历还有待提高，因为教师个体的学历水平反映了教师自身的教学背景，这也是影响教师培训的一个重要因素。

（二）被调查教师对教师专业成长的实践性的了解状况

1. 被调查教师对教师专业成长的实践性的理解状况

由图7-37可以看出，对教师专业成长的实践性的理解程度，一般理解的教师占30%，比较理解的教师占52%，非常理解的教师只占16%，不太理解的教师占2%。在访谈中，当被问到"您对教师专业成长的实践性是否理解?"的问题时,教师的回答是:有一定的理解,且大多数情况下是在培训的过程中逐渐理解的。笔者在访谈中了解到,不太理解的老师中,大部分是年纪较大的教师。

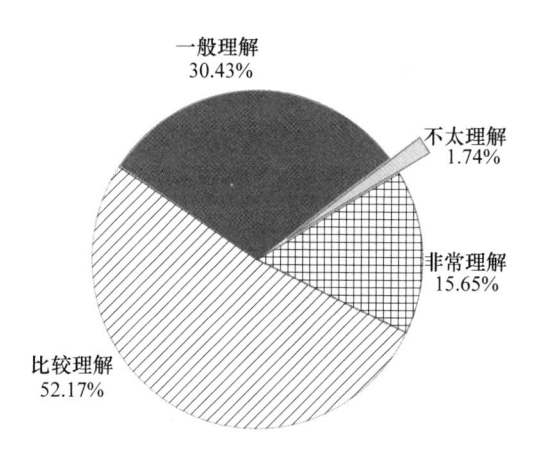

图 7-37 被调查教师对教师专业成长的实践性的理解状况

2. 被调查教师对其专业成长的实践性的赞同情况

图 7-38 再一次印证了被调查教师对教师专业成长的实践性的认同度及理解度。其中对教师的专业成长是指向实践的,是一种实践性活动这一观点持非常赞同态度的为 43%,较为赞同为 50%;对教师的专业成长是面向教育教学实践的活动这一观点持非常赞同态度的为 42%,较为赞同为 53%;对教师的专业成长必须依赖教师的亲自实践这一观点持非常赞同态度的为 56%,较为赞同为 39%。这就说明了教师对教师专业成长的实践性不仅了解和赞同,还对其本质内涵也有一定的了解,这就为参与式培训的顺利开展创设了有利的环境和条件。

3. 被调查教师对其专业成长的途径与方式应偏重的方向的选择

由图 7-39 可看出,在关于教师专业成长的途径与方式问题上,被调查教师也做了相关的选择,其中正规的培训占 38.26%,个人的探索及反思占 33.91%,尤其是与人合作的探索与反思所占比重为 40.87%,这说明教师在发挥个人的主动性及与人合作的主动方面有所重视和提高,也更加注重了反思对教师专业成长的重要性。

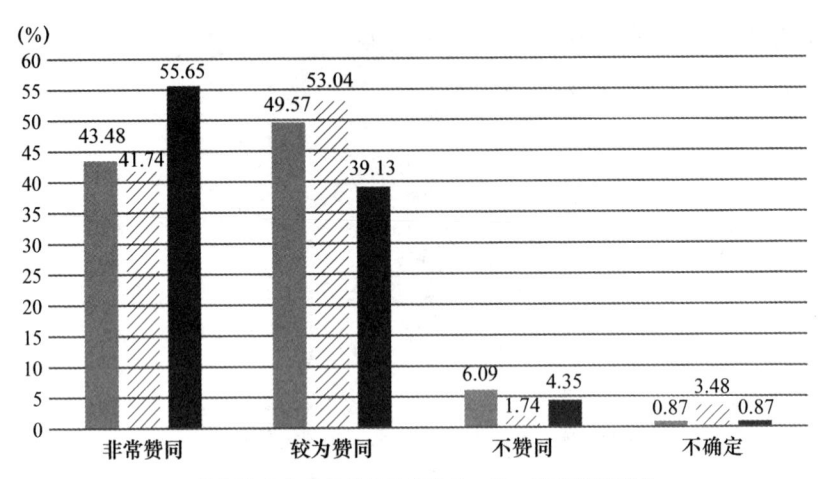

图 7-38 被调查教师对其专业成长的实践性的赞同情况

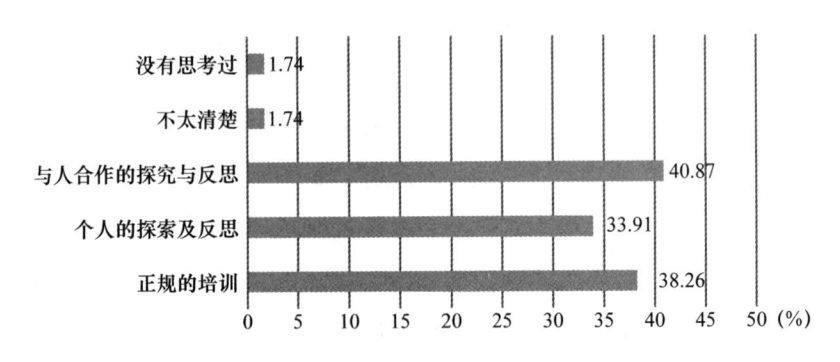

图 7-39 被调查教师关于教师专业成长的途径与方式应偏重的方向的选择

(三) 参与式教师培训实施情况

1. 教师对参与式培训的了解情况及认识来源

由图 7-40 和图 7-41 可以看出，被调查的教师对参与式培训的了解还是比较充分的，其中了解大概的占 50.43%，了解的占 35.65%，有过专门学习和研究的占 13.91%。其认识来源也比较丰富，不仅有自我学习、参与式培训项目，还有培训者培训及课题研究，这也从侧面说明教师参与参与式培训的积极性，且参与的机会也比较多。

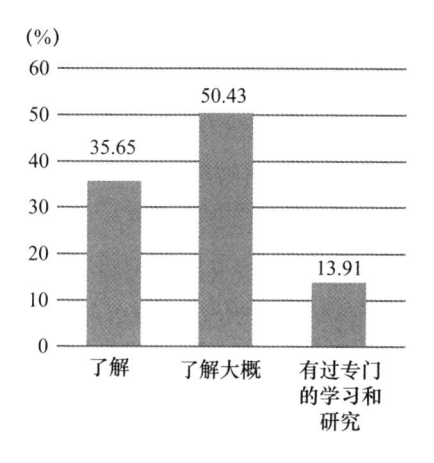

图 7-40　被调查教师对参与式培训的了解情况

图 7-41　被调查教师对参与式培训的认识来源

2. 所在学校采取参与式培训的原因和运用较多的参与式培训的方法

从图 7-42 和图 7-43 可以看出，学校采取参与式培训的原因主要

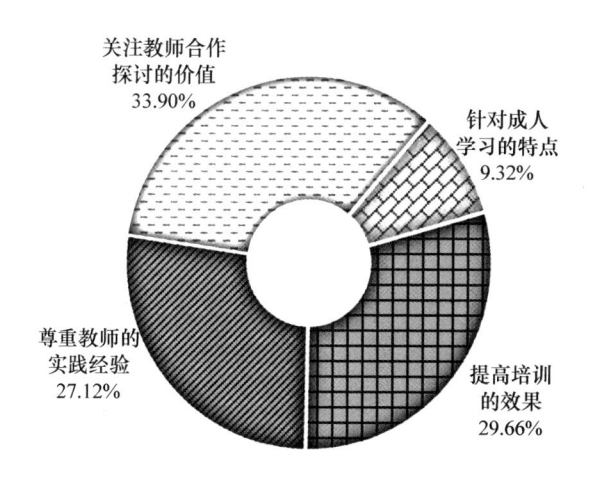

图 7-42　所在学校采取参与式培训的原因

/ 中小学教师培训模式的改革与创新 /

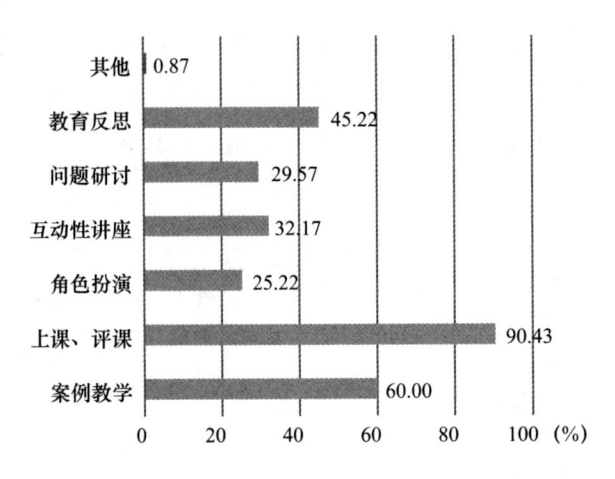

```
其他          0.87
教育反思       45.22
问题研讨       29.57
互动性讲座     32.17
角色扮演       25.22
上课、评课     90.43
案例教学       60.00
         0   20   40   60   80  100 (%)
```

图 7-43　所在学校运用较多的参与式培训方法

是关注教师合作探讨的价值、提高培训的效果和尊重教师的实践经验，但很少针对成人学习的特点组织培训。教师在参与式培训时的方法是多种多样的，其中上课、评课最多，占 90.43%，说明多数参与式培训都有上课、评课；案例教学、教育反思也较多，分别占 60% 和 45.22%；互动性讲座、问题研讨、角色扮演相对较少，分别占 32.17%、29.57% 和 25.22%；其他形式几乎没有，只占 0.87%。

3. 参与式培训考核采取的方式

从图 7-44 可以看出，参与式培训考核主要以总结培训收获和撰写

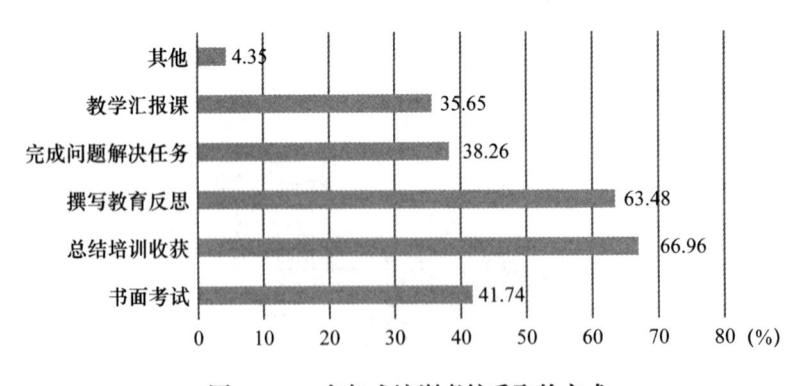

```
其他              4.35
教学汇报课        35.65
完成问题解决任务  38.26
撰写教育反思      63.48
总结培训收获      66.96
书面考试          41.74
         0  10  20  30  40  50  60  70  80 (%)
```

图 7-44　参与式培训考核采取的方式

教育反思为主,均占比50%以上;书面考试、完成问题解决任务和教学汇报课也常有采取,占比都在35%以上;其他考核方式非常少,占比不到5%。笔者在访谈中了解到,对教师培训考核在上级检查的时候主要看培训总结和反思,这变相导致培训考核主要以总结和反思为主,教师培训考核所采取的方式有待丰富和创新。

4. 实施参与式培训的师资来源

从图7-45可以看出实施参与式培训的师资主要是教育专家和中小学名师,分别占37%和38%;进修学校教师和教研员较少,分别占14%和11%。

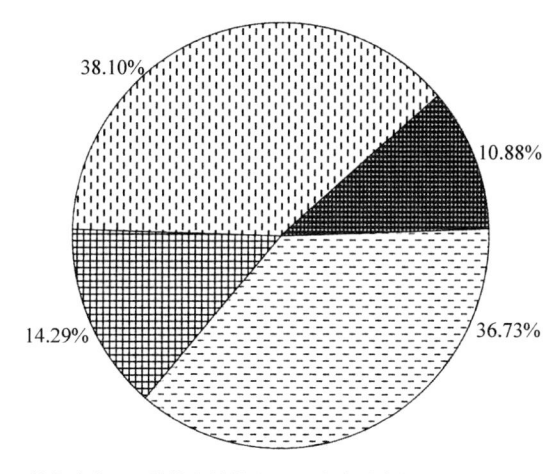

图7-45 实施参与式培训的师资来源

5. 教师对参与式培训的看法

从表7-6可以看出,大部分教师能够接受参与式培训,占57.39%;并且还有不少的教师比较喜欢,占27.83%;但也有少数教师比较抵触和无所谓,都占7.83%。虽然教师对其接受的力度是很可观的,但是,参与式培训的不足主要体现在低位盘旋,同时,在浪费时间和容易跑题两个方面也有较大的体现。其他原因主要有与教学任务冲突、组织不到位等。教师认为参与式培训的最大困难主要表现在对参与式教师培训了解不深、培训的效率低、培训质量难于保证、缺乏培训师资、缺乏培训教材等方面，其中前两项所占的比重最多超过50%，后两项占比超过40%，另外，在参加培训的教师不愿接受这种培训方式、受培训的经济效益的制约等方面也有所体现。这说明培训教师对参与式培训的了解、培训效率和质量是使参与式培训达到所需效果的最重要因素。认为造成这些问题的原因主要是参与式培训所固有，其次是因为组织不得法和由学员的能力水平所决定。

表7-6　　　　　　　　被调查教师对参与式培训的看法

	参与式培训的不足	人数	百分比（%）
对参与式培训的态度	比较喜欢	32	27.83
	能够接受	66	57.39
	比较抵触	9	7.83
	无所谓	9	7.83
参与式培训的不足	浪费时间	26	22.61
	容易跑题	29	25.22
	低位盘旋	46	40.00
	其他	19	16.52
目前采用参与式培训的最大困难	参与式教师培训了解不深	76	66.09
	缺乏培训教材	53	46.09
	缺乏培训师资	51	44.35
	参加培训的教师不愿接受这种培训方式	42	36.52
	培训的效率低，培训质量难于保证	60	52.17
	缺乏考核评价体系	12	10.43
	受培训的经济效益的制约	33	28.70
造成这些问题的原因	参与式培训所固有	52	45.22
	组织不得法	33	28.70
	学员的能力水平所决定	32	27.83
	其他	11	9.57

(四) 从实践角度对参与式培训的建议

1. 目前教师需要的培训班课堂、内容及对培训的态度

从图 7-46 可以看出，教师希望的培训课堂是学员主动参与、气氛活泼，认为教师培训的态度应积极主动、尽力配合。目前教师认为自身需要的参与式培训的内容主要是教学技能训练（占 62%），同时，科研能力训练、现代教育理论、反思能力训练也较为需要。这反映出教师对培训内容的要求在不断提高，不仅有理论的提升也有实践的反思，不仅注重自身教学技能的提高，也重视学术科研方面的发展。

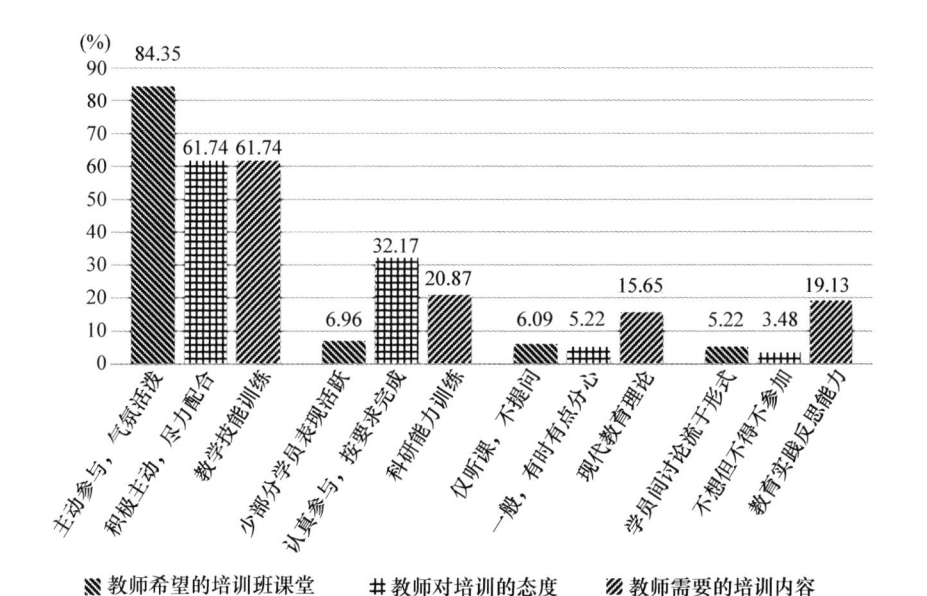

图 7-46 目前教师需要的培训班课堂、内容及对培训的态度

2. 被调查教师喜欢的参与式培训的方法和推进参与式培训最可行的做法

从图 7-47 中可以看出，此次调查的 115 名教师中有 84 人认为教师喜欢的参与式培训的方法是案例教学，79 人认为教师喜欢的参与式培训的方法是上课、评课，还有相当一部分人认为教师喜欢的参与式培训的方法是互动性讲座、问题研讨、教育反思、角色扮演。通过数据也反映出了教师内心所渴求的培训方式有哪些，且需要培训方式的多元化。

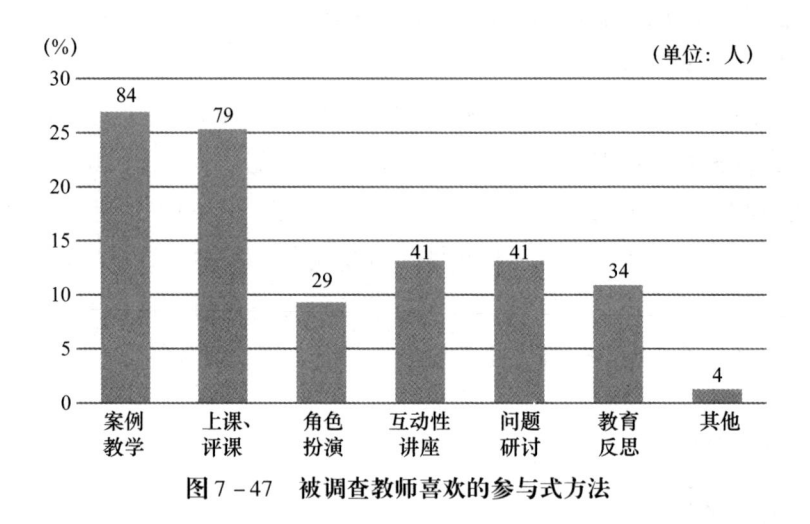

图 7-47　被调查教师喜欢的参与式方法

从图 7-48 可以看出，目前教师认为推进参与式培训最可行的做法是加大对参与式培训的理论与实践研究，占 60%；其次是教育者培训，占 28%；认为推进参与式培训最可行的做法是严格的管理考核和其他原因的分别占 8% 和 5%。

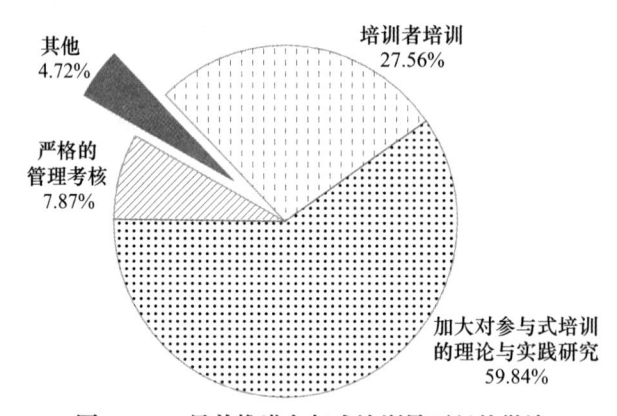

图 7-48　目前推进参与式培训最可行的做法

3. 被调查教师认为参与式中培训学员的做法

从图 7-49 可以看出教师认为参与式中培训学员的做法最主要的是积极主动与培训教师进行交流讨论和改变自己"被动接受者"的角色，

分别有84人和79人，均已超过60%。其次，教师认为参与式中培训学员应就具体问题发表自己的意见；交流有关教学经验或课程内容方面的话题和关注实践、亲自实践、形成实践智慧的人数分别有58人、49人和49人，占比均已经超过50%。认为参与式中培训学员应该多进行一些参与性的活动的最少，只有28人，不足25%。

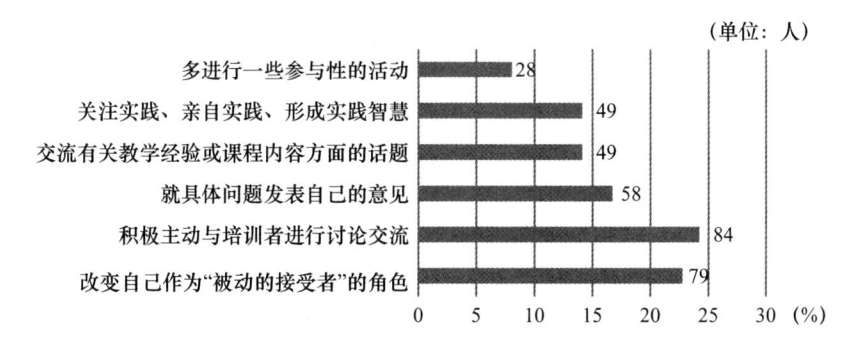

图7-49 被调查教师认为参与式中培训学员的做法

4. 被调查教师认为理想的课程结构、课程安排意愿和对参与式教师培训的看法

从图7-50和图7-51可以看出，教师认为理想的课程结构为必修模块+选修模块，占比73.33%，教师对课程安排的意愿主要是提供课程列

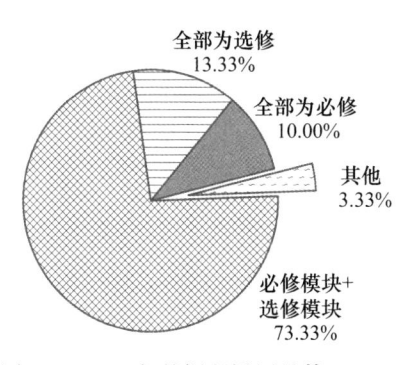

图7-50 理想的课程设置结构

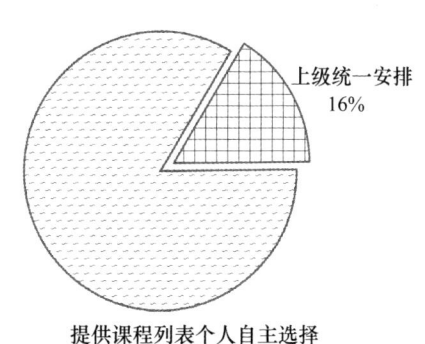

图7-51 被调查教师对培训课程安排的意愿

表供教师个人自主选择。

从图7-52可以看出,教师多数较为赞同参与式教师培训,占57%,同时,非常赞同的也有很多,占26%,但是,也有少部分教师不赞同和不了解参与式培训。这说明教师还是很赞同参与式培训,同时也应该对参与式教师培训多宣传和进行正面引导。

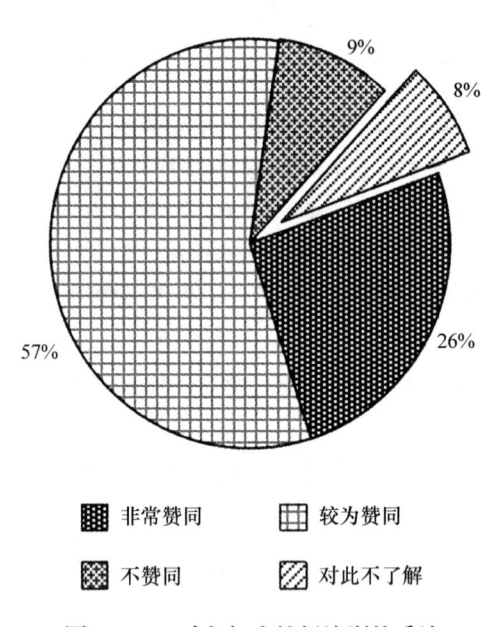

图7-52 对参与式教师培训的看法

四 U-S合作式教师培训情况

(一)调查样本的整体情况分析

在本研究中,主要从教师岗位、性别、年龄、教龄、职称和学历这些方面来阐述参加U-S合作式教师培训的教师的基本情况。

由图7-53和图7-54可知,从岗位来看,大部分来参加培训的是从事教学的任课教师,共占66%,此外也有班主任,占31%,其他人员为3%。此次调查的教师在年龄构成中,56岁以上的没有,年龄集中在26—35岁和36—45岁,共占85%,46—55岁和25岁以下较少,共占15%。其他情况详见表7-7。

/ 第七章　基于教师专业成长实践性的中小学教师培训的现实考察 /

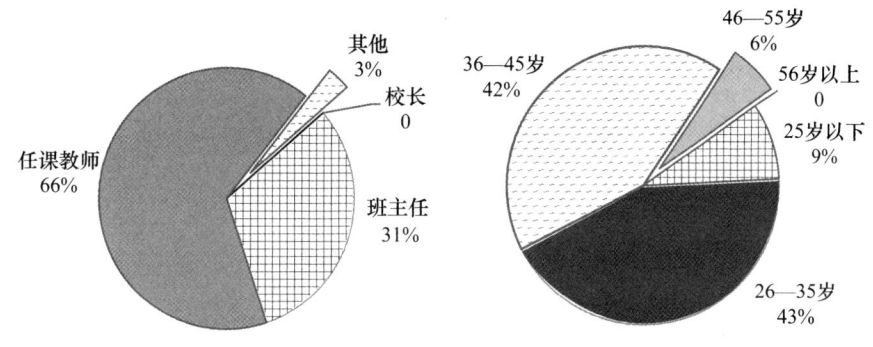

图 7-53　被调查教师在本校的职位

图 7-54　被调查教师年龄分布

表 7-7　　　　　　　　被调查教师的基本信息调查情况

基本情况		人数（人）	百分比（%）
性别	男	27	40.30
	女	40	59.70
教龄	5 年以下	13	19.40
	5—10 年	10	14.93
	11—20 年	40	59.70
	20 年以上	4	5.97
学历	高中或中专	0	0
	大专	5	7.46
	本科	61	91.04
	研究生以上	1	1.49
职称	未定级	5	7.46
	三级教师	2	2.99
	二级教师	18	26.87
	一级教师	34	50.75
	副高级教师	8	11.94
	正高级教师	0	0

从表 7-7 可以看出参加 U-S 合作式教师培训的教师情况有以下几个特征：

(1) 来参加培训的老师大部分都是女性，教龄存在一定层次性，但都比较长，教龄 5 年以上的有 54 人，占 80.60%，11 年以上的占 65.67%。从中可以看出参与 U-S 合作式教师培训的教师无论是在性别方面，还是在年龄和教龄方面，都有其不合理之处，尤其是教师年龄和教龄的偏大通常会造成教师自身教学理念与教学方法的思维定式，这类教师群体在更新教学理论与教学方法方面会存在一定的困难，这对于校际联盟式培训是很大的一个障碍。

(2) 来参加培训的老师拥有职称的比较多，共占 92.55%，其中三级教师有 2 人，占 2.99%；二级教师有 18 人，占 26.87%；一级教师所占比例最高，有 34 人，占 50.75%；副高级职称的有 8 人，占 11.94%；而正高级职称的教师则没有；而且还存在未定级的教师，共占 7.46%。由此说明，参与 U-S 合作式培训的教师缺少高级别的教师职称，而教师职称的高低与教师的教学水平和教学能力密切相关，因此，其职称的差异是影响教师培训的重要因素。

(3) 教师的学历层次较为丰富，多以本科学历为主，但还有待于提高。其中，拥有大专学历的教师占 7.46%；拥有本科学历的教师占 91.04%；拥有研究生及以上学历的教师则相对较少，只有 1.49%。由此说明参训教师的学历还有待提高，因为教师个体的学历水平反映了教师自身的教学背景，这也是影响教师培训的一个重要因素。

(二) 被调查教师对教师专业成长的实践性的了解状况

1. 被调查教师对教师专业成长的实践性的理解状况

由图 7-55 可以看出，被调查教师对教师专业成长的实践性的理解程度，一般理解占 55%，比较理解占 37%，非常理解只占 8%，不太理解的则没有。说明多数教师对教师专业成长的实践性理解有待提高。在访谈中，当被问到"您对教师专业成长的实践性是否理解？"的问题时，教师的回答是：有一定的理解，且大多数情况下是在培训的过程中逐渐理解的。这就说明了各校在进行U-S合作式教师培训时在这方面还是做得比较到位的，大部分教师对于教师专业成长的实践性还是有一定了解的，大部分较为明确，这样就为接下来U-S合作式培训的开展提供了好的开端。

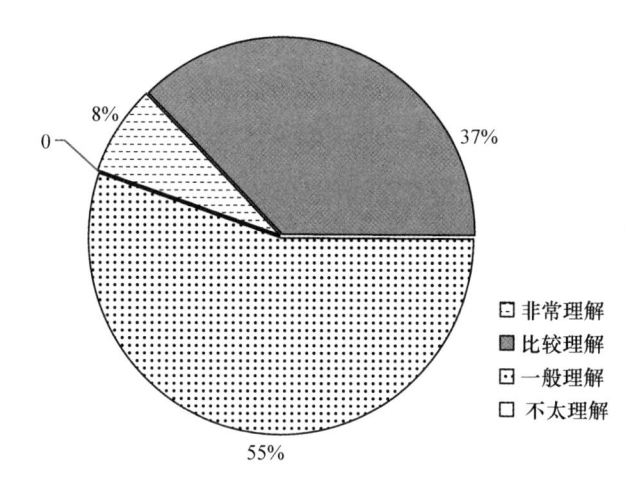

图7-55 被调查教师对教师专业成长的实践性的理解状况

2. 被调查教师对其专业成长的实践性的态度

图7-56再一次印证了被调查教师对教师专业成长的实践性的认同度及理解度。在参与调查的67人中，对教师专业成长是指向实践，是一种实践性活动这一观点较为赞同的人数最多，占60%，非常赞同的人数也比较多，占31%，不确定和不赞同的较少，共占9%；对教师的专业成长是面向教育教学实践的活动这一观点较为赞同的人数最多，占60%，非常赞同的人数也比较多，占36%，不确定和不赞同的非常少，共占4%；对教师的专业成长必须依赖教师的亲自实践这一观点较为赞同的人数最多，占48%，非常赞同的人数也比较多，占39%，不确定和不赞同的较少，共占13%。这就说明了教师对教师专业成长的实践性不仅了解和赞同，还对其本质内涵有一定的了解，这就为U-S合作式培训的顺利开展创设了有利的环境和条件。

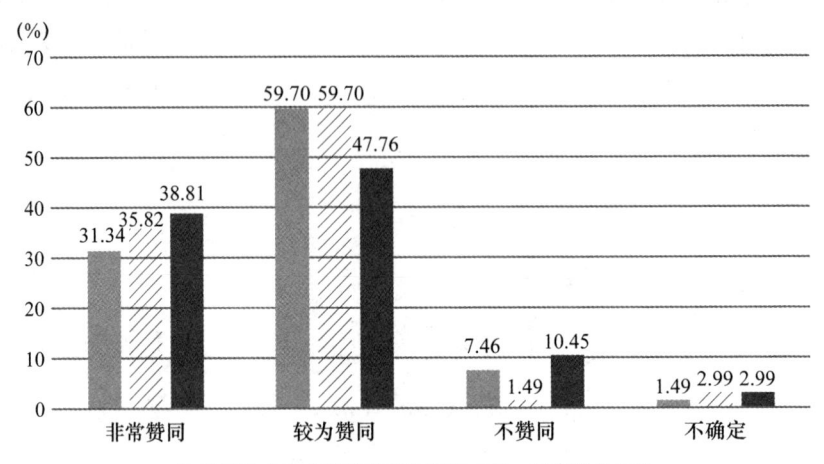

图 7-56 被调查教师对其专业成长的实践性的赞同情况

3. 被调查教师对其专业成长的途径与方式应偏重的方向的选择

由图 7-57 可以看出,在关于教师专业成长的途径与方式问题上,教师也做了相关的选择。其中,支持与人合作的探索及反思的人数最多,有 49 人,所占比例超过 70%;支持正规的培训人数也较多,有 38 人,所占比例超过 55%;与人合作的探究与反思人数较少,有 22 人,所占

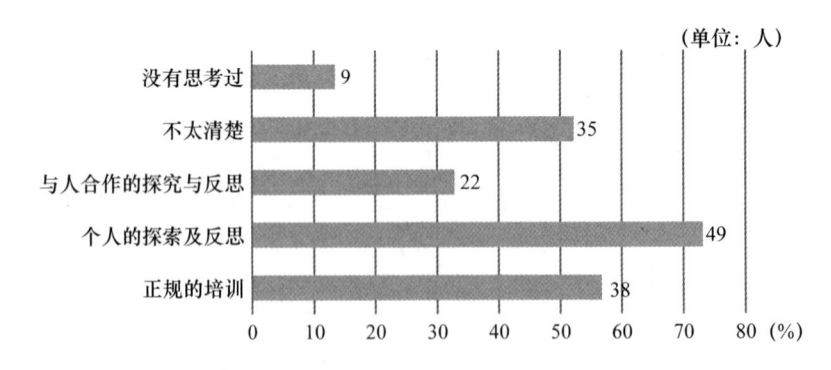

图 7-57 被调查教师关于教师专业成长的途径与方式应偏重的方向的选择

比例不到35%；但是，不太清楚的人数也比较多，有35人，占比超过50%；没有思考过的人数最少，有9人，占比不到15%。这说明教师在发挥个人的主动性及与人合作的主动性方面有所重视和提高，也更加注重了反思对教师专业成长的重要性，但同时应该加大教师对专业成长的了解。

（三）U-S合作式培训实施情况

1. 被调查教师对U-S合作式的了解情况及认识来源

由图7-58和图7-59可以看出，被调查教师对U-S合作式的了解还是挺充分的，其中了解大概占22%，了解占75%，有过专门学习和研究的占3%。其认识来源也比较丰富，不仅有自我学习、课题研究，还有U-S合作式培训项目及培训者培训，其中主要是通过自我学习和培训者培训来获得，共占65.67%，这也从侧面说明教师参与U-S合作式培训的积极性，且参与的机会也比较多。

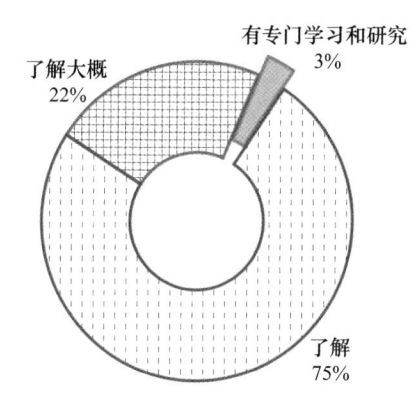

图7-58 被调查教师对U-S合作式培训的了解情况

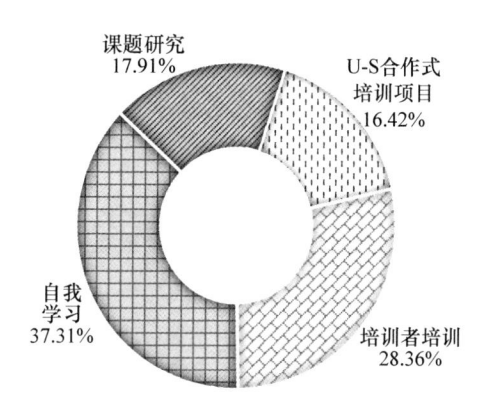

图7-59 被调查教师对U-S合作式培训的认识主要来源

2. 被调查教师所在学校参与U-S合作式的方式和内容

从图7-60和图7-61可以看出，教师在参与U-S合作式培训时的方式是多种多样的，其中听课评课、课题合作和教师继续教育的人数分别有40人、39人和37人，均占50%以上，参与式培养占比较少，只有不到40%。从各类型所占比例情况来看，教师参与 U-S 合作式培训的方式和内容不仅种类多，而且对待每一种类型都非常重视，其合作主要内容主要是中小学教师教育培训、课题研究和教育实习活动。

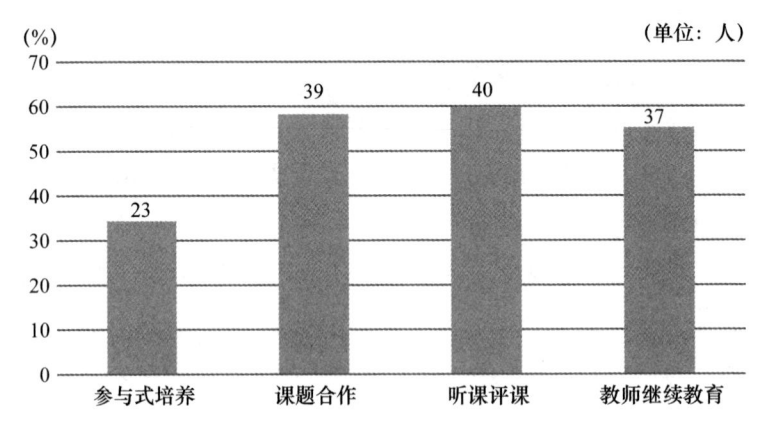

图 7-60 所在学校参与 U-S 合作式的方式

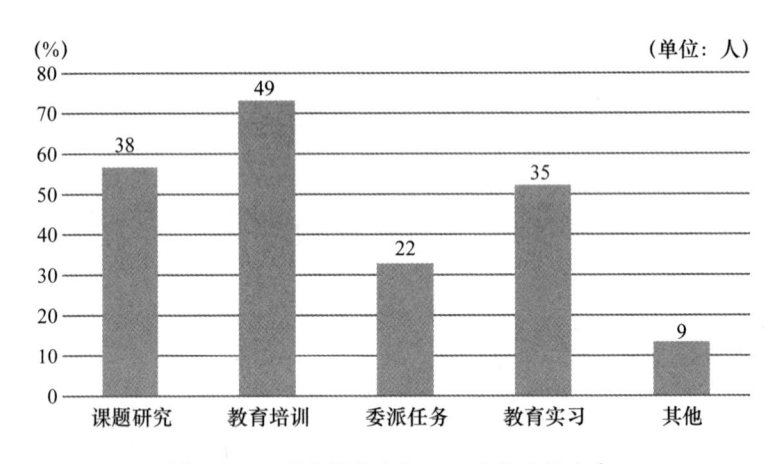

图 7-61 所在学校参与 U-S 合作式的内容

3. 被调查教师参与 U-S 合作式培训最主要的动因

从图 7-62 可以看出，在此次调查的 67 名教师中，有 35 名教师认为学校采取 U-S 合作式培训最主要的原因是教师自我提升的需要，所占比例为52.24%；其次是学校的行政安排、学校发展的需要和教师群体的压力，分别占17.91%、16.42%和13.43%。

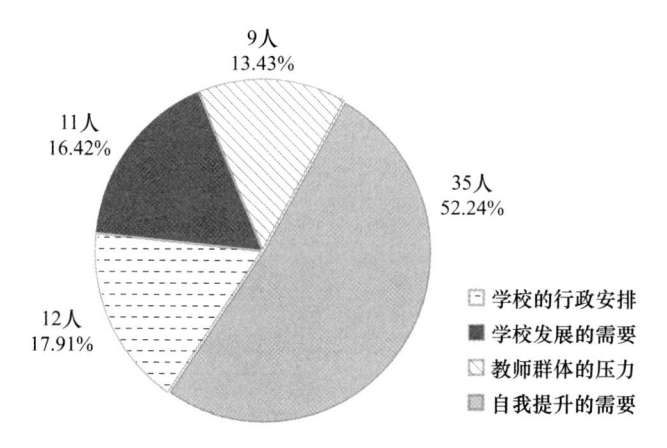

图7-62 被调查教师参与U-S合作式培训最主要的动因

4. 被调查教师对U-S合作式培训的看法

从表7-8可以看出，在调查的67名教师中，大部分教师能够接受U-S合作式培训，占64.18%；有少部分教师比较喜欢，占16.42%；但也有不少教师比较抵触和无所谓，分别占5.97%和13.43%。虽然教师对其接受的力度较为可观，但是，U-S合作式培训的不足主要体现在合作中教育资源利用率低（占比超过40%），以及合作中思想认同度不一致、合作中组织制度不完善和合作中缺少归属感等。被调查教师认为U-S合作式培训的最大困难主要表现在合作双方的目标不一致、合作双方的激励机制不健全和合作双方的文化不相容（占比均超过40%），以及双方合作的资源保障不完善和合作双方的地位不平等（占比分别是35.82%和28.36%），还有教师认为是可操作性不足等。造成这些问题的原因主要是教师层面的差异，其次是学校合作管理体制的差异和学校评价体制的差异，而认为是其他原因所造成的教师也不少。

表7-8　　　　　　　　被调查教师对 U-S 合作式培训的看法

被调查教师对 U-S 合作式培训的看法		人数	百分比（%）
被调查教师对 U-S 合作式培训的态度	比较喜欢	11	16.42
	能够接受	43	64.18
	比较抵触	4	5.97
	无所谓	9	13.43
U-S 合作式培训的不足	合作中思想认同度不一致	18	26.87
	合作中教育资源利用率低	27	40.30
	合作中缺少归属感	17	25.37
	合作中组织制度不完善	18	26.87
	其他	7	10.45
采用 U-S 合作式培训的最大困难	合作双方的地位不平等	19	28.36
	合作双方的文化不相容	27	40.30
	合作双方的目标不一致	37	55.22
	合作双方的激励机制不健全	33	49.25
	双方合作的资源保障不完善	24	35.82
造成这些问题的原因	学校合作管理体制的差异	23	34.33
	学校评价体制的差异	20	29.85
	教师层面的差异	27	40.30
	其他	13	19.40

（四）从实践角度对 U-S 合作式培训的建议

1. 目前教师需要的培训班课堂、内容及对培训的态度

从图7-63可以看出，教师希望的培训课堂是学员主动参与、气氛活泼，认为教师培训的态度应积极主动、尽力配合。目前教师认为自身需要的参与式培训的内容主要是教学技能训练和科研能力训练，同时，现代教育理论和反思能力训练也较为需要。这反映出教师对培训内容的要求在不断提高，不仅有理论的提升也有实践的反思，不仅注重自身教学技能的提高，也重视学术科研方面的发展。

2. 被调查教师希望转变的方向与培训方式

从图7-64中可以看出在此次调查的67名教师中，有41名教师希望实现目标的领域为教师专业发展，但也有不少的教师希望实现的目标

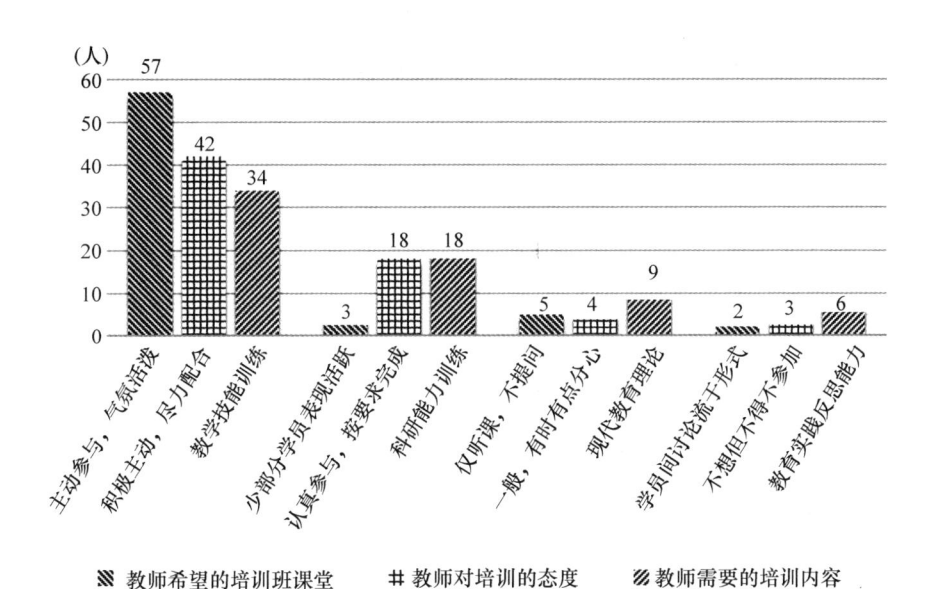

/ 第七章 基于教师专业成长实践性的中小学教师培训的现实考察 /

图7-63 目前教师需要的培训班课堂、内容及对培训的态度

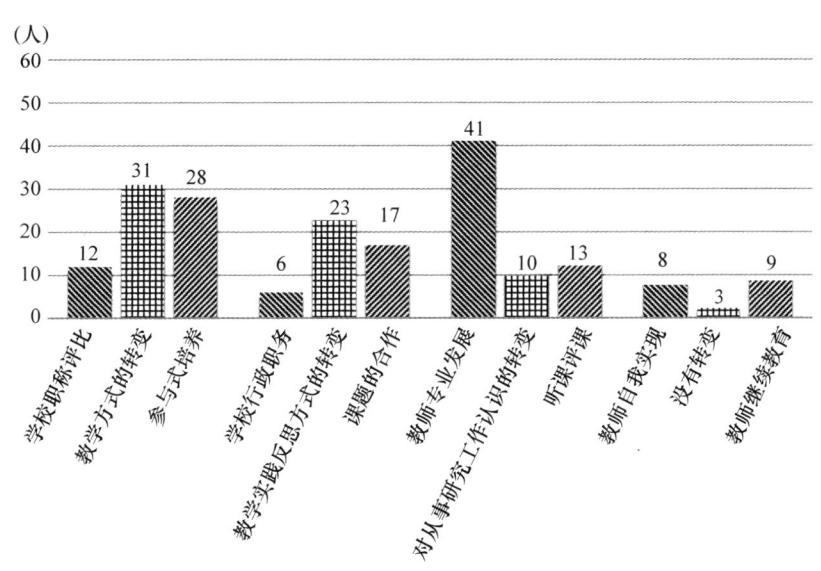

图例：教师希望的培训班课堂　教师对培训的态度　教师需要的培训内容

教师希望的培训班课堂数据：主动参与，气氛活跃 57；积极主动，尽力配合 42；教学技能训练 34；小部分学员表现活跃 3；认真参与，按要求完成 18；科研能力训练 18；仅听课，不提问 5；一般，有时有点分心 4；现代教育理论 9；学员间讨论流于形式 2；不想但不得不参加 3；教育实践反思能力 6

图7-64 被调查教师希望转变的方向与培训方式

图例：教师希望实现目标的领域　教师希望实现自己哪方面的转变　教师希望U-S合作的方式

数据：学校职称评比 12；教学方式的转变 31；参与式培养 28；学校行政职务 6；教学实践反思方式的转变 23；课题的合作 17；教师专业发展 41；对从事研究工作认识的转变 10；听课评课 13；教师自我实现 8；没有转变 3；教师继续教育 9

199

领域为学校职称评比和教师自我实现，较少的教师希望实现的目标领域为学校行政职务。在67名教师中，分别有31人和23人希望实现自己教学方式和教学实践反思方式的转变。同时，也有10名教师希望自己对从事研究工作认识有转变，少数教师认为自己没有转变或不需要转变。多数教师希望U-S合作的方式是参与式培养和课题合作，同时也有相当多的教师希望U-S合作的方式为听课评课和教师继续教育。通过数据也反映出了教师内心所渴求的培训方式是多种多样的，也需要培训方式的多元化。

3. U-S合作式中培训学员的做法

从图7-65可以看出，被调查的67名教师中，有46人认为U-S合作式中培训学员的做法最主要的是积极主动与培训者进行讨论交流，占比接近70%；其次是改变自己作为"被动接受者"的角色，交流有关的教学经验或课题内容方面的话题和关注实践、亲自实践、形成实践智慧，分别有39人、37人和37人，占比均超过55%；也有不少教师认为U-S合作式培训学员应就具体问题发表自己的意见和多进行一些参与性的活动。

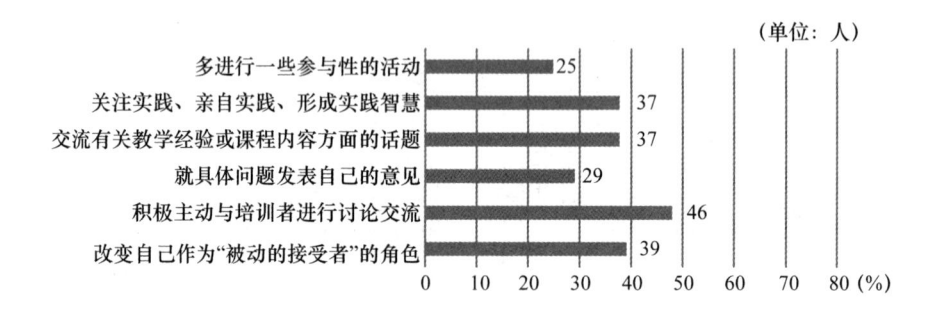

图7-65 U-S合作式中培训学员的做法

从图7-66可以看出，教师多数较为赞同U-S合作式教师培训占54%，同时，非常赞同的也有不少，占四分之一，但是，也有不少教师不赞同和不了解U-S合作式培训，共占21%。说明教师还是很赞同U-S

合作式培训，同时也应该对 U-S 合作式教师培训多宣传和正面引导。

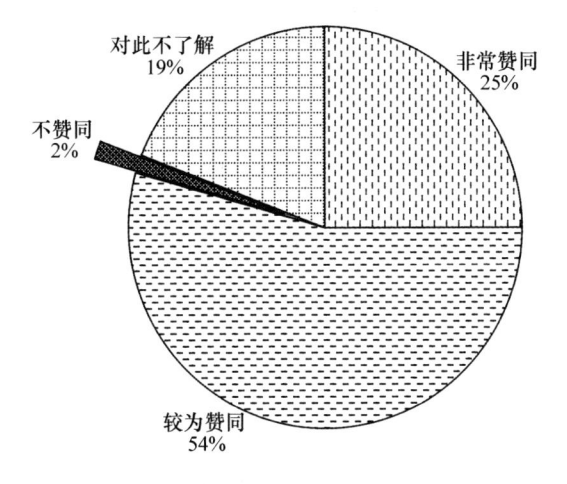

图 7-66　被调查教师对"U-S 合作式"教师培训的看法

第八章

基于教师专业成长实践性的
中小学教师培训的问题及成因

当前,中小学教师培训存在着培训目标侧重教师的知识与技能,忽视个人修养、培训内容的理论与实践脱节、被动接受式培训致使教师参与度不高、任务型教师培训造就了诸多"培训专业户"、培训的实效性不强、对培训的评价缺乏科学有效性等问题。导致这些问题的原因主要是对教师专业成长的实践性理解有偏差、教师缺乏本土化的自主反思意识、教师主体性得不到很好发挥、教师参与培训的责任感被忽视、教师培训的制度建设不健全。建议中小学的教师培训应在培训目标上更关注教师的个人素养、重新审视教师的实践素养、引导教师自主反思,增强教师专业成长动力、关注实践,解决实践中的问题,提高培训的实效性、基于教师专业成长实践性反思教师培训模式、积极探索且践行内发自主式培训模式。

第一节 基于教师专业成长实践性的中小学
教师培训的主要问题

教师的专业成长是一个持续性的过程,是教师能够胜任教育教学工作的自信基础,同时也是顺应新时期对教师实施终身教育的突出表现,而教师培训则是促进教师专业成长较为直接、有效的方式。然而,当前

/ 第八章　基于教师专业成长实践性的中小学教师培训的问题及成因 /

中小学教师培训存在诸多问题，以致出现了高投入、低效能现象。

一　培训目标侧重教师的知识与技能，忽视个人修养

从教师们所反馈的信息来看，当前中小学教师参加培训所学习的内容大多是关心教师的专业知识和专业技能，即帮助教师如何上好课、教好书。而有关教师如何真正成为一名教师，以及成为一名教师的意义何在等这些关涉教师之所以能成为教师的基本素养方面内容却很少。这主要表现为：一方面，对教师来说，其只对那些能直接帮助他们上好课的内容感兴趣，认为凡是学习与直接提高教师教学水平无关的内容等于浪费教师时间；另一方面，对组织培训者来说，迎合教师的需要，凡是教师感兴趣的自然得多安排些内容，这是典型的市场经济效应。其实，根据教师的需求组织培训自然是应该的，但是在似乎带有一些扭曲了的现实需求中，作为培训者可能还需要基于教育教学活动的本源性需求来考虑一下培训的导向性功能。纵使部分教师只关心自己的教学行为方面的需求，作为教育行政部门委任的培训者也应该积极考虑如何帮助他们做回一名真正的教师，而非仅仅是优秀的教书匠。

二　培训内容的理论与实践脱节

调研发现，很多中小学教师反映，每次培训安排的理论学习过多，很难与教学实际联系起来。一方面，长期关注实践的一线教师对理论本身持有抗拒心态，要么听不懂，要么直接不听；另一方面，很多知名专家对理论知识的分析很精深透彻，可很少深入中小学实践，以致所讲内容不切合中小学实际，因而在中小学教师队伍中长期流行着一句精辟的培训口号："培训就是——培训时心动，培训后激动，回到学校一动不动。"也就是说，通过培训后的心动没有落实到具体的行动。与此同时，也有教师反映，即使分享了如"小组教学""班级管理""尝试教学法"等操作性很强的实践知识，也难以本土化运用。因此，很多教师总希望能邀请具有一线经验的优秀教师送"课"到"校"。

三 被动接受式培训致使教师的参与度不高

调研发现，很多教师反映，无论是参加"国培""省培"，还是县级集中培训，大多是带着笔记本记笔记或坐在培训室里只顾听，以致经常是"听着很感到，想起很激动，回去却一动不动"，而教师培训则变成培训者的"报告会"，培训方式呈"课堂化"趋势，将有损培训的切实意义。因此，从这个意义上说，被动式接受培训的教师并没有真正参与到培训的活动中，其培训效果自然也不会很好。另外，相较庞大的教师队伍而言，某个体教师能够有机会接受"国培"和"省培"的几率还是很有限的。一方面，参加"国培"和"省培"只是少部分教师的待遇，而对绝大多数教师来说只是一直追求的荣誉而已，尤其是数量众多的农村教师更是如此；另一方面，大多数农村教师仅有机会在家赶抄被规定数量的自我培训笔记，由于繁重的教学负担，加之缺乏有效的监督机制，很容易形成一种名在"自我培训，实则敷衍了事"的现象。

四 任务型教师培训造就了诸多"培训专业户"

很多学校为了应对培训的任务，专门打造教师培训专业户。一方面，学校担心影响教学进度和质量，不愿派出优秀教师，只派出任"不重要"学科课程的教师，如美术老师去培训语文，历史老师去培训数学等；另一方面，由于学校教师编制短缺，不能同时派出多名老师参加培训，仅派一名做代表，以至于有老师同期参加多次培训，在不同培训点间来回点名。在调研中，有一名高中美术教师告诉笔者，他最多一次同时参加过三个培训班，即同时在同一个城市的三个培训点之间来回"应付"，如办理手续、领取资料、签到、点名、参与座谈等，更重要的是三个班的培训都不涉及其所关心的中学美术教学方面的内容。这样一来，自然形成了诸多"专门负责培训"的教师专业户。其结果是导致大量培训资源浪费。

五 培训的实效性不强，陷入"高投入，低效能"局面

调研发现，虽然国家对当前的教师培训投入比较大，尤其是在资金方面的投入和培训项目的投入，比如"国培""省培"，但是培训的效果却差强人意，且陷入了"高投入，低效能"的局面。这主要表现为：在实施教师培训的过程中，虽然教师全程认真仔细地听取了培训课程的内容，但是教师在对待理论知识时难以实践化，对实践经验的应用难以本土化，难以内化，缺乏对教育教学理论与实践的本土创生。这说明教师没有做到培训的迁移，而只有发生了迁移才能有实效，但培训的迁移不会自然而然发生，它不仅与教师培训的课程相关，更与教师的自主反思意识密切相关。

六 对培训的评价缺乏科学有效性

调研发现，很多老师反映，首先，目前，培训机构使用的评价方式比较单一，大多是在培训结束后随即进行的短期效果评价，缺少对参训教师后期的追踪调查式的长期效果评价。这一短期评价方式，虽然能比较快速地诊断出教师培训结果的好与差，但难以对培训效果做出全面有效的评价，既不利于探究影响教师培训效果的因素，也不利于培训机构对培训工作进行改善。其次，对培训评价的设计主要包含对参训学员、培训教师、管理服务等三方面的考核，而缺乏对于教师培训本身价值的判断及培训学员对自身学习的分析和反思，从而使评价的内容狭窄化。另外，部分培训机构对于培训考核缺乏一个规范的设计，考核设计过于随意化，个别培训机构竟然没有设计培训考核部分，由此体现出部分培训机构缺乏评价的意识。由于中小学教师培训尚未建立科学与完善的评价体系，因此教师培训的质量就缺乏量化指标可以进行评价，最终使得培训评价的导向与保障作用严重缺失。

第二节 基于教师专业成长实践性的中小学教师培训问题的成因

诚然,中小学教师培训工作尚且存在诸多现实问题,探索其问题原因,对探索解决这些问题的具体策略具有重要意义。[①] 经过长期的理论研究和实践考察,我们发现,导致当前中小学教师培训所在问题的原因是多方面的,但概括起来最根本的还是偏离实践的结果,具体表现为下列几个方面。

一 对教师专业成长实践性的理解有偏差

中小学教师专业成长的实践性,是指教师专业发展是指向实践的,其不仅可以理解为教师的专业发展所关涉的是实践的内容,如教师在教育教学活动中必备的实践知识和实践技能,而且还应理解为教师的专业发展必须依赖于教师的亲自实践。因为,间接所学习到的实践知识和实际技能,是在其他环境和条件下形成的,对于某个特定的教师来说,是外在的,还需要教师结合自身教学实际,在自我反思中,形成个性化的内在能力。因此,这种实践指向性特征是内在于教师专业成长与教师培训之间的根本切合点,即是说实践性指向是我们理解教师专业成长与教师培训之间内在关联的关键因素,只有基于这种指向实践的分析维度,方能准确把握教师培训的根本所在。

二 很多教师缺乏本土化的自主反思意识

调研中发现,很多一线教师反映:一方面,培训的理论知识难以付诸实践教学,即理论知识难以实践化;另一方面,培训中习得的一些实施效果较好的实践教学经验难以切实运用到自己的课堂教学中,即实践经验难

[①] 王北生、任青华:《"国培计划"教师培训模式的优化及创新》,《中国教育学刊》2014年第9期。

/ 第八章　基于教师专业成长实践性的中小学教师培训的问题及成因 /

以本土化，比如分享了魏书生的班级管理、邱学华的尝试教学法、李吉林的情境教学等操作性很强的实践知识后，还是难以运用到课堂教学实际中去。就此，我们认为问题的根源不在于理论知识和实践经验本身，而在于教师们缺乏一种本土化的自主反思意识。古言道："橘生淮南则为橘，生于淮北则为枳。"① 因此，我们认为中小学教师所需要的可以操控课堂教学的知识和技能，不能完全靠"给予主导式"培训模式，而应该诱发教师和学校发展的内部动力，即实施"内发自主式"培训模式。

三　教师培训过程中的主体性得不到很好地发挥

被动式的培训本身就没要求教师有多高的参与度，即使有也只是"接受"。其指导思想是"甭管有没有用，先装入头脑，需要时自然有用"。接受培训的教师自然成了培训者灌输知识的"容器"，他们的积极主动性没有很好地发挥出来。比如有学者研究指出，"在日常的教师培训工作中却往往忽视教师个体的存在和发展，教师作为培训生态中的主体学习者处于消极被动状态，是培训的'旁观者'而非'参与主体'，其主体意识和主体价值无法得到彰显"②。毋庸置疑，当教师的主体性受到淹没时，其培训结果自然会因为接受培训的教师没能充分发挥其个体的自主性、能动性和创造性而失去培训活动本应具有的实践性、主体性和有效性。③

四　教师参与培训的责任感被忽视

根据教育部 2013 年发布的"指导意见"，教师参加"国培"或"省培"后，要在学校内部组织二级培训，诱发学校的自主发展。④ 这体现

---

① （春秋）晏婴：《晏子春秋：白话版》，杨有庆编译，敦煌文艺出版社 2014 年版，第 112 页。
② 王金涛：《凸显教师主体性的教师培训策略剖析》，《中小学教师培训》2011 年第 12 期。
③ 孙二军、郝瑜：《教师培训模式系统设计及改革策略》，《中国教育学刊》2012 年第 8 期。
④ 《教育部关于深化中小学教师培训模式改革 全面提升培训质量的指导意见》（教师[2013] 6 号），2013 年 5 月 6 日，教育部网站。

了教师参加"国培"或"省培"不仅是一种荣誉,更是一份责任。尤其是"中小学骨干教师培训计划"项目,很多老师都只看到了"骨干教师"这个荣誉称号,而"骨干教师"的责任感意识却常常被忽视,以至于很多即将退休的老教师都会拼尽全力争取参加骨干教师培训。事实上,国家实施"骨干教师"培训计划的宗旨,不仅在于给骨干教师优厚的待遇,更是希望借助骨干教师培训,能以点带面地带动一方发展。这才是实施"国培"和"省培"的根本精神所在。

五 教师培训的制度建设不健全

"没有规矩无以成方圆"。在教师培训的过程中,如果没有完整的规章制度来规范学校教师的培训行为,就不能保证教师培训活动与工作的顺利开展及积极落实,也使得教师培训无法达到预期效果。教师培训制度的建立是否科学合理,贯彻执行是否有效果,直接反映了相关行政部门及学校领导的研究水平,直接影响教师培训工作的进一步提升。若要保证教师培训的顺利实施,相关行政部门和学校必须建立教师培训的组织制度及相关的教师评价制度和激励制度,加强对教师培训交流与合作的监管与导引,努力在培训内容、培训形式、培训主体、培训评价及具体实施流程方面做出要求,以供学校参考运用。

第九章

基于教师专业成长实践性的中小学教师培训模式的改革创新之路

教育部发布的《教育部关于深化中小学教师培训模式改革 全面提升培训质量的指导意见》（教师〔2013〕6号）中提出要强化培训的自主性，确立"菜单式、自主性、开发式"的培训机制，有其特定的意义。长期以来，我们的培训大多采用的是给予主导式（即试图快速地将很多教学知识和技能教给教师），而教师的积极主动性没有得到很好地调动，因此，在"指导意见"中蕴含着一种趋势，即对中小学教师的培训应从给予主导式转向内发自主式，中小学教师培训应充分调动教师的积极主动性，激发其思维活动，引导其运用所学知识，结合教学实际进行本土探索和创造，形成个性化教学智慧，即从教学实践出发，积极探索实践指向性的教师培训模式。[1]

第一节 培训目标上更应关注教师的个人素养

中小学的教师培训应当从只关注教师的知识与技能到兼顾关注教师的个人素养。教师在培训过程中习得的现成知识和技能，在处理类似具体问题上也许能得心应手，但是在面对新场景、新问题时则更需要结合

---

[1] 周雪菲、冯莉、孟庆霞：《创新实践性教师培训模式为教师专业成长提升引航——黑龙江省教育学院教师培训实践性成果》，《中小学教师培训》2015年第1期。

教师自身的教学智慧。然而，这种教学智慧显然不是仅仅具有一定的专业知识和专业技能就能达到的。常言道："会教书的人，不一定会育人。"一个教师具有一定的专业知识和专业技能或许能把书教好，但是若想真正做到育人，还需要结合教师的专业素养，充分发挥教师的教学智慧。况且，从教师发展的实际需求来看，教师的发展不仅仅是解决一些当下急需解决的教学实际问题，更重要的是教师还需要有一个长远的发展期待和规划。① 那么，对中小学教师实施培训就不得不考虑如何提升教师的专业素养，以便促进其未来的可持续发展。② 因此，教师的培训不仅要关注其知识和技能的习得，更应关注其作为教师的个人素养问题。

一 教师个人素养的本质内涵

教师个人素养至少涉及教师、个人和素养三个关键词。其中，素养是一种经过训练和实践而获得的一种个体修养，它与反映个体先天特质水平的素质不同；而"个人"在《现代汉语词典》里有两种解释：①一个人（跟"集体"相对）；②自称，我。这里主要是指与集体相对应的一个人或个体。个人素养，则是一种由个体所表现出来的修养，其所涉及的内容要素纷繁复杂，人们对其认识和理解可谓是仁智互见，有关教师个人素养的理解更是众说纷纭。朱小曼等人认为，教师的个人素养包括："从伦理角度与儿童交往的品质、善于鼓励的品质、追求创造的能力、善于对待客观世界的能力等。"③ 赵春娟认为，教师素养的新内涵包括现代教育理念（教育观、教师观、学生观、教学观、学习观）、创新的意识和能力、现代信息素养、课程意识和课程能力、教育研究的意识

---

① 王晓云：《关注教师培训的真需求》，《中国教育学刊》2016 年第 12 期。
② 杨振权、高旭、金岩：《凸显教师主体性的教师培训对策研究》，《沈阳建筑大学学报》（社会科学版）2016 年第 3 期。
③ 朱小曼、张男星：《跟进知识社会：现代教学理论中的几个基础性问题》，《教育学报》2005 年第 1 期。

第九章　基于教师专业成长实践性的中小学教师培训模式的改革创新之路

和能力及反思能力等。① 洪源从英语教师的角度认为，个人素养除了应具备"听、说、读、写、译"等技能外，还应具有教育素养、个人魅力（责任感、亲和力和幽默感）。② 李梦洁从大学教师的角度认为，个人素养应包括：健康素养（包括体育素养、广义智力素养、家庭责任）；文化素养（生存素养、信息素养、科技素养、经济素养、多元文化素养、社会素养）；职业（教育）素养（职业道德素养、理论素养、实践素养、服务素养、质量素养）。③ 廖艳辉等在探索基础教育阶段教师素养的自我评价指标体系时认为，教师的素养结构应包括：基础素养（身体健康、善良有爱心、言语清朗、态度和易、忍耐力强、责任心强、自我学习能力强、尊重学生）；专业素养（普通文化知识、教育学科知识、学科专业知识、教学设计能力、学业检查与评价能力、科研能力、掌握新兴教学方法的能力、对教学工作的热爱程度、教学实施能力）；综合型素养（教学反思能力、理论联系实践能力、教育创造能力）④

为了方便给教师个人素养做出较为明确的界定，我们可从已有关于教师个人素养的理解中，抽取其最为核心的共性关键词，如个体健康、文化内涵、信息技术、职业道德、理论认识、教学实践、科学研究、工作态度、创新意识等概念。这些关键词又可以归纳为三个方面，即普通意义上的一般素养（如健康素养、文化素养、信息素养等）；体现专业特点的专业素养（如职业道德素养、理论认识素养、教学实践素养、科研素养）和反映综合能力的综合素养（如工作态度、创新意识）等。此外，根据"己所不欲，勿施于人"的观点，我们还认为，作为教师除了应具备学生所需要的素养外，还应该具有教这些素养给学生的素养。⑤

---

① 赵春娟：《论教师素养新内涵》，《教育探索》2006 年第 2 期。
② 洪源：《提高教师个人素养以促进大学英语教学》，《知识经济》2009 年第 13 期。
③ 李梦洁：《大学教师发展之个人素养研究》，硕士学位论文，山西大学，2007 年。
④ 廖艳辉、王强：《基础教育阶段教师素养自我评价指标体系研究》，《教学与管理》（理论版）2016 年第 3 期。
⑤ 张地容、杜尚荣：《试论"以生为本"的教师核心素养》，《教学与管理》（理论版）2018 年第 4 期。

综合上述理解，我们可以把教师的个人素养界定为：教师在长期的学习和教学实践中不断积淀而成的具有个体意义上的个人修养，其具体包括一般素养（如健康素养、文化素养、信息素养等）；专业素养（如职业道德素养、理论认识素养、教学实践素养、科研素养等和综合素养，如工作态度、创新意识等），以及帮助学生形成个体素养的育人素养。

二　教师培训中关注教师个人素养的意义

根据前面对教师个人素养的理解，我们认为，教师培训中关注教师个人素养至少可以达到以下三点意义。

（一）响应当今时代对"素养"的呼唤

我国有关教师素养的研究比较早，贵州数字图书馆资料显示，欧阳湘于1948年在《教育杂志》上发表了《教师之心理学的素养》一文，从心理学角度对教师的素养进行了详细阐述。[①] 但是真正系统关注教师素养的研究还是近几年有关核心素养的全面展开研究而受到深度关注的。2012年9月台湾中正大学蔡清田在《课程发展与设计的关键DNA核心素养》一书中尝试建构了"核心素养"的特质、选择、架构、功能、培育的理论体系。[②] 这是我国从理论上较早研究核心素养的文献。2014年4月，教育部颁布的《关于全面深化课程改革　落实立德树人根本任务的意见》中指出："研究提出各学段学生发展核心素养体系，明确学生应具备的适应终身发展和社会发展需要的必备品格和关键能力。"[③] 这是从国家政策角度首次明确提出发展学生核心素养的观点。从此，"核心素养"一词成为我国研究界的热搜词。与此同时，有关教师素养的研究也随之多起来。因为，谁都知道，要想发展学生的核心素养，首先必须

[①] 欧阳湘：《教师之心理学的素养》，《教育杂志》1948年第10期。

[②] 蔡清田：《课程发展与设计的关键DNA核心素养》，五南图书出版股份有限公司2012年版。

[③] 中华人民共和国教育部：《关于全面深化课程　改革落实立德树人根本任务的意见》，2014年4月8日，http://old.moe.gov.cn/publicfiles/business/htmlfiles/moe/s7054/201404/167226.html。

关注教师应具备的基本素养。因此，可以说，在教师培训过程中，关注教师的个人素养其实是真正响应了当前时代的呼唤。

（二）有助于教师培训从关注简单的技能训练到关注教师个体素养的转变

在教师培训过程中，对参训教师进行的有关教学技能的训练，虽能在短时间内快速提升教师的教学技能，从而提高其课堂教学质量水平，但是由于教师劳动本身所具有的长期性、复杂性和主体性等特点决定了这种简单的技能训练只是短暂的，而真正促进教师长效发展的还得从教师的个体认识和思想理念出发，帮助教师形成个性化的素养，要让教师培训成为教师发展的引子，激起教师长效发展，但不能是替代教师发展。因此，在教师培训过程中，关注教师个人素养的发展，有助于将培训重心从关注简单的技能训练转向关注教师个体素养问题上。

（三）有助于更好地诠释"教书育人"的基本理念

"教书育人"涉及"教书"和"育人"两个概念。教师的教学活动从形式上来看是在教书，但就实质而言是在育人。也就是说，教师的教学活动是在传授学生知识的基础上，培养学生的道德品质和所应具备的各种社会生活的能力。因此，教书育人至少涵盖了两层意思：一是教书和育人是两个不同层次的概念，教书是育人的基础和前提，育人是教书的升华和目的；二是教书和育人是一对辩证统一的概念，教书是"形式"，育人是"内容"，而教书育人理应达到形式与内容的统一，教书即育人，育人即教书，教书的过程也即育人的过程。然而，现实中的教书和育人往往是隔离的。部分教师只是在履行教书之职，而谈不上育人之责。就其原因主要有四个：一是把育人责任简单理解为保障自己生存能力的教书活动，只是完成教书任务；二是只有教书的本领，没有育人的意思；三是育人比教书要复杂许多，也需要教师付出的心血更多；四是窄化了教书的本意，视其为简单的传授知识的活动，真正具有教育性的教书活动是喻育人理念于其中的。鉴于此，在教师培训过程中，充分关注教师个人的素养问题，能较好地帮助参训教师重新诠释教书育人的含义，即素养不是简单地传授知识而是一种体现深层意义的育人活动。

三 教师培训中关注教师个人素养的策略

根据前文针对教师个人素养内涵的理解，我们认为，在教师培训过程中，可以通过以下四个方面强化对教师个人素养的关注。

（一）帮助教师将理论知识转换成教学实践

前有述及，理论知识是从各种个体实践经验中抽取出来的共性知识，是帮助人们思考问题的，而实践知识是结合某个体实践情景而产生的具有个性化的知识，其只能为人们的实践操作提供参考。也就是说，无论是理论知识，还是实践知识都是不能直接照搬照套的，需要教师结合自己的教学实际进行本土化后方能加以运用。因此，只是通过教师培训活动是不可能将理论知识直接转化为参训教师的教学实践的，其需要参训教师结合自己的教学实际进行本土化改造，这就是为什么每次调研都有教师反映在培训中学了那么多理论，好像都用不上，而且离教师个体的教学实践似乎还离得很远，但是每次组织培训内容改进时却又是效果不佳的真正原因。然而，虽然通过培训不能直接将理论知识转化教师的个体教学实践，但是我们可以做的就是帮助教师明白且认识到理论知识在指导教学实践时需要做哪些方面的思考，如何结合实际进行本土化。此外，还可以帮助教师将自己的教学实践经验提升为理论知识，从而提升参训教师的理论思考能力。

（二）帮助教师厘清个体素养的内容要素

虽然我国《教师法》规定了所有教师入职都必须获得入职资格证书，也就是说他们都是真正合格的人民教师，但从现实情况来看，其实很多老师都不清楚作为教师应该具备哪些最为基本的素养。这就要求，在教师培训活动中，应该重点帮助参训教师厘清作为教师必备的个体素养究竟包括哪些内容要素。因此，只有当他们明白了"何为素养？""素养有哪些？""如何提升素养？"等问题，才会为提升自己的素养做些具体有效的事情，否则就会停留在口号上，难以落到实处。

（三）开发与教师个体素养对应的培训课程

课程是实现教学活动的基础和前提。教师培训活动同样需要相应的课程作为支撑。目前，关于教师个体素养是什么的研究都还不够多，以致有关如何通过相关课程有效实现对教师个体素养的关注和培训的问题还是一个有待深入研究和探索的问题。因此，就当前的形势来看，急需开发一系列与教师个体素养相对应的培训课程，以便能有针对性地对教师个体素养加以有效关注并实施培训。

（四）帮助教师提炼自己的个人课程

教师个人素养具有主体性特征，其必须结合个体的思考和实践方能得以有效提升。因此，在教师培训过程中，在关注教师个体素养方面，是不能直接"给予"的，其需要结合教师个体的实际情况，通过不断的思考和实践，在行动中实现提升。具体来说，在实施培训过程中，可以通过帮助教师提炼自己的个人课程，为教师提升自己的素养创造条件或提供素材。因为，教师的个人课程本身就是指向自己的社会生活、专业发展、科学研究和教学实践的。可以说，教师个人课程的形成过程实际上也是其个体素养提升的过程。

第二节 培训理念上更应突显培训活动的实践指向性

从根本上来说，中小学教师培训的宗旨是为了更好地促进中小学教师专业发展，因此，中小学教师培训的最终落脚点也应聚焦在中小学教师发展问题上。然而，从教师专业发展来看，与作为普通社会人的发展不一样，中小学教师的专业发展需要根据中小学教师从事教育教学活动的实际情况，结合教育教学活动本身的特点，关注实践需要，解决实践问题。因此，中小学教师培训除了关注教师个人素养外，还应着重突显其实践指向性，即教育教学的实际情况，解决教育教学活动中的实际问题。这也正是我们立足中小学教师专业成长的实践性反思中小学教师培训模式改革的集中体现。在价值意义上，强调中小学教师培训突显培训活动的实践指向性,具有能更好地诠释教师参加培训的本质意蕴、能让教师培训更具针对性和实用性、能更好地调动教师参加培训的积极主动性等价值。在具体策略上,可以通过重新审视教师的实践素养;引导教师自主反思,增强教师专业成长动力;关注并解决实践问题,提高培训的实效性;基于教师专业成长实践性反思教师培训模式等方面加以落实。

一 教师培训中突显培训活动的实践指向性的基本含义

前已述及,所谓突显培训活动的实践指向性,是指在中小学教师培训中要着重基于中小学教师的教育教学实际、关注中小学教师的教育教学实践、解决中小学教师在从事教育教学活动中遇到的实际问题。因此,其反映了至少三个方面的含义:首先,突显培训活动的实践指向性是指要重点解决中小学教师在从事教育教学活动过程中所遇到的实际问题,也就是说,中小学教师培训的最终目的是促进中小学教师的专业发展,增加其教育教学能力,从而提升教育教学质量。从这个意义上来说,突显中小学教师培训活动的实践指向性实际上也是指向教学实践的。其次,要想在教师培训过程中真正解决中小学教师在教育教学中遇到的实际问题,那么所从事的教师培训活动必须是基于中小学教育教学实际的,无论是内容上,还是素材上,都要考虑到教师的教育教学实际,甚至是培训场所都可以考虑深入中小学教师的教学现场,如校内自主式教师培训、校际联盟式教师培训和教师个体式教师培训等。最后,中小学教师培训要求突显培训活动的实践指向性,并不排斥指导中小学教师对理论知识的理解和把握,因为理论知识的深度学习,能更好地指导其教育教学实践。此外,为了更好地突显培训活动的实践指向性,在具体内容上,要求不仅关注教师的实践技能的快速提升,更应关注教师的实践素养的养成。中小学教师的实践素养,一方面源于中小学教师对教育教学实践的反思和凝练;另一方面又是决定中小学教师能否很好地从事教育教学实践的关键性因素。

二 教师培训中突显培训活动的实践指向性的主要价值

依据中小学教师培训突显培训活动的实践指向性的含义理解，我们认为，中小学教师培训中突显培训活动的实践指向性至少具有如下三个方面的价值。

（一）能更好地诠释教师参加培训的本质意蕴

过去几年，受给予式教师培训模式的影响，各级各类在理解和实施教师培训方面有些认识上的偏差，导致无论是教师培训的组织者、实施者和参训者都没能完全理解教师培训的基本含义。就组织者而言，主要是提出培养的要求，落实培训的任务，但对具体怎么进行培训没有做明确的要求；就实施者而言，通常是一些培训机构或具有培训资格的高校，其在实施培训的过程中，由于缺乏对培训需求的分析，导致实施培训时"我行我素"；就参训者而言，被动接受的教师确实不少，其对培训需求本身也比较模糊，似乎能出来参加培训这一行为本身就能让其在自己的教师圈里"出人头地"，以致其对培训活动也没有什么特别的要求。显然，这些问题已经警示我们不得不对中小学教师培训进行彻底反思并加以合理改进。为了提高中小学教师培训的质量，我们必须考虑中小学教师培训的实践指向性，这从根本上决定了我们基于教师专业成长的实践性反思中小学教师培训模式的改革与创新的合理性和有效性。

（二）能让教师培训更具针对性和实用性

在给予式教师培训过程中，由于缺乏对教师需求的关注，导致培训内容缺乏针对性和适用性，其原因主要有三点：一是在给予式教师培训模式下，实施培训者对一些教师需求不了解；二是参训教师点单式的培训不好找与之对应的培训专家；三是培训过程中被动接受的参训教师确实不少，其对培训需求本身也比较模糊，似乎能出来参加培训这一行为本身就能让其在自己的教师圈里"出人头地"。随着新时代的基础教育对中小学教师专业发展提出的新要求，加上国务院发布的如《全面深化新时代教师队伍建设改革的意见》（2018年1月20日）等政策文件对中小学教师培训的相关规定,要求要"改进培训内容,紧密结合教育教学一线实际,组织高质量培训,使教师静心钻研教学,切实提升教学水平。推行培训自主选学,实行培训学分管理,建立培训学分银行,搭建教师培训与学历教育衔接的'立交桥'。建立健全地方教师发展机构和专业培训者队伍,依托现有资源,结合各地实际,逐步推进县级教师发展机构建设与改革,实现培训、教研、电教、科研部门有机整合。"[1] 可见,基于中小学教师专业的实践性反思中小学教师培训模式的改革与创新能增加教师培训活动的针对性和实用性。

（三）能更好地调动教师参加培训的积极主动性

基于中小学教师专业成长的实践性反思中小学教师培训的相关问题,能让整个培训活动真正落脚到教师专业发展的实际需求上来,以真正促进教师专业发展为目标,在关注教师教育教学实际、解决教师教育教学实际问题的同时,提升教师的个人素养;能让参训教师在参与培训过程中真正感受到参与培训的益处,从而增强中小学教师参与培训的积极主动性。首先,从培训内容上来说,其更关注中小学教师从事教育教学活动时必然遇到的实际问题,这让中小学教师需要且乐意参与;其次,就培训方式而言,更注重中小学教师的亲自参与性、自主性和主体性,这能增强中小学教师参训的主人翁意识;再次,就培训场所而言,其更强调中小学教师就近参与培训,如校际联盟、校内互动、个人自主等多种形式,更能满足教师参与培训的多样化需求;最后,从培训结果来看,其不仅关注实际问题的解决,还着重教师个人素养的提升。总而言之,基于中小学教师专业成长的实践性建立起来的中小学教师培训模式更能调动中小学教师参加培训的积极主动性。

三 教师培训中突显培训活动的实践指向性的具体策略

我们认为,可以从如下四个方面着手思考如何在中小学教师培训过

---

[1] 《中共中央 国务院关于全面深化新时代教师队伍建设改革的意见》,2018年1月31日,教育部网站,http://www.moe.gov.cn/jyb_ xwfb/moe_ 1946/fj_ 2018/201801/t20180131_ 326148.html。

程中突显培训活动的实践指向性。

（一）重新审视教师的实践素养

基于对教师专业发展的实践反思，结合教师专业成长的基本需求以及教师处理教育教学活动的实际情况，我们认为，所谓的重新审视教师的实践素养，实质上是指在对中小学教师进行培训的过程中，应从关注教师的实践操作转变为关注教师的实践智慧。这是对"长期以来将教师实践素养视为'理论指导下的技能'的反思，是对在实践教学中将理论与实践割裂并加以对立、崇尚技术性操作的一种反思"①。因为，教师的实践素养，不能直接等同于教师在理论指导下进行简单的技能操作，这种近似于机械化的运用与拿来主义者的"个人享乐"没啥两样。在教师的实践素养方面，除了包括教师对知识和技能的直接运用之外，还要涉及教师在个体主观能动性的作用下，对实践过程进行自我反思，对实践知识进行自我创造，从而真正实现教师的教学实践的自我改造。这就是所谓的教师必备的实践智慧。

（二）引导教师自主反思，增强教师专业成长动力

教师获得专业成长和发展的主要策略是反思。著名学者斯波纳认为教师专业主要从两个方面得以成长，一是教师自身原有的经验；二是教师的积极反思，教师的成长和发展与两者是密切相连的，是教师在积累丰富的教学经验的基础上进行不断的反思和改进。因此，在实施教师培训的过程中，首先，应引导教师学会自我反思，增强教师自主反思的意识，并形成自主反思的能力。其次，需要为教师提供并积极创造教师自主反思的平台和机会，通过一系列的培训活动和方式转变教师的思维方式，引导教师锻炼系统反思的能力。同时，要对教师运用反思的方法给予指导和说明。教师反思的途径主要有观摩教学活动、观看教学录像、撰写教学笔记和反思日记、公开课、教学研讨、课题研究、同伴交流和经验分享。在不同途径中引导教师抓住反思的重点和实质，学会运用反

---

① 杨燕燕：《教师实践素养观的变迁——兼论教师职前实践教学的目标变革》，《教育研究与实验》2012年第1期。

思并学会反观反思过程，提高反思实效，从而增强教师专业成长的动力。

（三）关注并解决实践问题，提高培训的实效性

根据教师专业发展理论的研究，提高教师培训的实效性理应是关注实践，以解决实践问题为导向。事实上，将关注实践、解决实践问题作为促进教师专业成长、提高培训的实效性的主要策略，并非仅仅是由其字面意义所决定的，最为根本的是由教师专业成长的实践性所决定的。因为，教师的专业成长是指向实践的，是一种实践性活动，其既反映了教师专业成长是面向教育教学实践的活动，也反映了教师的专业成长必须依赖教师的亲自实践，同时也反映了中小学教师的工作具有极强的实践性。因此，这正是体现了基于教师专业成长的角度来反思教师培训模式的改革与创新的根本所在。所以中小学教师培训必须坚持以教师专业成长的实践性为指导，必定要保持对中小学教师教育教学实践的"问题意识"，鼓励教师基于自身的实践环境和实际的教育教学情境，通过不断地增强发现问题的意识，提高解决问题的能力，使教师在经过培训之后对学到的内容可以达到创造性地学以致用，学用结合，从而满足教师提高自身教育教学的能力和实践智慧的增长，实现教师专业成长的主体性和内涵式发展，解决教师教育教学中实际问题的需要，最终使得教师培训的实效性得以提高。

（四）基于教师专业成长实践性反思教师培训模式

中小学教师专业成长与教师培训有着密切的内在关系，其中，教师专业成长是目标，而教师培训是手段，即组织教师培训不是目的，而通过教师培训促进教师专业发展才是真正的目的。若是基于教师培训反思教师专业成长，其思维起点是现有教师培训，这在理解"教师培训促进教师专业成长"命题时，有其局限性；反过来，基于教师专业成长的实践性，反思教师培训模式，则能更好地创新教师培训模式，能使教师培训更好地为促进教师专业成长服务。我们认为，实践性指向是内在于教师专业成长与教师培训之间的根本切合点。因此，在理解中小学教师培训与教师专业成长的内在关系时，应基于教师专业成长的角度来反思教

师培训模式，而不是基于教师培训反思教师专业成长。

第三节　培训模式上理应积极探索且践行内发自主式

基于对前述的当前教师培训内在的诸多现实问题的反思，我们认为，在探索教师培训模式上，应从"给予主导式"培训模式转向"内发自主式"培训模式。因为，教师专业成长所内含的实践性特征在根本上指引着教师培训模式的改革与创新。那么，为了与教师专业成长的实践性所切合，教师培训模式改革的思维起点必须是实现"给予主导式"培训模式转向"内发自主式"培训模式。

一　内发自主式培训模式的含义及类型

所谓"内发自主式"培训模式，其主要涉及两层含义：一是形式上的内发自主式，即对中小学教师的培训不能完全依靠"国培""省培"等荣誉性的培训项目将教师集中到某个指定地方学习的形式，毕竟能派出来的名额是有限的，而且正如很多老师所说，出来培训期间课时不好安排，因此教师的培训应该把重心放在激发各地方学校的内部动力上，如校本研修、校际交流等，[①] 而"国培"和"省培"只是诱发地方学校自主发展的内部动力的引子；二是实质上的内发自主式，即对中小学教师的培训不能依靠传统的给予主导式，而应该激起教师个体的主体性意识，养成自主反思的习惯，做到无论是面对理论知识，还是实践经验都不是照搬照套，而是结合自己的教学实际进行自我创新和改造。我们认为，"内发自主式"培训模式，主要包括：①县域内校际联盟式教师培训模式，即为了集中资源，根据就近原则，将一定区域内的几所相邻学校联合起来合作开展自主性的教师培训活动；[②] ②校内自主式教师培训

[①] 张淮江主编：《教师专业成长与教师培训》，东北师范大学出版社2012年版，"序"，第1页。
[②] 陈顺理：《探索县域教师培训新模式》，《中国教育学刊》2010年第7期。

模式，即在学校范围内，由学校或各教研组组织引领，各个教师轮流进行自主性的培训，以此分享彼此的经验；③参与式教师培训模式，即培训者创造一种适合互动、合作的场景，引导教师在活动中交流、反思;①④U-S合作式教师培训模式，即由中小学和大学合作进行一对一的有针对性的培训，等等。

二 教师培训中践行内发自主式培训模式的价值

中小学教师培训中践行内发自主式培训模式的主要价值有如下四个方面：

（一）调动教师专业发展的内部动力

虽然在不同时期都有相关教师专业发展方面的政策规定，但从根本上说，教师专业发展不是决定于国家出台的相关政策文件，而是因为教师所从事的教书育人活动需要教师首先要发展起来，方能在教育教学活动中得心应手。既然教师专业发展是由教育教学活动本身的性质决定的，那么，为了提高教育教学质量水平，教师必须主动寻求发展。尤其是在当今社会经济的快速发展对教育教学质量水平提出了更高要求的背景下，中小学教师若想适应时代的发展，在如此激烈的竞争中立足，就必须主动提升和丰富自己。这就决定了在中小学教师培训过程中，必须充分调动起中小学教师专业发展的内部动力。然而，我们所倡导的内发自主式教师培训模式能在很大程度上调动中小学教师专业发展的内部动力。因为，内发自主式教师培训模式本身就是针对当前已经存在的给予式教师培训模式所存在的"教师被动参与"的弊端提出来的，其要求教师积极主动地参与培训。

（二）缓解教师培训的供需矛盾

当前，从"国培计划"和"省培计划"的实施情况来看，中小学教师培训的供需差异还是比较大。2016年，贵州省"国培计划"共计培训

---

① 朱玲娟：《教师专业成长新论》，研究出版社2007年版，第233页。

/ 第九章　基于教师专业成长实践性的中小学教师培训模式的改革创新之路 /

中小学教师、幼儿园教师、校（园）长86608人[①]，2017年培训7万多人[②]。对50多万中小学教师队伍而言，能够参加"国培计划"培训项目教师数量还算少数。也就是说，不可能让那么多教师人人都有参加培训的计划，这或许也是近年来"骨干教师培训"比较流行的原因之一。显然，内发自主式教师培训模式要求充分发挥中小学教师参与培训的积极主动性，很好地利用其地域优势，鼓励教师在当地结合教师教学实践的实际需要进行自主组织培训，从而满足所有中小学教师都能参与培训的需要。因此，从这个意义上说，内发自主式教师培训模式能较好地缓解中小学教师培训的供需矛盾。

（三）真正落实教师培训的实践取向

相比给予式教师培训模式而言，内发自主式教师培训模式更能体现教师培训的实践取向。内发自主式教师培训模式的根本性特征就是调动中小学教师参与培训的内部动力，激发其在培训过程中的积极主动性。诚然，对中小学教师来说，其积极主动性的发挥主要源于其教育教学实践中面临的问题需要解决，而参加培训就是帮助其解决教学实践中的现实问题。因此，内发自主式教师培训模式能在关注和解决实践问题中真正落实教师培训的实践取向。

（四）重新诠释理论与实践的关系

前已述及，很多一线教师反映：一方面，培训的理论知识难以付诸实践教学，即理论知识难以实践化；另一方面，培训中习得的一些实施效果较好的实践教学经验难以切实运用在自己的课堂教学中，即实践经验难以本土化。其实，问题的根源不在理论知识和实践经验本身，而在于教师们缺乏一种本土化的自主反思意识。这就意味着，在中小学教师培训过程中，有必要认识和处理好理论与实践的关系。首先，就理论知

---

① 《贵州省2016年教育年鉴》，2017年9月11日，贵州省教育厅，http：//www.gzsjyt.gov.cn/zwgk/xxgkml/tjxx/201805/t20180525_3041724.html。
② 《贵州省2017年教育年鉴》，2018年9月10日，贵州省教育厅，http：//www.gzsjyt.gov.cn/zwgk/xxgkml/tjxx/201901/t20190129_3392636.html。

识而言，是从个体认识中抽取出来共性认识，而这种共性认识自从其具体情景中抽取出来时就已经远离了具体情景，且不受具体情景的制约。这就决定了理论知识与具体实践情景之间必然存在一定的距离，也就是说，理论知识在指导和运用于实践时，是不能直接套用的，还需要结合具体实践情景进行具体化改造过程。其次，就实践经验而言，它是个体在某种特定情景形成的个性化的经验，是一种个性化的认识，当其被迁移到其他情景下，解决其他问题时，由于所处具体情景的差异，同样是不能生搬硬套的，其仍然需要结合具体情景进行本土化改造后，方能加以运用。因此，无论是理论知识还是实践知识都需要中小学教师结合自己的教学实践加以本土化改造后方可有效运用。

三 教师培训中践行内发自主式培训模式的策略

根据内发自主式教师培训模式重在调动参训教师的内部动力的特点，决定了其实施策略应该重点考虑参训教师的实际情况，以激发其参与培训的积极主动性为思考问题的核心。鉴于此，我们认为，中小学教师培训中践行内发自主式培训模式可从如下四个方面思考其策略。

（一）立足本土资源开展培训

所谓立足本土资源开展培训，就是指为了更好地关注教师的教学实践，解决教师在教学中遇到的实际问题，根据中小学教师所在学校的有限资源条件开展培训，其着重解决的是培训内容的切实性和问题解决方式的本土性。换句话说就是帮助中小学教师如何充分利用身边的可利用资源有效解决教学中的实际问题。对于一个教师来说，尤其是农村地区的中小学教师，在当前状态下，根本没有那么多机会和条件引进外来先进的现代化教学手段，或者说其现代化信息素养水平本身还有待提高，那么如何帮助其积极开发和利用身边的有限资源解决自己在教学实践中需要的各种问题则尤为重要且必要。比如，帮助中小学教师如何利用日常生活中的废旧物品制作教具学具，如何利用当地的风土人情、乡土文化、地理环境等补充教学内容，从而达到更好的育人效果等。

(二) 鼓励校际联盟培训

前面述及过，所谓校际联盟式培训，就是由多所相邻学校共同组成一个联盟，在校际之间开展合作，实现资源共享、合作双赢、抱团取暖的效果。开展校际联盟式教师培训，至少能有效解决三个问题：一是在每个学校的资源条件都有限（如农村薄弱学校）的情况下，实现抱团取暖的效果；二是可以鼓励学校之间相互合作，增进交流，互为补充，实现资源共享；三是校际联盟式教师培训更重要的是还能营造一种良好的培训氛围，起到相互提醒、监督和鼓励的作用。根据实地调研发现，校际联盟式教师培训在调动中小学教师内部动力、激发其参与培训的积极主动性方面有很好的效果。

(三) 引导教师开发个人课程

教师个人课程是教师个体专业发展的根本性基础和前提。所有学习资源都必须转化为教师的个人课程，方能有效促进教师的专业发展和解决教师的教育教学实际问题。教师个人课程的开发和运用都需要在教师的主观能动性的参与下，自主建构完成，任何外在的力量在形成教师个人课程过程中都只是起辅助性作用，由此决定了教师个人课程的自主性、亲历性和个体指向性等特点。因此，为了更好地促进教师专业发展，提升教师的专业素养，那么在践行内发自主式教师培训模式过程中，就应该主动帮助中小学教师认识和理解教师个人课程，引导他们自主开发和设计自己的个人课程。

(四) 视教师参训为责任，而不仅是福利

近年来，培训者们更多关注的是培训如何成为教师的荣誉和福利，比如说名教师培训、骨干教师培训、名校长培训等都是只有被选拔出来的教师才能参加培训，以致组织培训成了让少部分教师"成名"的路径。本来，这种靠帮助部分教师成名而拉大教师专业发展内需的想法是不错的，但是对如此海量的教师队伍而言，每次几十、几百人次的培训也只是几十万、几百万教师队伍中少数人的福利。那么对于大多数教师而言，要么是没机会，要么是在多次"受挫"之后，无心再争。事实上，就目前培训的实际情况来，那种人在培训室却心在外的现象不乏少数。下面是无意中收集到的有关培训者与参训教师的"熟人"意义上的对话：

  培训者：现在培训工作也不好做啊！
  参训教师：是吗？我看你们组织培训的积极性挺高的。
  培训者：高吗？其实都是任务而已。
  参训教师：哦。
  培训者：你知道吗？为什么每次准备了那么多丰富的培训内容，可认真听课的老师还是不多哦，我看好多参训老师都在课上玩手机、刷微信。真搞不懂。
  参训教师：其实，他们讲的很多道理我们都清楚，不清楚的离我们又远。
  培训者：那你为啥还来参加培训啊？
  参训教师：校长希望我成为骨干教师。
  ……

  从这段对话来看，其中最突出的观点就是：培训者认为，组织培训是给教师送福利，只要他们来参加就行了，似乎对参训教师是主动参与还是被动参与这个问题不怎么关心。显然，这对帮助教师成长来说，确实是福利，但是作为培训者更应该思考的是参训教师为什么要来参加培训，他们究竟需要什么。这就好比现在你准备了一桌美食请人吃饭，可是最终因为各种原因，前来捧场的却没几个人。这要是在20年前，请人吃个馒头都会是受欢迎。究其根本原因是现在人们不缺吃的了，而为了吃一餐饭还得牺牲更多陪伴家人的时间，大家都不愿意了。这就不难理解为什么会出现对话中培训者抱怨的现象了。因为，在当前教师的整体教学水平较高，且已经能够正常应付自己的教学活动的情况下，对于那种给予式的福利性培训，教师们会有若干个理由拒绝。记得笔者于2002年8月刚从村小被抽调到镇中心完小任小学英语教师时所参加的那次"岗前"培训，心中怀着无比的期待和激动，整个培训过程都很主动，生怕落下某一个环节而遗憾。那是因为当时还未上过小学英语这门课程，只是有一些英语基础，还难以驾驭整个英语课堂，因此参加那次培训可谓是雪中送炭。

因此，在现在这种大家都能正常应对教学活动的情况下，参加培训就不是每个教师都能够主动接受的必须活动。那么，给予式的福利性培训是难以解决教师的参训动力的。这就需要通过一定策略，一方面充分了解和关注教师真正需要什么；另一方面引导教师充分意识到参加培训是自己作为一名教师的基本责任，是帮助自己更好地凭着良心育人的必需环节。

第十章

基于教师专业成长实践性的
教师培训模式的操作细则

如想更好地实施基于教师专业成长实践性的教师培训模式,深入探索基于教师专业成长实践性的教师培训模式的操作细则就尤显必要。本章节在探讨操作细则编写结构的基础上,详细阐述县域内校际联盟式教师培训模式的操作细则、校内自主式教师培训模式的操作细则、参与式教师培训模式的操作细则、U-S合作式教师培训模式的操作细则,为在实践中具体实施各个培训模式提供可操作性的参考和启示。

第一节 操作细则的编写结构

根据教师专业成长实践性的特点,结合教师培训的实际,我们认为,基于教师专业成长实践性的教师培训模式应该包括指导思想、理论基础、操作原则和操作流程四个方面。

1. 指导思想

所谓指导思想,是指导教师培训模式的理论建构和制定、实施操作细则的基本思路与观念,是整个模式运行的灵魂,其决定了基于教师专业成长实践性的教师培训模式得以展开的主基调。根据教师专业成长实践性的具体表现情况,基于教师专业成长实践性的教师培训模式的指导思想,除了立足实践,于实践中解决问题这一共性因素外,不同类型的培训模式又各自表现出其特殊的因素。比如，县域内校际联盟式教师培训还需要兼顾校间的合作共赢和追求校际间的协同发展；校内自主式教师培训模式还需要突显教师主体和追求教师和学校的统一发展；参与式教师培训模式还需强调教师平等、自主参与和关注教师在已有经验背景下自主建构；U-S 合作式教师培训模式还需要实现合作共生和追求教育理论与实践的有机结合。

2. 理论基础

所谓理论基础，实质是指为基于教师专业成长实践性教师培训模式提供理论依据。根据赞可夫的教学观点，在教学（培训）过程中，理论知识应起指导作用。为了能更好地支持各培训模式的实施，我们结合各个培训模式的特点，探索了各自的理论基础。如县域内校际联盟式教师培训的支持理论就有战略联盟理论和教师专业学习共同体理论；校内自主式教师培训的支持理论有自主学习理论、学校组织氛围理论和教师专业发展理论；参与式教师培训的支持理论有主体性理论、建构主义理论和体验式学习理论；U-S 合作式教师培训的支持理论有教师专业发展理论、交易成本理论和共生理论。

3. 操作原则

所谓操作原则，是指人们说话、行事所依据的准则。针对教师专业成长实践性的不同类型的教师培训模式，我们探索了不同的操作原则。除了每个模式都必须坚持的实践性这一共性原则外，不同类型的培训模式又有其特殊原则。如县域内校际联盟式教师培训的操作原则还有平等自愿原则、互补性原则和相对独立性原则；校内自主式教师培训的操作原则还有针对性原则、灵活性原则和自主性原则；参与式教师培训的操作原则还有平等参与性原则、建构性原则和体验性原则；U-S 合作式教师培训的操作原则还有平等自愿原则、互补性原则和相对独立性原则。

4. 操作流程

所谓操作流程，是为基于教师专业成长实践性的教师培训模式提供一种具体操作的线路。结合组织教师培训的实际，我们把操作流程大致确定为三个阶段,即前期准备阶段、具体实施阶段和总结评价阶段。根据每个教师培训模式的特殊性,我们设计了每个教师培训模式在具体操作阶段的主要事项,供人们参考。具体如下:

(1) 县域内校际联盟式教师培训

前期准备阶段:

①构建校际联盟培训组织机构

②了解联盟学校和教师的培训需求

③建立共同目标和任务

④制订培训计划

具体实施阶段:

①创设校际联盟培训的运行机制

②建立校际联盟培训的管理机制

③创设校际联盟培训的保障机制

总结评价阶段:

①确定培训评价方案

②收集整理分析信息

③形成评价总结

(2) 校内自主式教师培训

前期准备阶段:

①建立培训组织机构

②培训需求分析

③确定培训目标和任务

④制订培训计划

具体实施阶段:

①调动积极性

②突显学校特色

③发挥优秀教师的引领作用

④实施过程监控

总结评价阶段：

①确定培训评价方案

②收集整理分析信息

③形成评价总结

（3）参与式教师培训

前期准备阶段：

①培训需求分析

②确定培训目标和任务

③制订培训计划

具体实施阶段：

①调动积极性

②尊重个体差异

③采用多样化参与形式

④营造积极氛围

⑤实施过程监控

总结评价阶段：

①确定培训评价方案

②收集整理分析信息

③形成评价总结

（4）U-S合作式教师培训

前期准备阶段：

①构建U-S合作式培训组织机构

②培训需求分析

③拟订目标和任务

④制定培训计划

具体实施阶段：

①构建U-S合作的管理机制

②确立U-S合作的运作机制

③构建 U-S 合作的保障机制

总结评价阶段：

①确定培训评价方案

②收集整理分析信息

③形成评价总结

第二节　四个操作细则

根据本研究探索的基于教师专业成长实践性的教师培训模式的操作细则的编写结构，形成了下列四个操作细则：

1. 县域内校际联盟式教师培训模式的操作细则

（具体内容详见附录1）

2. 校内自主式教师培训模式的操作细则

（具体内容详见附录2）

3. 参与式教师培训模式的操作细则

（具体内容详见附录3）

4. U-S 合作式教师培训模式的操作细则

（具体内容详见附录4）

参考文献

一 中文文献

（一）著作类

徐岑：《徐文长》，人民教育出版社1962年版。

黑格尔：《哲学史讲演录》（第1卷），商务印书馆1981年版。

《马克思恩格斯全集》（第40卷），人民出版社1982年版。

中共甘肃省委党校图书资料室：《毛泽东八篇著作词语注释》，甘肃人民出版社1983年版。

[德] 胡塞尔：《现象学的观念》，倪梁康译，上海译文出版社1986年版。

鹤见和子、川田佩编著：《内生性发展理论》，东京大学出版会1989年版。

叶澜：《教育研究及其方法》，中国科学技术出版社1990年版。

《毛泽东选集》（第2卷），人民出版社1991年版。

王秋绒：《教师专业社会化理论在教育实习设计上的意义》，师大书苑1991年版。

施良方：《课程理论——课程的基础、原理与问题》，教育科学出版社1996年版。

饶见维：《教师专业发展理论与实务》，五南图书出版公司1996年版。

吴康宁：《教育社会学》，人民教育出版社1998年版。

胡昭曦：《宋史论集》，西南师范大学出版社 1998 年版。

[瑞士] 让·皮亚杰：《人文科学认识论》，郑文彬译，中央编译出版社 1999 年版。

陈永明：《国际师范教育改革比较研究》，人民教育出版社 1999 年版。

钟启泉、崔允漷等主编：《为了中华民族的复兴 为了每位学生的发展〈基础教育课程改革纲要（试行）解读〉》，华东师范大学出版社 2001 年版。

叶澜：《教师角色与教师发展新探》，教育科学出版社 2001 年版。

傅道春：《教师的成长与发展》，教育科学出版社 2001 年版。

王炳书：《实践理性论》，武汉大学出版社 2002 年版。

黄甫全：《新课程中的教师角色与教师培训》，人民教育出版社 2003 年版。

教育部示范教育司编：《教师专业化的理论与实践》，人民教育出版社 2003 年版。

孙宏安：《自主学习的理论与实践》，开明出版社 2003 年版。

陈永明：《现代教师论》，上海教育出版社 2003 年版。

陈永明：《教师教育研究》，华东师范大学出版社 2003 年版。

[加] 马克斯·范梅南：《生活体验研究——人文科学视野中的教育学》，宋光文登译，教育科学出版社 2003 年版。

[古希腊] 亚里士多德：《尼各马可伦理学》，廖申白译注，商务印书馆 2003 年版。

[法] 布迪厄、[美] 华康德：《实践与反思：反思社会学导引》，李猛、李康译，中央编译出版社 2004 年版。

赵昌木：《教师成长论》，甘肃教育出版社 2004 年版。

赵中建主编：《学校文化》，华东师范大学出版社 2004 年版。

《现代汉语词典》（第 5 版），商务印书馆 2005 年版。

刘永中、金才兵主编：《培训课程设计全案》，南方日报出版社 2005 年版。

[美] 帕克·J. 帕尔默：《教学勇气——漫步教师心灵》，吴国珍译，华东师范大学出版社 2005 年版。

王少非：《新课程背景下的教师专业发展》，华东师范大学出版社2005年版。

周赞梅：《专家教师研究》，知识产权出版社2006年版。

陈嘉明：《现代性与后现代性十五讲》，北京大学出版社2006年版。

丁念金：《课程论》，福建教育出版社2006年版。

邓泽民、侯金柱：《职业教育教材设计》，中国铁道出版社2006年版。

陈永明：《国际师范教育改革比较研究》，人民教育出版社2006年版。

申继亮：《教学反思与行动研究——教师发展之路》，北京师范大学出版社2006年版。

彭国甫主编：《马克思主义原著选读》，湘潭大学出版社2007年版。

［美］乔治·J. 波斯纳：《课程分析》（第三版），仇光鹏等译，华东师范大学出版社2007年版。

朱玲娟主编：《教师专业成长新论》，研究出版社2007年版。

王洁、顾泠沅：《行动教育：教师在职学习的范式革新》，华东师范大学出版社2007年版。

胡谊：《成长的阶梯——成为专家教师之路》，华东师范大学出版社2008年版。

胡小勇：《案例研究的理论与实例》，南京师范大学出版社2008年版。

［德］哈贝马斯：《理论与实践》，郭官义、李黎译，社会科学文献出版社2010年版。

单中惠：《教师专业发展的国际比较》，教育科学出版社2010年版。

李方、钟祖荣：《教师培训研究与评论：第1辑》，北京师范大学出版社2010年版。

徐向东：《实践理性》，浙江大学出版社2011年版。

陈时见：《教师教育课程论历史透视与国际比较》，人民教育出版社2011年版。

张淮江主编：《教师专业成长与教师培训》，东北师范大学出版社2012年版。

兰军主编：《基于教师发展的中小学教师培训模式研究》，华中科技大学出版社 2012 年版。

蔡清田：《课程发展与设计的关键 DNA 核心素养》，五南图书出版股份有限公司 2012 年版。

董新良、刘刚：《课程设计概论》，山西教育出版社 2012 年版。

杨国荣：《人类行动与实践智慧》，生活·读书·新知三联书店 2013 年版。

董静：《课程变革视阈下的教师专业发展》，中央编译出版社 2013 年版。

张典兵、马衍：《教师专业成长研究引论》，光明日报出版社 2013 年版。

刘波：《从新手到研究型教师：我的专业成长手记》，宁波出版社 2013 年版。

褚继平：《让教师感受生命涌动与专业成长——基于新农村教师专业发展多元评价的新探索》，上海远东出版社 2013 年版。

（春秋）晏婴：《晏子春秋：白话版》，杨有庆编译，敦煌文艺出版社 2014 年版。

潘世祥编著：《基于创新的教师培训模式的研究与实践》，清华大学出版社 2014 年版。

周福盛、吴红军：《西部农村教师培训的实践与研究》，宁夏人民出版社 2014 版。

金本能编著：《优秀教师的专业成长之路》，安徽师范大学出版社 2015 年版。

杨泉良、许占权：《教师从业要求与继续教育》，武汉大学出版社 2017 版。

和学新：《课程改革：新世纪的国际视野》，中国社会科学出版社 2018 年版。

方贤忠：《备课：基于教师的专业成长》，华东师范大学出版社 2018 年版。

席梅红：《中小学教师专业发展实践指导体系建构》，广东高等教育出版社 2018 年版。

申秀英等:《教师培训模式创新研究与实践》,光明日报出版社 2019 年版。

王北生主编:《教师培训模式创新研究:基于"国培计划"的实践探索》,人民教育出版社 2019 年版。

李百艳:《发展中的教师校本培训模式——建平实验中学建校以来的探索》,上海教育出版社 2019 年版。

(二) 期刊论文类

欧阳湘:《教师之心理学的素养》,《教育杂志》1948 年第 10 期。

王金福:《主体论与反映论》,《学术月刊》1987 年第 11 期。

陈卫平:《内发性发展理论述评》,《山东师范大学学报》(社会科学版) 1993 年第 6 期。

有宝华:《远距离教育的新模式:分散教育》,《外国教育资料》1994 年第 2 期。

罗水清:《终生教育在国小教师专业发展的意义》,《研习资讯》1998 年第 4 期。

[美] 李·S. 舒尔曼、王幼真、刘捷编译:《理论、实践与教育的专业化》,《比较教育研究》1999 年第 3 期。

倪梁康:《现象学运动的基本意义——纪念现象学运动一百周年》,《中国社会科学》2000 年第 4 期。

钟启泉:《教师"专业化":理念、制度、课题》,《教育研究》2001 年第 12 期。

郑金洲、俞海燕:《认识校本培训》,《中小学管理》2001 年第 9 期。

庞维国:《论学生的自主学习》,《华东师范大学学报》(教育科学版) 2001 年第 2 期。

刘慧芳:《国外中小学教师在职教育和培训的比较与启示》,《教育探索》2001 年第 11 期。

郭晓明:《论教学论的实践转向》,《南京师大学报》(哲学社会科学版)

2002年第2期。

申继亮、费广洪、李黎：《关于中学教师成长阶段的研究》，《天津师范大学学报》（基础教育版）2002年第3期。

万福：《校本教师培训模式研究》，《教育研究》2002年第1期。

郤海霞：《20世纪90年代以来我国学者对国外教师教育研究综述》，《比较教育研究》2003年第1期。

陈向明：《实践性知识：教师专业发展的知识基础》，《北京大学教育评论》2003年第1期。

于建川：《国外教师校本培训的经验及其启示》，《中小学教师培训》2003年第2期。

刘洁：《试析影响教师专业发展的基本因素》，《东北师范大学学报》（哲学社会科学版）2004年第6期。

高春香：《美国教师继续教育实践特点的初步探寻》，《继续教育》2004年第3期。

冯恒：《从美国继续教育的特点看我国继续教育发展的策略》，《世界教育信息》2004年第3期。

郑友训：《"高原期"：教师专业成长必须逾越的平台》，《当代教育科学》2005年第11期。

钟浩樑：《创新教师培训模式 适应教师专业发展》，《教育导刊》2005年第2期。

朱小曼、张男星：《跟进知识社会：现代教学理论中的几个基础性问题》，《教育学报》2005年第1期。

曾琦：《参与式教师培训的理念及实践价值》，《全球教育展望》2005年第7期。

马兆兴：《对重构教师培训实践课程的思考》，《教育理论与实践》2005年第2期。

张国胜：《国外教师在职培训发展的趋势对我国教师继续教育的启示》，《继续教育研究》2005年第2期。

裴跃进：《国外教师专业发展的五种模式简介及对我们的启示》，《中小学教师培训》2006年第11期。

杨骞：《教师专业发展"五步曲"》，《教育研究》2006年第4期。

赵瑞情、范国睿：《实践智慧与教师专业发展》，《教育导刊》2006年第7期。

姜勇：《论教师的课程意识及其唤醒》，《教育理论与实践》2006年第9期。

赵春娟：《论教师素养新内涵》，《教育探索》2006年第2期。

谭兆敏、段作章：《国外教师在职培训模式的比较研究与启示》，《继续教育研究》2006年第1期。

钟启泉：《教学实践与教师专业发展》，《全球教育展望》2007年第10期。

丛英姿、刘慧芳：《发达国家中小学教师在职培训的特点》，《当代教育科学》2007年第11期。

徐娟：《以中小学为基地：英国教师培训模式及其启示》，《大学教育科学》2007年第1期。

朱光明：《透视教育现象学——论教育现象学研究中的三个基本问题》，《外国教育研究》2007年第11期。

王德军：《人的活动目的性分析》，《江汉论坛》2007年第4期。

詹青龙、祝智庭：《教师培训的新思路：培训课程活动化》，《教育发展研究》2007年第22期。

杨钦芬、刘桂辉：《论新课程情境下教师培训模式的转换》，《成人教育》2007年第1期。

邬志辉：《论教育实践的品性》，《高等教育研究》2007年第6期。

王晓燕：《关于农村教师能力培训的创新模式研究——基于国际比较的视角》，《江苏教育研究》2008年第11期。

杜静：《比较视阈下教师在职培训的特征分析》，《河北大学成人教育学院学报》2008年第1期。

王敏勤：《"同课异构"教学反思例谈》，《中国教育学刊》2008 年第 6 期。

张喜萍、韩清林、杨红：《以基础教育课程改革为背景的教师知识结构优化途径探讨》，《教育研究》2008 年第 8 期。

陈向明：《理论在教师专业发展中的作用》，《北京大学教育评论》2008 年第 1 期。

李瑾瑜、李泽林、郝德贤：《中小学教师培训模式改革的创新与实践》，《中小学教师培训》2008 年第 1 期。

张喜萍、韩清林、杨红：《以基础教育课程改革为背景的教师知识结构优化途径探讨》，《教育研究》2008 年第 8 期。

张德勤：《"教学做合一"教师培训模式的实践与研究》，《课程·教材·教法》2009 年第 2 期。

英配昌、孙克红：《论中小学教师非学历教育的变革》，《教师教育研究》2009 年第 3 期。

朱玉东：《反思与教师的专业发展》，《教育科学研究》2003 年第 11 期。

陈斐：《教师专业成长中的"高原状态之质性研究"》，《教育探索》2009 年第 6 期。

魏建培：《教师专业成长途径：教育自传》，《教师教育研究》2009 年第 3 期。

吴永军：《谈谈新课改背景下中小学校际合作共同体》，《江苏教育研究》2009 年第 12 期。

杜芳芳：《校际互动：学校优质与均衡发展的新思路》，《教育发展研究》2009 年第 24 期。

詹泽慧、李晓华：《混合学习：定义、策略、现状与发展趋势——与美国印第安纳大学柯蒂斯 邦克教授的对话》，《中国电化教育》2009 年第 12 期。

宋鑫：《数字化时代生存问题的马克思主义哲学回应》，《齐齐哈尔大学学报》（哲学社会科学版）2009 年第 5 期。

龙宝新：《对当前我国教师教育中存在的"钟摆"倾向的反省》，《教师教育研究》2009年第1期。

田季生：《关于远程教育教师专业成长途径的创新认识》，《开放教育研究》2009年第6期。

徐巧英：《参与式教师培训课程有效实施的理性思考与实践探索——广西PTT子项目课程建设专题报告》，《广西教育学院学报》2009年第4期。

田守春、郭元婕：《OECD"教师教学国际调查项目"（TALIS）评析及启示》，《外国教育研究》2009年第11期。

郭维平：《小学教师培养培训模式的改革与优化——基于高校与地方合作联盟的建立》，《浙江教育学院学报》2010年第2期。

陈顺理：《探索县域教师培训新模式》，《中国教育学刊》2010年第7期。

孙海源：《通过课程改革推动中小学教师培训模式的创新》，《当代教育论坛》2010年第7期。

李莉春、孙海兰：《教师实践性知识之生成过程：一项案例研究》，《全球教育展望》2010年第3期。

张晓东、李蕊、刘念禹：《国外教师继续教育研究综述》，《继续教育研究》2010年第8期。

张楚廷：《课程"回归生活"吗——论课程与生活的关系》，《课程·教材·教法》2010年第5期。

王金涛：《凸显教师主体性的教师培训策略剖析》，《中小学教师培训》2011年第12期。

郭绍青、张乐、陈莹：《网络环境支持的参与式教师培训策略研究》，《中国电化教育》2011年第12期。

李森、陆明玉：《论教学论的实践性与实践教学论》，《西南大学学报》（社会科学版）2011年第2期。

程先国：《县域中小学教师培训模式改革的创新构想》，《师资建设》

2011 年第 5 期。

朱拥军：《中小学师资培训研究综述》，《人力资源管理》2011 年第 6 期。

孙二军：《浅析中外中小学教师培训模式改革的现状及趋势》，《新西部》2011 年第 32 期。

林琳：《国外教师继续教育的特点及其启示》，《继续教育研究》2011 年第 9 期。

常宝宁：《教师培训的现实困境与对策》，《现代教育管理》2011 年第 4 期。

李国华、王莲蓉：《多种 李形式的"同课异构"》，《教学与管理》2011 年第 7 期。

杨燕燕：《教师实践素养观的变迁——兼论教师职前实践教学的目标变革》，《教育研究与实验》2012 年第 1 期。

丁念金：《课程内涵之探讨》，《全球教育展望》2012 年第 5 期。

方娇、梁敏：《我国教师专业发展研究综述》，《教育教学论坛》2012 年第 15 期。

刘健智、毛婷：《国外中小学教师在职培训研究综述》，《湖南中学物理》2012 年第 1 期。

蒋维加、周赞梅：《论农村中小学教师培训课程体系的构建》，《当代教育理论与实践》2012 年第 1 期。

葛柄含、孙建民：《国外大学与中小学合作培训教师的新模式及其启示》，《中国电力教育》2012 年第 1 期。

胡庆芳：《中小学教师培训转型发展的理论基础及实践走向》，《当代教育论坛》2012 年第 2 期。

周文杰、魏政莉：《国外教师培训研究现状述评：基于知识图谱分析》，《教师教育研究》2012 年第 4 期。

孙二军、郝瑜：《教师培训模式系统设计及改革策略》，《中国教育学刊》2012 年第 8 期。

赵思林、彭家寅、潘超：《"导—研—行"教师培训模式与实践》，《内江师范学院学报》2012年第8期。

李志超：《实践理性投射下的教师课程理解》，《教育理论与实践》2013年第25期。

陈向明、王志明：《义务教育阶段教师培训调查现状、问题与建议》，《开放教育研究》2013年第4期。

韩萍、李忠军：《参与式教师培训的理念及实践策略》，《现代教育管理》2013年第1期。

于冰、于海波：《教师个人课程：前提假设、基本内涵与实践价值》，《当代教育科学》2013年第15期。

于海波：《论教师的课程智慧》，《教育理论与实践》2013年第22期。

张慧军：《英美教师在职培训模式及其对我国教师培训的启示》，《师资建设》2013年第17期。

杜尚荣、郑慧颖、李森：《再论教学本质：复合型特殊交往说——兼论基于人文关怀的教学价值取向》，《现代教育管理》2013年第3期。

曹永国、母小勇：《教师实践智慧的生存论意涵》，《南京社会科学》2013年第11期。

王道福、蔡其勇：《"国培计划"教师培训"知识—能力—实践—体验"模式建构》，《课程·教材·教法》2013年第7期。

张梅：《主体论的终结》，《中国社会科学院研究生院学报》2014年第5期。

曹永国：《从实践主义到实践理性：教师自我专业发展的一个现代取向》，《南京社会科学》2014年第7期。

费振新：《中小学教师培训存在的问题及对策》，《教育探索》2014年第2期。

曹永国、母小勇：《教师实践智慧的始源性重审》，《教育理论与实践》2014年第4期。

吕敏霞：《河南省实施"省培计划"的成效、问题与改进建议》，《河南教育学院学报》（哲学社会科学版）2014年第6期。

解书、马云鹏：《"任务驱动式"教师高端培训模式的实践探索》，《教育研究》2014年第12期。

王北生、任青华：《"国培计划"教师培训模式的优化及创新》，《中国教育学刊》2014年第9期。

何泳忠：《改革教师培训模式促进教师专业化发展》，《教育研究》2014年第1期。

王艳霞、王艳娟、王少端：《以教研组为载体的研究型教师专业成长策略》，《中小学教师培训》2014年第2期。

余莲：《个性化教师培训的反思及策略》，《高等继续教育学报》2014年第2期。

陈全英：《实践性知识：新教师专业成长的基石——源于一项案例分析》，《宁波教育学院学报》2015年第2期。

吴鹏泽：《基于视频公开课的翻转课堂教师培训模式》，《中国电化教育》2015年第1期。

辛继湘、李金国：《从"静听—接受"到"研究—体验"——中小学教师培训模式的变革》，《中小学教师培训》2015年第1期。

陈娜娜、蔡丽红：《基于SECI模型的教师培训模式研究》，《教学与管理》2015年第30期。

周雪菲、冯莉、孟庆霞：《创新实践性教师培训模式 为教师专业成长提升引航——黑龙江省教育学院教师培训实践性成果》，《中小学教师培训》2015年第1期。

杨秀富、付茁：《"四环节螺旋式"教师培训模式的运用及优势》，《教学与管理》2015年第30期。

唐烨伟、王梦雪、庞敬文、钟绍春、王伟：《混合学习环境下智慧型教师培训模式研究》，《电化教育研究》2015年第8期。

李茜：《天津市"265工程"农村骨干教师培训模式行动研究》，《中小学教师培训》2015年第4期。

蔡文丰:《个性化教师培训模式建构策略分析》,《中学政治教学参考》2015年第36期。

茹红忠:《中小学教师继续教育培训结果的影响因素研究》,《南昌师范学院学报》(社会科学版)2015年第8期。

王艳丽、程云:《中小学教师培训的冷思考:基于实践导向的视角》,《软件导刊》(教育技术)2015年第11期。

罗梅兰:《教师专业成长培训模式的实践策略探析》,《数学学习与研究》2015年第9期。

郭文良、和学新:《课程研究的实践取向及其路径选择》,《全球教育展望》2015年第9期。

袁强:《教师个人课程:内涵、价值及其实现策略》,《课程·教材·教法》2016年第11期。

杨振权、高旭、金岩:《凸显教师主体性的教师培训对策研究》,《沈阳建筑大学学报》(社会科学版)2016年第3期。

李运福、杨晓宏:《基于大数据分析的O2O教师培训模式研究》,《中国电化教育》2016年第12期。

杨文登、谈心:《教师实践智慧的五种常见误解及其澄清——基于循证教育学的视角》,《教师教育研究》2016年第4期。

张晓瑜:《教师个人有机课程观的建构:基于过程哲学视角的分析》,《教育研究》2016年第5期。

蔺红春、徐继存:《论学校课程建设的文化自觉》,《教育理论与实践》2016年第34期。

王晓云:《关注教师培训的真需求》,《中国教育学刊》2016年第12期。

刘晓燕:《教师教育课程的实践取向:基于默会知识的思考》,《教育探索》2016年第1期。

魏建培:《论教师个人知识的生成》,《教师教育研究》2016年第1期。

廖艳辉、王强:《基础教育阶段教师素养自我评价指标体系研究》,《教学与管理》(理论版)2016年第3期。

李刚、吕立杰：《知识视角下的 U-S 合作审思：一种多层次的分析框架》，《教育理论与实践》2017 年第 10 期。

孙惠利：《"三位一体"协同创新教师培训模式探究》，《教育评论》2017 年第 5 期。

黄良春：《立足课堂，实践反思，提升教师研究力——实践反思性骨干教师培训模式的设计与思考》，《中小学教师培训》2017 年第 4 期。

毋丹丹：《论教师专业发展的特质及其实践路径》，《教师教育研究》2017 年第 3 期。

朱益明：《改革中小学教师培训的原则与策略》，《教师教育研究》2017 年第 2 期。

余闻婧：《论教师的教学情境感》，《教师教育研究》2017 年第 3 期。

黄越岭、李鹏、朱德全：《资源众筹："互联网+"时代教师培训课程供给模式变革》，《中国电化教育》2017 年第 1 期。

慕宝龙：《论教师专业自主能力的内涵结构》，《教师教育研究》2017 年第 3 期。

唐皓、邹昌淑、孙倩：《构建基于学生视角的区域教师培训模式》，《中小学管理》2017 年第 11 期。

凌云志、邬志辉、黄佑生：《行动学习导向的乡村教师培训模式研究——基于湖南省送教下乡培训的实践探索》，《教育科学研究》2017 年第 8 期。

徐莹莹：《实践取向学前教师教育课程的核心理念与改革路径》，《教育评论》2017 年第 2 期。

唐松林、冯誉萱：《"互联网+"时代的教师伦理：从他者型塑转向自由审美》，《中国电化教育》2017 年第 8 期。

孙惠利：《"三位一体"协同创新教师培训模式探究》，《教育评论》2017 年第 5 期。

尤妤冠：《中小学教师培训质量保证体系构建研究》，《教育评论》2017 年第 12 期。

杨雪梅：《在中小学教师继续教育中有效应用参与式培训法的研究》，《长春教育学院学报》2017年第12期。

曾海：《区域中小学教师混合式培训模式研究》，《中国电化教育》2017年第12期。

李玲静、汪存友：《中小学教师职前职后教育技术能力培训的比较分析》，《中国教育信息化》2017年第24期。

黄文辉、曾语录：《培训学分管理政策下的区县级教师培训机构建设》，《中国教育技术装备》2017年第23期。

孔维宏、高瑞利、罗若瑜：《中小学教师远程培训中互动学习研究》，《中国教育技术装备》2017年第20期。

张地容、杜尚荣：《试论"以生为本"的教师核心素养》，《教学与管理（理论版）》2018年第4期。

田家龙：《资源意识：教师专业成长的现代追求》，《教育理论与实践》2018年第17期。

张建雷：《回归生活世界的教师专业成长》，《教育评论》2018年第6期。

杜尚荣、王笑地：《基于教师专业成长实践性的中小学教师培训模式改革与创新》，《教育探索》2018年第1期。

郑国凤：《农村中小学教师培训模式的检视与创新》，《教学与管理》2018年第21期。

王宇：《"互联网+"时代下中小学教师远程培训模式研究》，《中小学教师培训》2018年第2期。

黄浩森：《从"专业发展"到"全人教育"——中小学教师培训模式的创新研究》，《中小学教师培训》2018年第1期。

牟天伟：《实践取向的教师培训的必要性与策略分析》，《中小学教师培训》2018年第4期。

廖文：《构建以教师为中心的区域教师培训模式的探索——以广东顺德区"双塔层"校本研训模式为例》，《中小学教师培训》2018年第3期。

赵垣可、范蔚：《教师个人课程哲学的意蕴、实践价值及建构策略》，《教育理论与实践》2018 年第 7 期。

邵征锋、杜尚荣：《教师培训活动化的内涵、特征及操作设计——基于"小学数学基础理论"的案例分析》，《中小学教师培训》2018 年第 6 期。

闫彬、林江丽：《当前中小学教师高层次培训存在的问题反思》，《教师教育论坛》2018 年第 12 期。

韩冬梅：《中小学教师分层分类培训的问题与对策》，《长春教育学院学报》2018 年第 12 期。

范颐、王远：《美国中小学教师培养的专业认证》，《湖南师范大学教育科学学报》2018 年第 6 期。

蔡文伯、王莹莹：《学科核心素养对中小学教师培训有效性的影响探析》，《现代教育论丛》2018 年第 6 期。

张伟东、郭若艺、宋岭：《教师培训跟踪指导中的实践问题及其模式改进》，《中小学教师培训》2018 年第 11 期。

郝振君：《宁夏中小学特岗教师入职培训需求调查研究》，《中小学教师培训》2018 年第 11 期。

刘金华：《关于在中小学教师培训课程中设置专题党课的思考与实践》，《大连教育学院学报》2018 年第 3 期。

张东航、陈睿：《吉林省中小学教师培训协同创新战略构想》，《吉林省教育学院学报》2018 年第 9 期。

唐良平：《中小学教师培训课程文化的特质与构建》，《教师教育论坛》2018 年第 9 期。

黄如炎：《学科研训中心对区域教师专业发展的引领》，《教学与管理》2018 年第 24 期。

王庆军：《提升区县教师培训品质的研究》，《中小学教师培训》2018 年第 08 期。

许占权、何家仁：《名乡村中小学校长培训需求的调查》，《中小学管理》

2018年第8期。

崔圳超:《中小学教师微课培训存在的问题及策略研究》,《教育现代化》2018年第30期。

李娜:《中小学教师法律素养的构成及培训策略》,《湖北第二师范学院学报》2018年第7期。

袁永波:《新时代背景下提高中小学教师培训实效性探析》,《中小学教师培训》2018年第7期。

缪茜、秦健、刘全铭:《中小学创客师资培训课程学习需求调查与分析》,《中国教育信息化》2018年第13期。

刘丽颖:《中小学教师培训体系的构建与实践》,《教育探索》2018年第3期。

唐瓷:《基于学校信息化建设与教师信息化教学能力培训调查分析》,《中国教育信息化》2018年第12期。

刘远霞、黄文峰、包华影:《中小学教师培训公共服务模式研究》,《中国教育信息化》2018年第11期。

张献丽:《中小学教师教育培训评估机制生态研究》,《教学与管理》2018年第15期。

蓝卫红:《教学模因与中小学教师培训实施方案设计》,《教师教育论坛》2018年第5期。

夏泽胜:《基于需求的中小学教师培训规划与管理》,《中小学教师培训》2018年第5期。

黄乃祝、肖武云:《中小学教师专业发展的阅读对策探讨》,《中小学教师培训》2018年第5期。

陈文娟:《中小学综合实践活动课程实施策略探究》,《教师教育论坛》2018年第4期。

高慧斌:《中小学教师远程培训效果实证研究》,《教育研究》2018年第4期。

朱忠明、常宝宁:《中小学教师培训的转型发展》,《中国教育学刊》

2018 年第 4 期。

李茜：《关于中小学教师培训迎接新时代的思考》，《中小学教师培训》2018 年第 4 期。

王冬妮：《中小学教师培训效果评价存在的问题及改进对策》，《北京教育学院学报》2018 年第 1 期。

梁文鑫：《新加坡中小学校长教师培训体系构建及对我国的启示》，《北京教育学院学报》2018 年第 1 期。

王晨、贺慧敏：《中小学教师培训质量提升路径探微》，《天津市教科院学报》2018 年第 1 期。

黎辉兰：《中小学幼儿园教师培训活动设计模式》，《开封教育学院学报》2018 年第 2 期。

邓建中：《新时代中小学教师培训展望》，《教师教育论坛》2018 年第 2 期。

朱伶俐：《中小学教师信息技术网络培训课程资源的设计与开发》，《中小学教师培训》2018 年第 2 期。

李源田、杨晓峰：《中小学教师培训基本问题探讨》，《中小学教师培训》2018 年第 2 期。

徐玉特：《城乡中小学教师研修共同体构建路径探究》，《中小学教师培训》2018 年第 1 期。

任为新：《基于审美素养的中小学教师培训调查分析》，《中小学教师培训》2018 年第 1 期。

陈荣荣：《藏民族地区教师培训的问题及解决方法》，《黑龙江教育学院学报》2019 年第 12 期。

程明喜：《教师培训课程设计的知识社会学分析》，《教育评论》2019 年第 11 期。

曾海、洪亚楠：《关于区域中小学教师继续教育新生态的研究》，《云南开放大学学报》2019 年第 4 期。

饶玲、骆亮：《中小学教师培训效度评估指标体系的构建》，《继续教育研究》2019 年第 6 期。

谭天美、陈冠融：《新时代中小学教师培训的发展转向与进展路向》，《继续教育研究》2019 年第 6 期。

陈林、卢德生：《年农村中小学教师队伍建设的回顾与展望》，《当代教育科学》2019 年第 10 期。

李宇环：《教师进修学校的职能转型》，《牡丹江教育学院学报》2019 年第 10 期。

蒋松言、杨帆：《论义务教育教师聘任政策有效实施的前提条件》，《教育现代化》2019 年第 86 期。

杨雪梅：《长春市中小学教师教科研现状和培训需求的调查研究》，《现代教育科学》2019 年第 8 期。

韩冬梅：《基于专业发展的中小学教师培训课程开发研究》，《长春教育学院学报》2019 年第 7 期。

王鉴：《教师教育者专业成长路径探析》，《中国教育学刊》2019 年第 7 期。

王廷波、于伟、卜庆刚：《走向个性化的中小学班主任培训》，《中小学管理》2019 年第 7 期。

李倩：《当前我国中小学教师在职研修的问题与趋向》，《牡丹江教育学院学报》2019 年第 6 期。

罗婷：《美国加州中小学师资短缺的现状及治理策略》，《世界教育信息》2019 年第 12 期。

蔡文伯、杨丽雪：《我国中小学教师专业发展研究的科学知识图谱分析》，《当代教师教育》2019 年第 2 期。

张明显：《区域教师培训体系建设的思考与架构》，《教育现代化》2019 年第 45 期。

杨庆媛：《教师专业发展路径的上海经验》，《长春师范大学学报》2019 年第 5 期。

王笑地、杜尚荣：《实践取向的中小学教师培训课程设计的内涵及价值诉求》,《教育与教学研究》2019 年第 5 期。

刘俊杰:《论教师专业发展的战略规划》,《开封教育学院学报》2019 年第 4 期。

高越飞:《面向教师信息技术应用能力提升的整校推进培训策略研究》,《教育观察》2019 年第 11 期。

胡多姿:《贵州省中小学教师培训中存在的问题研究》,《贵州师范学院学报》2019 年第 3 期。

石磊:《英国威尔士地区计划增设中小学教师培训日》,《世界教育信息》2019 年第 6 期。

宋思晟:《试论中小学教师培训中的三个关系》,《吉林省教育学院学报》2019 年第 3 期。

孟伟:《基于需求分析的长春市中小学教师培训策略》,《长春教育学院学报》2019 年第 3 期。

李丹、赵艳:《教师微课制作问题分析及培训对策研究》,《中小学教师培训》2019 年第 3 期。

石亚兵、刘君玲:《我国中小学教师专业素质结构发展的特征和演变逻辑——基于 1980—2012 年教师教育政策文本的分析》,《全球教育展望》2019 年第 3 期。

杨江:《移动互联网背景下的混合式教师培训研究》,《福建教育学院学报》2019 年第 2 期。

李新翠:《区县教师培训课程体系现状及反思》,《中国教育学刊》2019 年第 2 期。

陈澜:《背景下教师信息素养校本化培训课程建设的思考》,《中国教育信息化》2019 年第 4 期。

万书霞、杨晓梅:《基于信息化的农村中小学教师专业发展研究》,《黑河学刊》2019 年第 1 期。

杨泉良:《中小学教师继续教育中的分类实施》,《教师教育论坛》2019 年第 1 期。

唐瓷、周鑫燚、任迎虹：《中小学教师信息化教学能力校本培训模式建构与思考》，《中小学教师培训》2019年第1期。

曲正伟：《我国教师培训课程资源建设的现存问题及政策框架》，《教育科学研究》2019年第1期。

杨乐、孙增国：《中小学教师继续教育现存的问题与解决策略研究》，《教育教学论坛》2019年第1期。

朱宁波、秦丽楠：《新时代中小学教学名师的培养策略》，《教育科学》2020年第1期。

周宇、崔延强：《新时代教师安全素质培养体系的构建》，《教师教育学报》2020年第1期。

鲍赫：《乡村本土教师培训者专业素养培育策略刍议》，《吉林省教育学院学报》2020年第1期。

刘敏、阳雪梅：《农村中小学教师校本培训问题与策略》，《继续教育研究》2020年第1期。

朱伶俐、杨虎：《基于核心素养培育的中小学教师跨学科网络培训课程资源的设计与开发》，《中小学教师培训》2020年第1期。

王定华：《新时代我国中小学教师国培的进展与方略》，《全球教育展望》2020年第1期。

（三）学位论文

李梦洁：《大学教师发展之个人素养研究》，硕士学位论文，山西大学，2007年。

牛万玛吉：《我国高校校际合作研究》，硕士学位论文，中国石油大学，2011年。

徐芳：《高中语文自主学习阅读教学模式的研究》，硕士学位论文，延安大学，2012年。

李莉：《初中初任语文教师专业成长的叙事研究》，博士学位论文，陕西师范大学，2013年。

单勤海：《一位优秀初中数学教师专业成长的叙事研究》，硕士学位论文，宁波大学，2013年。

张晨曦：《"国培计划"背景下中小学教师有效性培训策略研究》，硕士学位论文，河南师范大学，2014年。

李欣：《农村教师培训的有效模式研究》，硕士学位论文，西北师范大学，2015年。

索磊：《基于实践理性的教师专业成长研究》，博士学位论文，西南大学，2016年。

蔡歆：《U-S合作视域下的校本化教育科研绩效研究》，博士学位论文，北京科技大学，2016年。

张煜颖：《校本课程开发促进小学数学教师专业成长的叙事研究》，硕士学位论文，重庆师范大学，2017年。

张弛：《基于胜任力的中小学教师专业成长路径研究》，硕士学位论文，黑龙江大学，2017年。

张晗：《自主学习理论视域下高中生语文阅读课的预习指导研究——以北京市回民学校高二年级为例》，硕士学位论文，中央民族大学，2017年。

梅玉琴：《"国培"中西部乡村校长培训项目训后指导实效性研究》，硕士学位论文，西南大学，2017年。

朱春艳：《农村教学点教师"主题式"培训模式研究》，硕士学位论文，海南师范大学，2018年。

陈思悫：《"国培计划"农村中小学教师培训需求研究——以常德市L县为例》，硕士学位论文，湖南大学，2018年。

沈小琦：《民办中小学教师在职进修的学校保障问题研究》，硕士学位论文，四川师范大学，2018年。

张嫚嫚：《乡村教师培训需求分析及对策研究》，硕士学位论文，宁波大学，2018年。

王笑地：《实践取向的中小学教师培训课程设计研究》，硕士学位论文，贵州师范大学，2018年。

刘瑞可：《基于智能手机的农村小学教师移动微学习研究——以郑州市A乡镇农村小学教师为例》，硕士学位论文，广西师范大学，2018年。

罗爽：《乡村中小学教师培训者队伍现状调查与建设策略研究》，硕士学位论文，江西师范大学，2018年。

刘巧林：《中美小学教师在职培训政策比较研究——基于政策文本的分析》，硕士学位论文，中南民族大学，2018年。

周慧敏：《"互联网+教育"视域下中小学教师信息化培训实践研究》，硕士学位论文，北华大学，2018年。

王光雄：《乡村教师专业发展支持路径研究——基于云南省乡村教师支持计划的实施情况分析》，博士学位论文，西南大学，2018年。

刘玉萍：《核心素养视角下教师专业发展的缺失与完善》，硕士学位论文，湖南师范大学，2018年。

童飞：《"乡村教师支持计划"实施的成效、问题及对策研究——基于对陕西部分县市的调研》，硕士学位论文，华中师范大学，2018年。

李楠：《"国培计划"实施的问题与对策研究——以H大学"新招录教师岗位技能培训项目"为例》，硕士学位论文，湖北师范大学，2018年。

齐道芳：《美国中小学教师在职培训的历史发展研究》，硕士学位论文，华中师范大学，2018年。

吴念念：《农村中小学教师远程培训需求研究——以湖北省"国培计划"为例》，硕士学位论文，中南民族大学，2018年。

杨淑君：《深度贫困地区农村学前教师队伍建设的现状及问题研究——以甘肃省四个深度贫困县为例》，硕士学位论文，西北师范大学，2018年。

张志栋：《农村中小学骨干教师专业发展困境调查与研究——以甘肃省J县省级农村骨干教师为例》，硕士学位论文，西北师范大学，2018年。

付赛：《乡村教师"网络与校本融合"研修的引导策略研究》，硕士学位论文，西南大学，2018年。

曾亚：《泸州市小学教师混合式研修现状调查研究》，硕士学位论文，云南师范大学，2019年。

王旭晖：《实践性知识视角下教师培训优化策略研究》，硕士学位论文，南宁师范大学，2019年。

杨雪楠：《基于问题解决的教师混合式研修模式研究》，硕士学位论文，宁夏大学，2019年。

唐爱贝：《中小学教师培训有效性研究——以昆明市D中学为例》，硕士学位论文，广西师范大学，2019年。

邓家家：《小学教师培训现状及对策研究——以昆明高新G小学为例》，硕士学位论文，云南师范大学，2019年。

李小静：《信息技术支持下的区域研修现状及发展策略研究》，硕士学位论文，华中师范大学，2019年。

黄碧霞：《区域教师专业培训的问题与对策——以南沙区为例》，硕士学位论文，广州大学，2019年。

满碧君：《"国培计划"培训团队研修项目实施的问题与对策研究——以D大学项目实施为例》，硕士学位论文，东北师范大学，2019年。

杨蕊：《基于教师专业发展的小学班主任培训需求分析研究——以S省C市为例》，硕士学位论文，四川师范大学，2019年。

（四）其他

《实践是检验真理的标准》，《光明日报》1978年5月11日。

辞海编辑委员会：《辞海》，上海辞书出版社1979年版。

赫斯特：《教育理论》，载瞿葆奎《教育学文集：教育与教育学卷》，人民教育出版社1993年版。

中国社会科学院语言研究所词典编辑室：《现代汉语词典》，商务印书馆2002年版。

《教师教育课程标准》（试行）（教师［2011］6号）［S/OL］，教育部网站，2011-10-08。

《教育部关于大力推进教师教育课程改革的意见》（教师〔2011〕6号）［EB/OL］，2011-10-08. http：//www. moe. gov. cn/srcsite/A10/s6991/201110/t20111008_ 145604. html.

《贵州省2016年教育年鉴》［DB/OL］，贵州省教育厅，2017-9-11，http：//www. gzsjyt. gov. cn/zwgk/xxgkml/tjxx/201805/t20180525_ 3041724. html.

《贵州省2017年教育年鉴》［DB/OL］，贵州省教育厅，2018-9-10，http：//www. gzsjyt. gov. cn/zwgk/xxgkml/tjxx/201901/t20190129_ 3392636. html.

《教育部关于全面深化课程 改革落实立德树人根本任务的意见》［EB/OL］，（2014-04-08）［2018-02-19］，http//old. moe. gov. cn/publicfiles/business/htmlfiles/moe/s7054/201404/167226. html.

《中共中央 国务院关于全面深化新时代教师队伍建设改革的意见》［EB/OL］，2018-1-31，http：//www. moe. gov. cn/jyb_ xwfb/moe_ 1946/fj_ 2018/201801/t20180131_ 326148. html.

《教育部关于深化中小学教师培训模式改革全面提升培训质量的指导意见》（教师［2013］6号）［EB/OL］，2013-05-08，http：//www. moe. gov. cn/srcsite/A10/s7034/201305/t20130508_ 151910. html.

《互联网+教育的时代》，2018-7-4，http：//baijiahao. baidu. com/s? id=1604958787926865298&wfr=spider&for=pc.

二 外文文献

Barış Aydin, "A French Teacher Training Model: A Case of Macedonia", *Kastamonu Education Journal*, 2019 (3).

Barbara Levin, Ye He, "Investing the Content and Sources of Teacher Candidates' Personalpractical Theories (PPTS)", *Journal of Teacher Education*, Vol. 59, No. 1, January/February, 2008.

Brown, Collins, A., Duguid, P., *Situated Cognition and the Culture of Learning Education Researcher*, 1989.

Burden, P. R., "Teacher Development: Implication for Teacher Education", In J. D. Rath & L. Latz Advance in Teacher Education (ed.), *New Jersey: Alex Publishing Corporation*, 1986.

Caeiro-Rodriguez M., Llamas-Nistal M. & Anido-Rifon L., "From Contents to Activities: Modeling Units of Learing", *Journal of Universal Computer Science*, 2005 (9).

Culpan R., "Multinational Strategic Alliances", *International Business Press New*, 1995.

Day, C., *Developing Teachers: The Challenges of Life long Learning*, London: Flamer, 1999, 4.

DES, "Pattern Announces Expansion of School-based Training", *The Department of Education & Science News*, May 26, 1992.

Donald A. Schon, *The Renective Pmctitioner: How Professionals Think in Action*, New York: Basic Books, 1983.

Education Web Adventures, "Interactive Design for Online Learning Activities", http://www.eduweb.com/Eduweb_Design_Process.pdf.

Feiman-Neinser, S., "From Preparation to Practice: Designing a Continuum to Strengthen and Sustain Teaching", *Teachers College Record*, 2001 (6).

Fessler, R. A., "Model for Teacher Professional Growth and Development", In P. J. Burke & R. G. Heideman, Career-long Teacher Education (ed.), *Illinois: Charles C. Thomas*, 1985.

Fullan, M. & Hargreaves, A., "Teacher Development and Educational Change", In Micharl Fullan & Andy Hargreaves (Eds.), *Teacher Development and Educational Change*, London & Washington D. C.: Falmer Press, 1992.

Fuller, F. F., "Concerns of Teacher: A Developmental Conceptualization", *American Educational Research Journa*, 1969 (2).

F. Michael Connelly, D. Jean Clandinin, "Teacher's Professional Practical Knowledge oil Professional Knowledge Landscape", *Teaching and Teacher Education*, 1997 (7).

Goodlad, J. I., School- University Partnerships for Educational Renewal: Rationale and Concepts [A]. //Sirotnik〉 and Goodlad, J. I., *School-University Partnerships in Action: Concepts, Cases, and Concerns*, New York: Kenneth Teacher14ACollege Press, 1988.

Hord S. M., *Professional Learning Communities: Communities of Continuous Inquiry and Improvement*, Austin, Texas: Southwest Educational Develpment Laboratory, 1997.

Hoyle E., "Nonprofessional and Deprofessionalization in Education", In Eric Hoyle, Jacquetta Megarry (Eds), *World Yearbook of Education 1980: Professional Development of Teachers*, London: Koran Page, 1980.

Huberman, M., "The Professional Life Cycle of Teachers", *Teachers College Record*, 1989 (1).

Jonassen, D. H., *Designing Constructivist Learing Environments*, http://www.coe.missouri.edu/—jonassen.

Karen, James, "Hispanic Individuals in their Communities: An Untapped Resource for Incresing the BiligualTeacher Population", *Journal of Hispanic Higher Educetion*, 2005 (1).

K. Mitchem, D. Wells, J. Wells, "Using Evaluation to Ensure Quality Professional Development in Rural Schools", *Journal of Re-search in Rural Education*, 2003 (2).

Lange, J. D. & Burroughs, L. S. G., "Professional Uncertainty and Professional Growth", *ERIC Document Reproduction Service*, NO. ED 376128, 1994.

Linda Darling-Hammond, et al., "Professional Learning in Learning Profession: A Status Report on Teacher Development in the UnitedStates and Abroad", National Staff Development Council and The School Redesign Network at Stanford University as part of their multiyear study, 2009.

Mary C. Clement, Billie J. Enz, and George E. Pawlas, The Apprentice Teachers, Betty, Michael P. Wolfe, Suzanne H. Pasch, Bille J. Enz., In *Life Cycle of the Career The Teacher*, Corwin Press, Inc, 2000.

Murrel P., "Development of Practice and Teacher Preparation in the Age of Education Reform", *Journal of Teacher Education*, 2001 (1).

M. Eldridge, *Transforming Experience: John Dewey's Cultural Instrumentalism*, Nashville: Vanderbilt University Press, 1998.

Shulman Lee S., Shulman Judith H., "How and what Teachers Learn: A Shifting Perspective", *Journal of Curriculum Studies*, 2004 (36).

Stenhouse, *Struction to Curriculum Research and Development*, London: Heineman, 1975.

Torsten Husen, T., *Neville Postlethwaite: The International Encyclopedia D, education: Research and Tudies*, Pergamon Press, 1985.

Ugur Demiray, Marina Stock Mcisaac, Gurbuz Yangin, "Distance Education for Primary and Secondary Teacher Training in Turkey", *European Journal of Teacher Education*, 1994.

UNESCO, International Labour Organization (ILO) Recommendation Concerning the Status of Teacher (Adopted by the Special Intergovemmental Conference on the Status of Teachers, Paris, 5 October, 1966).

Westbury, I., Wilk, N. J. eds., *Science, Curriculum and Liberal Education*, Chicago: University of Chicago Press, 1978.

Yi Wei, Yimeng Yang, Xueqing Zeng, Liang Yu, "The Design and Application of Primary and Secondary Teacher Training Oriented Micro-Course", *Creative Education*, 2015 (6).

Zhou Renbin, Wan Qiang, "Research on the Training Mode of Intelligent Manufacturing Teachers Under the Mode of University Enterprise Cooperation", *Education Journal*, 2019 (6).

附录 1

基于教师专业成长实践性的县域内校际联盟式教师培训模式的操作细则

一 县域内校际联盟式教师培训的指导思想

（一）立足教育实践

解决学校教育教学实践问题，促进教师专业发展，提高学校教育教学质量。

（二）实现合作共赢

促进县域内联盟学校间的共同发展；兼顾教师个体和联盟学校的共同发展；维护联盟学校发展的共同利益。

（三）追求校际间的协同发展

优化资源配置、共享教育资源、缩小校际差距、促进县域内教育均衡发展。

二 县域内校际联盟式教师培训的理论基础

（一）战略联盟理论

"战略联盟"（Strategic Alliances）最早由霍普兰德和奈格尔（Hopland & Nigel）提出，意指"由两个或两个以上有着相似战略目标和对等经营实力的企业（或特定事业和职能部门），为达到共同拥有市场或共同使用资源等战略目标，通过各种协议、契约而结成的优势互补或优势相长、风险共担、生产要素水平式双向或多向流动的一种松散的合作模式。"① 战略联盟具有联盟性、战略性和平等性特征。其指导并引领着县域内校际联盟式教师培训模式的理论建构与实践运行。

（二）教师专业学习共同体理论

教师专业学习共同体这一概念由霍德（Hord）于1997年明确阐述。他认为，专业学习共同体是建立在教师间相互支持、教师共同决策、个人与团队共同进步和教师团队定期组织会议等四个基础之上的一种教师专业化发展组织。② 舒尔曼（Shulman，2004）借助霍德关于教师专业学习共同体的理论认识，建构起以教师专业学习共同体为核心的五阶段教师培训模式，即：准备发展阶段、自愿动机阶段、接受能力阶段、实践能力阶段和反思能力阶段。③ 该理论支撑着县域内校际联盟式教师培训模式对联盟学校间的合作共赢、资源共享、协同发展的关注。

三 县域内校际联盟式教师培训的操作原则

（一）实践性原则

立足校际差异，解决教育教学实际问题。

（二）平等自愿原则

各学校在参与时地位上的平等和主体上的自愿。

（三）互补性原则

实现联盟学校同质促进，异质互补，均衡发展。

（四）相对独立性原则

各联盟学校相互依存，但又相对独立。

---

① Culpan R., "Multinational Strategic Alliances", *International Business Press New*, 1995.

② Hord S. M., "Professional learning communities: Communities of continuous inquiry and improvement", Austin, Texas: Southwest Educational Development Laboratory, 1997, pp. 3 – 6.

③ Shulman Lee S., Shulman Judith H., "How and what teachers learn: A shifting perspective", *Journal of Curriculum Studies*, 2004 (36), pp. 257 – 271.

四 县域内校际联盟式教师培训的操作流程

（一）前期准备阶段

1. 构建校际联盟培训组织机构

组建以各校校长为第一责任人的校际联盟式教师培训组织机构，确定机构名称和成员结构，明确相关学校、部门、人员的具体职责；打造以学科或项目主题为单位的教师学习共同体。

2. 了解联盟学校和教师的培训需求

根据各学校现阶段发展的实际情况进行校情分析，挖掘优势资源，梳理发展短板。分析方式主要有集体研讨和个人建议，重点关注教学实际需求和当前教育热点。

3. 建立共同目标和任务

县域内校际联盟式教师培训需要在联盟学校中建立共同的目标和任务，由各学校共同参与、共同制订、共同管理和维持，同时明晰合作人员的角色和职责。

4. 制订培训计划

根据联盟学校共同拟定的培训目标，制订相应的培训计划，明确阐述培训目的、培训内容、培训对象、培训形式、步骤安排、实施措施等要素。

（二）具体实施阶段

1. 创设校际联盟培训的运行机制

（1）明确活动目的及组织形式；

（2）规定联盟学校的权利和义务；

（3）阐明活动的基本要求。

2. 建立校际联盟培训的管理机制

（1）明确联盟的经费来源及管理模式；

（2）规定联盟学校的进入和退出机制。

3. 创设校际联盟培训的保障机制

（1）建立校际联盟培训活动制度保障机制；

（2）建立校际联盟培训活动人员保障机制；

（3）构建校际联盟培训活动经费保障机制。

（三）总结评价阶段

1. 确定培训的评价方案

（1）确定评价的目的和指导思想；

（2）确立评价的内容及指标体系；

（3）确定评价的方法和步骤。

2. 收集整理分析信息

（1）将各种反馈信息整理、分类、归档，并设计有关的统计工具；

（2）结合对教师进行的学习考核评价，进行数据分析。

3. 形成评价报告

（1）反思培训过程；

（2）总结成功经验；

（3）梳理相关问题；

（4）提出改进建议。

附录 2

基于教师专业成长实践性的校内自主式教师培训模式的操作细则

一 校内自主式教师培训的指导思想

(一) 立足教育实践

解决学校教育教学实践问题,促进教师专业发展,提高学校教育教学质量。

(二) 突显教师主体

倡导为了学校、基于学校、在学校中的培训理念;要求充分发挥教师在专业发展中的主体性;实施自主、合作、探究式的教师专业发展路径。

(三) 追求教师和学校的统一发展

强调学校与教师发展的一致性,最终实现学校和教师的共同发展。

二 校内自主式教师培训的理论基础

(一) 自主学习理论

塔夫(Tough,1971)认为自主学习是人们依赖自己学习的一种自然需求,是人类需要的一种表现。自主学习教育思想由来已久,国外可追溯到苏格拉底的"产婆术"理论,国内可追溯到先秦时期的《学记》,两者都不同程度地体现了学习者对学习的自我监控、自我评价及自我改进的自主学习思想,但明确提倡自主学习主张并对其展开系统研究却始于20世纪60年代。多数研究者都认同，自主学习是一种能力、是一种责任、是一种方式，其分别体现了学习的"自立""自律"和"自为"三个层面。可见，自主学习概念本身蕴含着学习是学习者自己的事情，其含义中最核心的要素就是学习者自我掌控、自主学习。

（二）学校组织氛围理论

学校组织氛围，也称学校文化氛围，是学校校长、教师、学生共有的信念与价值观，体现学校所推崇的特定传统、习惯及行为方式的精神格调。学校组织氛围虽然是无形的，对于学校成员的精神境界、气质风格的形成却具有十分重要的作用。良好的组织氛围是建设优秀教师团队的关键，建设优秀的团队关键在于加强教师之间的专业对话、沟通、协调与合作的氛围，促进教师的专业发展。哈格里夫斯（Andy Hargreaves）有关新专业主义和同伴互动的主张，强调教师专业发展的同伴互动和合作文化。[1] 可见，组织氛围与教师专业发展是相辅相成的。

（三）教师专业发展理论

教师专业发展理论经历了两个发展阶段："组织发展阶段"和"专业发展阶段"。组织发展阶段主要有工会主义取向（谋求整个专业社会地位提升）和专业主义取向（强调教师入职的高标准）两种；专业发展阶段主要有三种取向，即教师专业发展的理智取向、实践反思取向和生态取向。[2] 教师专业的特殊性主要表现在教师专业有着很强的实践性，教师的专业发展需要借助具体真实的教学实践情境而得以实现。校内自主式培训作为教师专业发展的主要途径，已经成为教师专业发展的主要培训模式。

三 校内自主式教师培训的操作原则

（一）实践性原则

立足本校实际，解决教育教学具体问题。校内自主式教师培训的内

---

[1] 赵中建主编：《学校文化》，华东师范大学出版社2004年版，第39页。
[2] 教育部示范教育司编：《教师专业化的理论与实践》，人民教育出版社2003年版，第23—31页。

容可根据学校及教师工作中遇到的实际问题灵活设计,并将理论研究与教学实践紧密结合起来,提高培训内容的实践性。其不仅能够满足中小学教师的实际需要,也可解决当前教师培训工作中出现的理论与实践脱节的矛盾。

(二) 针对性原则

以学校和教师为本位,针对教师在教学过程中面临的问题开展培训工作,借此推动全校的教学改革,解决学校发展过程中的生成性问题。

(三) 灵活性原则

校内自主式培训能根据每一所学校的特殊需求,结合学校和教师特点,发挥学校特色资源优势,灵活设定培训内容、对象、方法和时间。

(四) 自主性原则

校内自主式培训的活动组织由校领导和一线教师共同探讨、分析和解决,培训的主体是学校领导和教师自身。培训中,学校和教师具有充分的自主性。

四 校内自主式教师培训的操作流程

(一) 前期准备阶段

1. 建立培训组织机构

建立由校长指导、教导主任牵头、学科组长具体负责的教师培训组织机构;打造以学科或主题为单位的教师学习共同体。

2. 培训需求分析

根据学校现阶段发展的实际情况进行校情分析,挖掘优势资源,梳理发展短板。分析方式主要有集体研讨和个人建议,重点关注教学实际需求和当前教育热点。

3. 确定培训目标和任务

校内自主式教师培训需要各学科组根据实际需求确定相应的目标和任务,由学校和教师共同参与、共同制订、共同管理和维持,同时还需明晰界定参与人员的角色和职责。

4. 制订培训计划

根据学校和教师共同拟定的培训目标，制订相应的培训计划，明确阐述培训目的、培训内容、培训对象、培训形式、步骤安排、实施措施等要素。

（二）具体实施阶段

1. 调动积极性

充分调动学校各部门和教师的积极性，紧紧围绕既定的目标与任务，开展相关工作。

2. 突显学校特色

紧紧抓住每个培训环节，确保培训工作扎实推进。培训内容要充分体现学校特色，切忌盲目照搬。

3. 发挥优秀教师的引领作用

充分发挥优秀教师的专业引领作用，避免造成低层次的重复培训。校内自主式教师培训的具体实施阶段，学校可根据实际情况确定活动的具体措施。

4. 实施过程监控

学校管理者在实施过程中对参训教师和培训过程进行实时监控与管理，以确保培训活动的高效运行，切实达到预期的培训效果。

（三）总结评价阶段

1. 确定培训的评价方案

（1）确定评价的目的和指导思想；

（2）确立评价的内容及指标体系；

（3）确定评价的方法和步骤。

2. 收集整理分析信息

（1）将各种反馈信息整理、分类、归档，并设计有关的统计工具；

（2）结合对教师进行的学习考核评价，进行数据分析。

/ 附录2 基于教师专业成长实践性的校内自主式教师培训模式的操作细则 /

3. 形成评价报告

(1) 反思培训过程;

(2) 总结成功经验;

(3) 梳理相关问题;

(4) 提出改进建议。

附录 3

基于教师专业成长实践性的参与式教师培训模式的操作细则

一 参与式教师培训的指导思想

（一）立足教育实践

解决教师的教育教学实际问题，促进教师专业发展，提高教师教育教学质量。

（二）强调教师平等、自主参与

参与式教师培训强调培训对象的主体参与，所有活动的展开以培训对象的成长与发展为出发点和归宿，使所有参训者都有一种主人翁感。培训中，主张通过教师自己思考和与同行交流，生成经验；培训者与参训者之间不存在地位高低之分，每个学员之间、培训者与学员之间始终维持着平等和谐的氛围。

（三）关注教师在已有经验背景下自主建构

参与式教师培训，是指由培训者创造的一种适合互动、合作的场景，引导教师在活动中交流、反思[1]，其目的是"使教师亲身体验主动、合作、探究学习的喜悦和困惑，以达到自身观念、态度和行为上的改变，并能将所学知识运用于自己的教育教学工作中"。[2] 因此，参与式教师培训非常重视调动教师利用自己已有的经验，鼓励在合作交流中生成新经验。

---

[1] 朱玲娟：《教师专业成长新论》，研究出版社 2007 年版，第 233 页。
[2] 曾琦：《参与式教师培训的理念及实践价值》，《全球教育展望》2005 年第 7 期。

二 参与式教师培训的理论基础

（一）主体性理论

主体性问题是近现代哲学的核心范畴，其反映了人的根本属性，是人作为主体内在具有的区别于客体、区别于动物的属性，即人对自身及其对象的驾驭、支配和主宰，使之服从于自身价值尺度的属性。主体性理论指导下的参与式教师培训，就是要发挥和发展参训教师的主体性，即在培训中创造条件，让参训教师能有机会自由地表达自己，主动地发展自己，而不是出于被迫。

（二）建构主义理论

建构主义认识论的基本理念有：就知识的性质而言，知识是个体建构的，它内在于人的心灵之中；就科学的性质而言，科学活动是一种具有创造意义的活动，这种活动像人类的其他活动一样，也是带有偏见并经过人的价值观念的过滤的；就人际互动的性质而言，个体在知识的建构中必须依靠意义的共享或协商，人际关系最基本的形式应该是合作而不是权威性的命令或控制。[①] 根据建构主义观点，知识的呈现一定要符合学习者的认知，因此参与式培训要为教师积极创造条件，让其通过自主建构生成相关知识和经验，提高教师培训的有效性。

（三）体验式学习理论

体验式学习，整合了教育家杜威的"做中学"、社会心理学家大卫·库伯的"体验式学习圈"、认知心理学家皮亚杰的"发生认识论"以及罗杰斯等人的理论观点，形成一种综合式学习框架。体验式学习注重为学习者提供真实或模拟的环境和活动，让学习者通过个人在人际活动中的充分参与来获得个人的经验、感受、觉悟并进行交流和分享，然后通过反思再总结并提升为理论或成果，最后将理论或成果投入到实践中。其支撑着参与式教师培训所主张的用亲身体验的方式来提高教师在

---

① ［瑞士］让·皮亚杰：《人文科学认识论》，郑文彬译，中央编译出版社1999年版，第82—90页。

培训活动中的投入程度。

三 参与式教师培训的操作原则

（一）实践性原则

立足教师实际，解决教师教育教学具体问题。参与式教师培训可根据教师在参与培训过程中表现出的实际问题，进行具体分析。其不仅能够满足中小学教师的实际需要，也可解决当前教师培训工作中出现的理论与实践脱节的矛盾。

（二）平等参与性原则

所有的参与者都需要积极平等的参与，要以一种开放的心态参加培训，主动分享自己的看法和做法，积极地与小组成员合作。

（三）建构性原则

参与式教师培训要求关注教师已有知识与经验，鼓励参与者在交流与合作中借助已有经验，主动进行意义性建构。

（四）体验性原则

参与式教师培训关注过程，重视参训教师在过程中体验，在体验中学习。

四 参与式教师培训的操作流程

（一）前期准备阶段

1. 培训需求分析

分析参训教师的个性特点和培训动机及所需培训内容和参与方式。

2. 确定培训目标和任务

参与式教师培训需要根据培训需求确定相应的目标和任务，由培训者和参训教师共同讨论、共同制订、共同管理和维持，同时还需明晰界定参与人员的角色和职责。

3. 制订培训计划

根据培训者和参训教师共同拟定的培训目标，制订相应的培训计划，明确阐述培训目的、培训内容、培训对象、培训形式、步骤安排、实施措施等要素。

(二) 具体实施阶段

1. 调动积极性

充分调动培训者和参训教师的积极性，紧紧围绕既定的目标与任务，开展相关工作。

2. 尊重个体差异

紧紧抓住每个培训环节，确保培训工作扎实推进。培训内容要充分结合参与教师的个性特点，切忌盲目照搬。

3. 采用多样化参与形式

依据对参训教师参与情况的分析，结合实时条件，进行即兴创造，如分组讨论、案例分析、情境体验、录像、角色扮演、画图、访谈、座谈、观察、辩论等多种形式。

4. 营造积极氛围

创设和谐的参与氛围，激发参训教师的积极性。帮助参训教师熟悉培训场所的物理环境；营造良好的心理氛围，在心理上接纳并支持培训的整个过程和内容；促使参训教师积极主动地参与培训。

5. 实施过程监控

参与式教师培训过程中，组织管理者应对参训教师参与培训的过程进行实时监控与管理，以确保培训活动的高效运行，切实达到预期的培训效果。

(三) 总结评价阶段

1. 确定培训的评价方案

(1) 确定评价的目的和指导思想；

(2) 确立评价的内容及指标体系；

(3) 确定评价的方法和步骤。

2. 收集整理分析信息

(1) 将各种反馈信息整理、分类、归档，并设计有关的统计工具；

（2）结合对教师进行的学习考核评价，进行数据分析。

3. 形成评价报告

（1）反思培训过程；

（2）总结成功经验；

（3）梳理相关问题；

（4）提出改进建议。

附录 4

基于教师专业成长实践性的 U-S 合作式教师培训模式的操作细则

一 U-S 合作式教师培训的指导思想

（一）立足教育实践

解决学校（S）教育教学实践问题，促进教师专业发展，提高学校（S）教育教学质量。

（二）实现合作共生

通过教育资源共建共享，实现大学与中小学优势资源互补，促进大学和中小学的合作共生，共同发展。

（三）追求教育理论与实践的有机结合

将大学教师的教育理论成果与中小学教师教育教学实践相结合。转化理论成果，指导教学实践；在教学实践中不断丰富和完善教育理论。

二 U-S 合作式教师培训的理论基础

（一）教师专业发展理论

教师专业发展理论经历了两个发展阶段："组织发展阶段"和"专业发展阶段"。组织发展阶段主要有工会主义取向（谋求整个专业社会地位提升）和专业主义取向（强调教师入职的高标准）两种；专业发展阶段主要有三种取向，即教师专业发展的理智取向、实践反思取向和生态取向。① 教师专业的特殊性主要表现在教师专业有着很强的实践性，教师的专业发展需要借助具体真实的教学实践情境而得以实现。U-S 合作式作为教师专业发展的主要途径，已经成为教师专业发展的主要培训模式。

（二）交易成本理论

交易成本理论认为，合作过程中的机会主义行为会降低双方的信任程度以及合作水平，而为了降低机会主义行为所采取的契约、监督等措施会增加合作成本。② 可见，合作成本与合作收益之间的关系，决定了合作的稳定性程度。为了防止合作双方可能出现搭便车、偷懒等机会主义行为，大学和中小学在合作过程中，应当建立相关的契约机制或信任机制，以保障双方之间的合作持续稳定进行。

（三）共生理论

共生理论主张，共生的本质是协商与合作。根据共生理论的观点，可以将影响学校可持续发展的若干因素视为一种"共生关系"。大学与中小学之间也是一种相互依存、相互学习的共同体。基于共生理论，推进 U-S 合作式教师培训就是为了建立起大学与中小学之间互惠共存、协同发展的合作关系。

三 U-S 合作式教师培训的操作原则

（一）实践性原则

立足学校（S）实际，解决学校（S）教育教学具体问题。

（二）平等自愿原则

主张大学和中小学在参与合作时地位上的平等和主体上的自愿。

---

① 教育部示范教育司编：《教师专业化的理论与实践》，人民教育出版社 2003 年版，第 23—31 页。

② 李刚、吕立杰：《知识视角下的 U-S 合作审思：一种多层次的分析框架》，《教育理论与实践》2017 年第 10 期。

/ 附录4 基于教师专业成长实践性的U-S合作式教师培训模式的操作细则 /

（三）互补性原则

实现大学与中小学优势资源互补，促进大学和中小学的合作共生，共同发展。

（四）相对独立性原则

大学和中小学之间是相对独立的，且属于平行的机构，主体与主体之间互不隶属，相互独立。

四 U-S合作式教师培训的操作流程

（一）前期准备阶段

1. 构建U-S合作式培训组织机构

组建以大学相关负责人和中小学校领导为第一责任人的U-S合作式教师培训组织机构，确定机构名称，拟定相关制度，明确合作双方的权责和利益。

2. 培训需求分析

由合作双方就"S"一方现阶段发展现状进行分析，找出当前急需解决的问题，开展以需求为导向进行U-S合作式教师培训。

3. 拟定目标和任务

由合作双方根据"S"一方的发展需求，拟定培训目标和任务。同时，明晰界定合作人员的角色和职责。

4. 制订培训计划

根据U-S合作双方共同拟定的培训目标，制订相应的培训计划，明确阐述培训目的、培训内容、培训对象、培训形式、步骤安排、实施措施等要素。

（二）具体实施阶段

1. 构建U-S合作的管理机制

（1）确定合作的经费来源及管理模式。

（2）明确合作学校双方的权责与利益。

2. 确立 U-S 合作的运作机制

（1）建立合作双方利益契合点；

（2）实行民主决策；

（3）规范运作；

（4）追求实效。

3. 构建 U-S 合作的保障机制

（1）构建 U-S 合作的制度保障机制；

（2）构建 U-S 合作的人员保障机制；

（3）构建 U-S 合作的经费保障机制。

（三）总结评价阶段

1. 确定培训的评价方案

（1）确定评价的目的和指导思想；

（2）确立评价的内容及指标体系；

（3）确定评价的方法和步骤。

2. 收集整理分析信息

（1）将各种反馈信息整理、分类、归档，并设计有关的统计工具；

（2）结合对教师进行的学习考核评价，进行数据分析。

3. 形成评价报告

（1）反思培训过程；

（2）总结成功经验；

（3）梳理相关问题；

（4）提出改进建议。

附录 5

调查问卷

基于实践的中小学教师校际联盟式培训情况调查问卷

尊敬的老师：您好！

首先对您在教师岗位上的辛勤劳动表示真诚的敬意！

为了了解中小学教师专业成长的实践性和校际联盟式培训的真实情况，发现校际联盟式教师培训模式的问题与缺陷，以便于更好地提高教师培训的质量，开展本项调查研究。本问卷采取无记名的方式，问卷的统计结果不会对您带来任何不良影响，仅仅是为了更好地实现教师培训模式的改革与创新，不涉及对您个人业务能力和工作情况的评价。

希望您能认真、如实地填写本问卷，协助我们完成这次问卷调查。感谢您的支持与合作！

贵州师范大学教育科学学院

第一部分　基本情况

1. 您的性别是（　　）

A. 男　　　　　　　　B. 女

2. 您的年龄为（　　）

A. 25 岁以下　　　　　B. 26—35 岁　　　　　C. 36—45 岁

D. 46—55 岁　　　　　E. 56 以上

3. 您的教龄为（　　）

A. 5 年以下　　　　　　　　B. 5—10 年

C. 11—20 年　　　　　　　D. 20 年以上

4. 您的学历为(　　)

A. 高中或中专　　　　　　B. 大专

C. 本科　　　　　　　　　D. 研究生及以上

5. 您的学校所在地是(　　)

A. 市级　　　B. 县城　　　　C. 乡镇　　　　D. 村

6. 您的职称为(　　)

A. 未定级　　　　B. 三级教师　　　　C. 二级教师

D. 一级教师　　　E. 副高级教师　　　F. 正高级教师

7. 您在本校的职位是(　　)

A. 校长　　　B. 班主任　　　C. 任课教师　　　D. 其他

第二部分　对教师专业成长的实践性的了解状况

1. 您对教师专业成长的实践性的理解状况(　　)

A. 非常理解　　B. 比较理解　　C. 一般　　　D. 不太理解

2. 教师的专业成长是指向实践的,是一种实践性活动(　　)

A. 非常赞同　　B. 较为赞同　　C. 不赞同　　D. 不确定

3. 教师的专业成长是面向教育教学实践的活动(　　)

A. 非常赞同　　B. 较为赞同　　C. 不赞同　　D. 不确定

4. 教师的专业成长必须依赖教师的亲自实践(　　)

A. 非常赞同　　B. 较为赞同　　C. 不赞同　　D. 不确定

5. 您认为教师专业成长的途径与方式应偏重于什么方向？(　　)

A. 正规的培训　　　　　　B. 个人的探索及反思

C. 与人合作的探究与反思　D. 不太清楚

E. 没有思考过

第三部分　校际联盟式培训的实施情况

1. 您对校际联盟式培训的了解情况(　　)

A. 了解较少　　　B. 了解大概　　　C. 有过专门的学习和研究

2. 您对校际联盟式培训的认识主要来源于( )

A. 自我学习　　　　　　　　　　B. 课题研究

C. 校际联盟式培训项目　　　　　D. 培训者培训

3. 贵单位采取校际联盟式培训的原因是( )

A. 沟通教育理论和实践　　　　　B. 提升教师的教育理念

C. 提高学校办学质量　　　　　　D. 深化教师继续教育改革

4. 您所参与的校际联盟式培训的类型有哪些？( )（可多选）

A. 跨校听课　　　B. 集体备课　　　C. 师徒结对

D. 学校间资源共享　　　　　　　E. 共同开展研讨活动

F. 其他

5. 您认为学校开展校际联盟式培训对促进您的专业成长的作用发挥得如何？( )

A. 作用很大　　　B. 作用一般　　　C. 作用很小

D. 没有作用　　　E. 副作用，影响了我的正常工作

6. 您认为学校开展的校际联盟式培训对促进学校发展的作用发挥得如何？( )

A. 作用很大　　　B. 作用一般　　　C. 作用很小

D. 没有作用　　　E. 副作用，影响了学校的正常工作

7. 您对校际联盟式培训的态度是( )

A. 比较喜欢　　　B. 能够接受　　　C. 比较抵触　　　D. 无所谓

8. 您看到的校际联盟式教师培训的不足是( )

A. 教师专业理念转变阻力大

B. 培训时间、培训方式不合理

C. 教师自身专业发展外在条件有限

D. 其他

9. 造成这些问题的原因是( )

A. 校际联盟式培训所固有　　　　B. 组织不得法

C. 学员的能力水平所决定　　　　D. 教师缺乏积极性

E. 其他

9. 您认为目前采用校际联盟式培训的最大困难在于(　　)

A. 研究内容不符合教师实际　　　　B. 专业引领缺失

C. 指导方式不能满足教师所需　　　D. 经费得不到保障

第四部分　从实践角度对校际联盟式培训的建议

1. 培训班在课堂教学中，您所希望的是(　　)

A. 学员主动参与，课堂气氛活泼

B. 有少部分学员表现活跃

C. 学员仅是听课，几乎从不提问

D. 学员之间的讨论往往流于形式

2. 您觉得自己对培训的态度应该是？(　　)

A. 积极主动，尽力配合　　B. 认真参与，始终按照要求来完成活动

C. 一般，有时有点分心　　D. 不想参加，但不得不参加

3. 您认为目前您需要的培训内容包括(　　)

A. 教学技能训练　　　　　　　　B. 科研能力训练

C. 现代教育理论　　　　　　　　D. 反思能力训练

4. 您认为校际联盟式培训的最好方式是什么？(　　)

A. 跨校听课　　　B. 集体备课　　　C. 师徒结对

D. 学校间资源共享　　　　　　　E. 共同开展教研活动

F. 其他

5. 您认为目前推进校际联盟式培训最可行的做法是(　　)

A. 培训者培训

B. 加大对校际联盟式培训的理论与实践研究

C. 严格的管理考核

D. 其他

6. 在培训中，您认为培训学员应该 (　　) (可多选)

A. 改变自己作为"被动的接受者"的角色

B. 积极主动与培训者进行讨论交流

C. 就具体问题发表自己的意见

D. 与其他学员交流有关教学经验或课程内容方面的话题

E. 关注实践，亲自实践，形成实践智慧

F. 多进行一些参与性的活动（如质疑、小组讨论与研讨、师生对话等）

7. 您认为校际联盟式培训可以使各学校实现（ ）（可多选）

A. 资源共享　　B. 优势互补　　C. 合作交流　　D. 共同提高

8. 您希望实施校际联盟主要采取哪种模式？（   ）

A. 具有互补功能的垂直式合作模式

B. 功能类似的水平式合作模式

C. 混合式合作模式

9. 您认为在开展校际联盟式培训需要（ ）（可多选）

A. 灵活的组织形式　　　　　　B. 明确的分工合作

C. 平等的协商机制　　　　　　D. 优势互补，平等互惠

E. 资源共享，成果共有

10. 教师培训模式的改革过程中，您对"校际联盟式教师培训"的看法是：（   ）

A. 非常赞同　　B. 较为赞同　　C. 不赞同　　D. 对此不了解

11. 请谈谈您对校际联盟式教师培训的建议（培训内容、培训方式、考核方式等）：

问卷结束，再一次感谢您的支持与合作！

基于实践的中小学教师校内自主式培训情况调查问卷

尊敬的老师：您好！

首先对您在教师岗位上的辛勤劳动表示真诚的敬意！

为了了解中小学教师专业成长的实践性和校内自主式培训的真实

情况，发现校内自主式教师培训模式的问题与缺陷，以便于更好地提高教师培训的质量，开展本项调查研究。本问卷采取无记名的方式，问卷的统计结果不会对您带来任何不良影响，仅仅是为了更好地实现教师培训模式的改革与创新，不涉及对您个人业务能力和工作情况的评价。

希望您能认真、如实地填写本问卷，协助我们完成这次问卷调查。感谢您的支持与合作！

贵州师范大学教育科学学院

第一部分　基本情况

1. 您的性别是(　　)

   A. 男　　　　　　　B. 女

2. 您的年龄为(　　)

   A. 25 岁以下　　　　B. 26—35 岁　　　　C. 36—45 岁

   D. 46—55 岁　　　　E. 56 以上

3. 您的教龄为(　　)

   A. 5 年以下　　　　 B. 5—10 年　　　　 C. 11—20 年

   D. 20 年以上

4. 您的学历为(　　)

   A. 高中或中专　　　　　　　B. 大专

   C. 本科　　　　　　　　　　D. 研究生及以上

5. 您的学校所在地是(　　)

   A. 市级　　　B. 县城　　　C. 乡镇　　　D. 村

6. 您的职称为(　　)

   A. 未定级　　　　　B. 三级教师　　　　C. 二级教师

   D. 一级教师　　　　E. 副高级教师　　　F. 正高级教师

7. 您在本校的职位是(　　)

   A. 校长　　　　　　　　　　B. 班主任

   C. 任课教师　　　　　　　　D. 其他

第二部分　对教师专业成长的实践性的了解状况

1. 您对教师专业成长的实践性的理解状况（　　）

   A. 非常理解　　　B. 比较理解　　　C. 一般　　　D. 不太理解

2. 教师的专业成长是指向实践的，是一种实践性活动（　　）

   A. 非常赞同　　　B. 较为赞同　　　C. 不赞同　　　D. 不确定

3. 教师的专业成长是面向教育教学实践的活动（　　）

   A. 非常赞同　　　B. 较为赞同　　　C. 不赞同　　　D. 不确定

4. 教师的专业成长必须依赖教师的亲自实践（　　）

   A. 非常赞同　　　B. 较为赞同　　　C. 不赞同　　　D. 不确定

5. 您认为教师专业成长的途径与方式应偏重于什么方向？（　　）

   A. 正规的培训　　　　　　B. 个人的探索及反思

   C. 与人合作的探究与反思　　D. 不太清楚

   E. 没有思考过

第三部分　校内自主式培训的实施情况

1. 您对校内自主式培训的了解情况（　　）

   A. 了解较少　　　B. 了解大概　　　C. 有过专门的学习和研究

2. 您对校内自主式培训的认识主要来源于（　　）

   A. 自我学习　　　　　　　B. 课题研究

   C. 校内自主式培训项目　　　D. 培训者培训

3. 贵单位采取校内自主式培训的原因主要是（　　）

   A. 促进教师专业化发展　　　B. 提高学校办学质量

   C. 提高校长的办学素养　　　D. 深化教师继续教育改革

4. 您所在学校的校内自主式培训的类型有哪些？（　　）（可多选）

   A. 专家讲座报告　　B. 项目观摩　　　C. 互动研讨

   D. 师徒带教　　　　E. 自主研修　　　F. 团队协作

   G. 个人课题研究　　H. 实践体验（做中学）

5. 您所在学校对校内自主式培训评价考核采用哪些方式？（　　）（可多选）

A. 折合计算学时　　　B. 达标检测　　　C. 闭卷考试

D. 撰写论文、心得体会、经验文章　　　E. 说课、上课、评课

F. 其他

6. 您所在学校的校内自主式培训的内容包括（　　）（可多选）

A. 教育理论和教育观念　　　B. 教学教法和技能

C. 教育的学术研究　　　D. 教学的现代教育技术

E. 学科知识的更新和扩展　　　F. 教师的职业道德修养

G. 其他

7. 您对校内自主式培训的态度是(　　)

A. 比较喜欢　　　B. 能够接受　　　C. 比较抵触　　　D. 无所谓

8. 您看到的校内自主式培训的不足是(　　)

A. 培训形式单一，内容缺乏针对性

B. 时间安排不当，工学矛盾突出

C. 培训者理论水平及教学能力不理想

D. 管理流于形式，没有实效

E. 其他

8. 造成这些问题的原因是(　　)

A. 校内自主式培训所固有　　　B. 组织不得法

C. 教师缺乏积极性　　　D. 其他

9. 您认为目前采用校内自主式培训的最大困难在于（　　）（可多选）

A. 教师课务重，作业多，又要开展很多非教学活动，时间不够

B. 教师尚未转变自身角色，能力和自信心不足

C. 领导不重视，搞形式，走过场

D. 资源有限、信息不畅，外出学习机会少

E. 缺乏专业引领

F. 经费得不到保障

第四部分　从实践角度对校内自主式培训的建议

1. 培训班在课堂教学中，您所希望的是(　　)

A. 学员主动参与，课堂气氛活泼

B. 有少部分学员表现活跃

C. 学员仅是听课，几乎从不提问

D. 学员之间的讨论往往流于形式

2. 您觉得自己对培训的态度应该是？（　　）

A. 积极主动，尽力配合　　B. 认真参与，始终按照要求来完成活动

C. 一般，有时有点分心　　D. 不想参加，但不得不参加

3. 您认为目前您需要的培训内容包括（　　）

A. 教学技能训练　　　　B. 科研能力训练

C. 现代教育理论　　　　D. 反思能力训练

4. 您认为校内自主式培训的最好方式是什么？（　　）

A. 专家讲座报告　　B. 项目观摩　　　　C. 互动研讨

D. 师徒带教　　　　E. 自主研修　　　　F. 团队协作

G. 个人课题研究　　H. 实践体验（做中学）

5. 您认为目前推进校内自主式培训最可行的做法是（　　）

A. 培训者培训　　　B. 加大对校内自主式培训的理论与实践研究

C. 严格的管理考核　　D. 其他

6. 在培训中，您认为培训学员应该（　　）（可多选）

A. 改变自己作为"被动的接受者"的角色

B. 积极主动与培训者进行讨论交流

C. 就具体问题发表自己的意见

D. 与其他学员交流有关教学经验或课程内容方面的话题

E. 关注实践，亲自实践，形成实践智慧

F. 多进行一些参与性的活动（如质疑、小组讨论与研讨、师生对话等）

7. 您在校内自主式培训中最希望得到的支持是：（　　）

A. 图书资料、网络信息　　B. 校内骨干教师

C. 教研员　　　　　　　　D. 校外专业研究人员

E. 外出观摩学习

8. 您愿意如何安排教师培训课程(　　　)

　　A. 上级统一安排　　　B. 提供课程列表个人自主选择

9. 教师培训模式的改革过程中，您对"校内自主式教师培训"的看法是：(　　　)

　　A. 非常赞同　　B. 较为赞同　　C. 不赞同　　D. 对此不了解

10. 请谈谈您对校内自主式教师培训的建议（培训内容、培训方式、考核方式等）：

问卷结束，再一次感谢您的支持与合作！

基于实践的中小学教师参与式培训情况调查问卷

尊敬的老师：您好！

首先对您在教师岗位上的辛勤劳动表示真诚的敬意！

为了了解中小学教师专业成长的实践性和参与式培训的真实情况，发现参与式教师培训模式的问题与缺陷，以便于更好地提高教师培训的质量，开展本项调查研究。本问卷采取无记名的方式，问卷的统计结果不会对您带来任何不良影响，仅仅是为了更好地实现教师培训模式的改革与创新，不涉及对您个人业务能力和工作情况的评价。

希望您能认真、如实地填写本问卷，协助我们完成这次问卷调查。感谢您的支持与合作！

贵州师范大学教育科学学院

第一部分　基本情况

1. 您的性别是(　　　)

　　A. 男　　　　　　　　B. 女

2. 您的年龄为(　　　)

　　A. 25 岁以下　　　　B. 26—35 岁　　　　C. 36—45 岁

D. 46—55 岁　　　　　　　E. 56 以上

3. 您的教龄为(　　)

A. 5 年以下　　　B. 5—10 年　　　C. 11—20 年　　　D. 20 年以上

4. 您的学历为(　　)

A. 高中或中专　　　　　　　B. 大专

C. 本科　　　　　　　　　　D. 研究生及以上

5. 您的学校所在地是(　　)

A. 市级　　　B. 县城　　　C. 乡镇　　　D. 村

6. 您的职称为(　　)

A. 未定级　　　　　B. 三级教师　　　　C. 二级教师

D. 一级教师　　　　E. 副高级教师　　　F. 正高级教师

7. 您在本校的职位是(　　)

A. 校长　　　B. 班主任　　　C. 任课教师　　　D. 其他

第二部分　对教师专业成长的实践性的了解状况

1. 您对教师专业成长的实践性的理解状况(　　)

A. 非常理解　　B. 比较理解　　C. 一般　　　D. 不太理解

2. 教师的专业成长是指向实践的,是一种实践性活动(　　)

A. 非常赞同　　B. 较为赞同　　C. 不赞同　　D. 不确定

3. 教师的专业成长是面向教育教学实践的活动(　　)

A. 非常赞同　　B. 较为赞同　　C. 不赞同　　D. 不确定

4. 教师的专业成长必须依赖教师的亲自实践(　　)

A. 非常赞同　　B. 较为赞同　　C. 不赞同　　D. 不确定

5. 您认为教师专业成长的途径与方式应偏重于什么方向?(　　)

A. 正规的培训　　　　　　B. 个人的探索及反思

C. 与人合作的探究与反思　　D. 不太清楚

E. 没有思考过

第三部分　参与式培训的实施情况

1. 您对参与式培训的了解情况(　　)

A. 了解较少　　　　　　B. 了解大概

C. 有过专门的学习和研究

2. 您对参与式培训的认识主要来源于(　　)

A. 自我学习　　　　　　B. 课题研究

C. 参与式培训项目　　　D. 培训者培训

3. 贵单位采取参与式培训的原因是(　　)

A. 提高培训的效果　　　B. 尊重教师的实践经验

C. 关注教师合作探讨的价值　D. 针对成人学习的特点

4. 以往的参与式培训运用较多的参与式方法有(　　)(可多选)

A. 案例教学　　B. 上课、评课　　C. 角色扮演

D. 互动性讲座　E. 问题研讨　　　F. 教育反思

G. 其他

5. 以往参与式培训考核采取以下哪些方式(　　)(可多选)

A. 书面考试　　B. 总结培训收获　C. 撰写教育反思

D. 完成问题解决任务　E. 教学汇报课　　F. 其他

6. 在您以往参加的培训中，实施参与式培训的师资来源主要有(　　)

A. 教育专家　　　　　　B. 进修学校教师

C. 中小学名师　　　　　D. 教研员

7. 您对参与式培训的态度是(　　)

A. 比较喜欢　　B. 能够接受　　C. 比较抵触　　D. 无所谓

8. 您看到的参与式教师培训的不足是(　　)

A. 浪费时间　　B. 容易跑题　　C. 低位盘旋　　D. 其他

9. 造成这些问题的原因是(　　)

A. 参与式培训所固有　　B. 组织不得法

C. 学员的能力水平所决定　D. 其他

9. 您认为目前采用参与式培训的最大困难在于(　　)(可多选)

A. 对参与式教师培训了解不深

B. 缺乏培训教材

C. 缺乏培训师资

D. 参加培训的教师不愿接受这种培训方式

E. 培训的效率低，培训质量难于保证

F. 缺乏考核评价体系

G. 受培训的经济效益的制约

第四部分　从实践角度对参与式培训的建议

1. 培训班在课堂教学中，您所希望的是(　　)

   A. 学员主动参与，课堂气氛活泼

   B. 有少部分学员表现活跃

   C. 学员仅是听课，几乎从不提问

   D. 学员之间的讨论往往流于形式

2. 您觉得自己对培训的态度是？(　　)

   A. 积极主动，尽力配合　　B. 认真参与，始终按照要求来完成活动

   C. 一般，有时有点分心　　D. 不想参加，但不得不参加

3. 您认为目前您需要的培训内容包括(　　)

   A. 教学技能训练　　　　B. 科研能力训练

   C. 现代教育理论　　　　D. 教育实践反思能力

4. 您喜欢的参与式方法有（　　）（可多选）

   A. 案例教学　　　　B. 上课、评课　　　C. 角色扮演

   D. 互动性讲座　　　E. 问题研讨　　　　F. 教育反思

   G. 其他

5. 您认为目前推进参与式培训最可行的做法是(　　)

   A. 培训者培训　　　　B. 加大对参与式培训的理论与实践研究

   C. 严格的管理考核　　D. 其他

6. 在培训中，您认为培训学员应该（　　）（可多选）

   A. 改变自己作为"被动的接受者"的角色

   B. 积极主动与培训者进行讨论交流

C. 就具体问题发表自己的意见

D. 与其他学员交流有关教学经验或课程内容方面的话题

E. 关注实践，亲自实践，形成实践智慧

F. 多进行一些参与性的活动（如质疑、小组讨论与研讨、师生对话等）

7. 您认为有关参与式培训，理想的课程设置结构(　　　)

A. 必修模块＋选修模块　　　B. 全部为选修

C. 全部为必修　　　　　　　D. 其他

8. 您愿意如何安排教师培训课程(　　　)

A. 上级统一安排　　　　　　B. 提供课程列表个人自主选择

9. 教师培训模式的改革过程中，您对"参与式教师培训"的看法是(　　)

A. 非常赞同　　B. 较为赞同　　C. 不赞同　　D. 对此不了解

10. 请谈谈您对参与式教师培训的建议（培训内容、培训方式、考核方式等）：

问卷结束，再一次感谢您的支持与合作！

基于实践的中小学教师"U-S 合作式"培训情况调查问卷

尊敬的老师：您好！

首先对您在教师岗位上的辛勤劳动表示真诚的敬意！

为了了解中小学教师专业成长的实践性和 U-S 合作式培训的真实情况，发现 U-S 合作式教师培训模式的问题与缺陷，以便于更好地提高教师培训的质量，开展本项调查研究。本问卷采取无记名的方式，问卷的统计结果不会对您带来任何不良影响，仅仅是为了更好地实现教师培训模式的改革与创新，不涉及对您个人业务能力和工作情况的评价。

希望您能认真、如实地填写本问卷，协助我们完成这次问卷调查。感谢您的支持与合作！

贵州师范大学教育科学学院

第一部分　基本情况

1. 您的性别是(　　)

   A. 男　　　　　　　B. 女

2. 您的年龄为 (　　)

   A. 25 岁以下　　　　B. 26—35 岁　　　　C. 36—45 岁

   D. 46—55 岁　　　　E. 56 以上

3. 您的教龄为(　　)

   A. 5 年以下　　B. 5—10 年　　C. 11—20 年　　D. 20 年以上

4. 您的学历为(　　)

   A. 高中或中专　　　　　　　B. 大专

   C. 本科　　　　　　　　　　D. 研究生及以上

5. 您的学校所在地是(　　)

   A. 市级　　　B. 县城　　　C. 乡镇　　　D. 村

6. 您的职称为(　　)

   A. 未定级　　　　B. 三级教师　　　C. 二级教师

   D. 一级教师　　　E. 副高级教师　　F. 正高级教师

7. 您在本校的职位是(　　)

   A. 校长　　　B. 班主任　　　C. 任课教师　　　D. 其他

第二部分　对教师专业成长的实践性的了解状况

1. 您对教师专业成长的实践性的理解状况(　　)

   A. 非常理解　　B. 比较理解　　C. 一般　　D. 不太理解

2. 教师的专业成长是指向实践的，是一种实践性活动(　　)

   A. 非常赞同　　B. 较为赞同　　C. 不赞同　　D. 不确定

3. 教师的专业成长是面向教育教学实践的活动(　　)

   A. 非常赞同　　B. 较为赞同　　C. 不赞同　　D. 不确定

4. 教师的专业成长必须依赖教师的亲自实践(　　)

　　A. 非常赞同　　　B. 较为赞同　　　C. 不赞同　　　D. 不确定

5. 您认为教师专业成长的途径与方式应偏重于什么方向？(　　)

　　A. 正规的培训　　　　　　　　B. 个人的探索及反思

　　C. 与人合作的探究与反思　　　D. 不太清楚

　　E. 没有思考过

第三部分　U-S 合作式培训的实施情况

1. 您对 U-S 合作式培训的了解情况(　　)

　　A. 了解较少　　　B. 了解大概　　　C. 有过专门的学习和研究

2. 您对 U-S 合作式培训的认识主要来源于(　　)

　　A. 自我学习　　　B. 课题研究　　　C. U-S 合作式培训项目

　　D. 培训者培训

3. 您参与 U-S 合作式培训的最主要的动因是出于(　　)

　　A. 学校的行政安排　　　　　　B. 学校发展的需要

　　C. 教师群体的压力　　　　　　D. 自我提升的需要

4. 您所在学校的 U-S 合作式培训的方式有哪些？(　　)（可多选）

　　A. 参与式培养　　　　　　　　B. 课题的合作

　　C. 听课评课　　　　　　　　　D. 教师继续教育

5. 您所在学校的 U-S 合作的内容包括（　　）（可多选）

　　A. 以课题任务为载体的科学研究　　B. 中小学教师教育培训

　　C. 委派任务　　　　　　　　　　　D. 教育实习活动

　　E. 其他

7. 您对 U-S 合作式培训的态度是(　　)

　　A. 比较喜欢　　B. 能够接受　　C. 比较抵触　　D. 无所谓

8. 您看到的 U-S 合作式培训的不足是(　　)

　　A. 合作中思想认同度不一致　　　B. 合作中教育资源利用率低

　　C. 合作中缺少归属感　　　　　　D. 合作中组织制度不完善

　　E. 其他

9. 造成这些问题的原因是( )

A. 学校合作管理体制的差异　　B. 学校评价体制的差异

C. 教师层面的差异　　D. 其他

9. 您认为目前采用 U-S 合作式培训的最大困难在于（　　）（可多选）

A. 合作双方的地位不平等　　B. 合作双方的文化不相容

C. 合作双方的目标不一致　　D. 合作双方的激励机制不健全

E. 双方合作的资源保障不完善

第四部分　从实践角度对 U-S 合作式培训的建议

1. 培训班在课堂教学中，您所希望的是( )

A. 学员主动参与，课堂气氛活泼

B. 有少部分学员表现活跃

C. 学员仅是听课，几乎从不提问

D. 学员之间的讨论往往流于形式

2. 您觉得自己对培训的态度是？( )

A. 积极主动，尽力配合

B. 认真参与，始终按照要求来完成活动

C. 一般，有时有点分心

D. 不想参加，但不得不参加

3. 您最希望通过参与合作式培训，从而实现自己在下面哪一领域的目标？( )

A. 学校职称评比　　B. 学校行政职务

C. 教师专业发展　　D. 教师自我实现

4. 您认为通过与大学合作，最希望能够实现自己哪方面的教学转变？( )

A. 教学方式的转变　　B. 教学实践反思方式的转变

C. 对从事研究工作认识的转变　　D. 没有转变

5. 您认为目前您需要的培训内容包括( )

A. 教学技能训练 B. 科研能力训练

C. 现代教育理论 D. 教育实践反思能力

6. 您认为 U-S 合作的最好方式是什么？（　　）

A. 参与式培养 B. 课题的合作

C. 听课评课 D. 教师继续教育

7. 您认为目前推进 U-S 合作式培训最可行的做法是(　　)

A. 培训者培训

B. 加大对 U-S 合作式培训的理论与实践研究

C. 严格的管理考核

D. 其他

8. 在培训中，您认为培训学员应该（　　）（可多选）

A. 改变自己作为"被动的接受者"的角色

B. 积极主动与培训者进行讨论交流

C. 就具体问题发表自己的意见

D. 与其他学员交流有关教学经验或课程内容方面的话题

E. 关注实践，亲自实践，形成实践智慧

F. 多进行一些参与性的活动（如质疑、小组讨论与研讨、师生对话等）

9. 教师培训模式的改革过程中，您对"U-S 合作式教师培训"的看法是：（　　）

A. 非常赞同　　B. 较为赞同　　C. 不赞同　　D. 对此不了解

10. 请您对 U-S 合作提出您的意见和建议：

问卷结束，再一次感谢您的支持与合作！

附录6

访谈提纲

中小学教师专业成长的实践性与教师培训模式改革研究访谈提纲

1. 您如何看待教师"专业成长"？您认为个人发展好的标准有哪些？
2. 您为自身的专业成长做了哪些努力？
3. 您希望学校为教师的专业成长提供什么样的机会或者条件？
4. 您是怎样理解教师专业成长的实践性的？
5. 您认为教师专业成长的实践性表现在哪些方面？
6. 您认为我国当前的教师培训课程应该做哪些改革与创新？
7. 您认为中小学教师培训与教师专业成长具有怎样的内在关联？
8. 您认为当前教师培训模式是否必须实现"给予主导式"培训模式转向"内发自主式"培训模式？为什么？
9. 您是怎样理解"内发自主式"培训模式的？
10. 您认为"内发自主式"培训模式有哪些？

附录 7

相关文件

中共中央国务院
关于全面深化新时代教师队伍建设改革的意见
（2018年1月20日）

百年大计，教育为本；教育大计，教师为本。为深入贯彻落实党的十九大精神，造就党和人民满意的高素质专业化创新型教师队伍，落实立德树人根本任务，培养德智体美全面发展的社会主义建设者和接班人，全面提升国民素质和人力资源质量，加快教育现代化，建设教育强国，办好人民满意的教育，为决胜全面建成小康社会、夺取新时代中国特色社会主义伟大胜利、实现中华民族伟大复兴的中国梦奠定坚实基础，现就全面深化新时代教师队伍建设改革提出如下意见。

一　坚持兴国必先强师，深刻认识教师队伍建设的重要意义和总体要求

1. 战略意义。教师承担着传播知识、传播思想、传播真理的历史使命，肩负着塑造灵魂、塑造生命、塑造人的时代重任，是教育发展的第一资源，是国家富强、民族振兴、人民幸福的重要基石。党和国家历来高度重视教师工作。党的十八大以来，以习近平同志为核心的党中央将

教师队伍建设摆在突出位置，作出一系列重大决策部署，各地区各部门和各级各类学校采取有力措施认真贯彻落实，教师队伍建设取得显著成就。广大教师牢记使命、不忘初衷，爱岗敬业、教书育人，改革创新、服务社会，作出了重要贡献。

当今世界正处在大发展大变革大调整之中，新一轮科技和工业革命正在孕育，新的增长动能不断积聚。中国特色社会主义进入了新时代，开启了全面建设社会主义现代化国家的新征程。我国社会主要矛盾已经转化为人民日益增长的美好生活需要和不平衡不充分的发展之间的矛盾，人民对公平而有质量的教育的向往更加迫切。面对新方位、新征程、新使命，教师队伍建设还不能完全适应。有的地方对教育和教师工作重视不够，在教育事业发展中重硬件轻软件、重外延轻内涵的现象还比较突出，对教师队伍建设的支持力度亟须加大；师范教育体系有所削弱，对师范院校支持不够；有的教师素质能力难以适应新时代人才培养需要，思想政治素质和师德水平需要提升，专业化水平需要提高；教师特别是中小学教师职业吸引力不足，地位待遇有待提高；教师城乡结构、学科结构分布不尽合理，准入、招聘、交流、退出等机制还不够完善，管理体制机制亟须理顺。时代越是向前，知识和人才的重要性就愈发突出，教育和教师的地位和作用就愈发凸显。各级党委和政府要从战略和全局高度充分认识教师工作的极端重要性，把全面加强教师队伍建设作为一项重大政治任务和根本性民生工程切实抓紧抓好。

2. **指导思想**。全面贯彻落实党的十九大精神，以习近平新时代中国特色社会主义思想为指导，紧紧围绕统筹推进"五位一体"总体布局和协调推进"四个全面"战略布局，坚持和加强党的全面领导，坚持以人民为中心的发展思想，坚持全面深化改革，牢固树立新发展理念，全面贯彻党的教育方针，坚持社会主义办学方向，落实立德树人根本任务，遵循教育规律和教师成长发展规律，加强师德师风建设，培养高素质教师队伍，倡导全社会尊师重教，形成优秀人才争相从教、教师人人尽展其才、好教师不断涌现的良好局面。

3. 基本原则

——确保方向。坚持党管干部、党管人才，坚持依法治教、依法执教，坚持严格管理监督与激励关怀相结合，充分发挥党委（党组）的领导和把关作用，确保党牢牢掌握教师队伍建设的领导权，保证教师队伍建设正确的政治方向。

——强化保障。坚持教育优先发展战略，把教师工作置于教育事业发展的重点支持战略领域，优先谋划教师工作，优先保障教师工作投入，优先满足教师队伍建设需要。

——突出师德。把提高教师思想政治素质和职业道德水平摆在首要位置，把社会主义核心价值观贯穿教书育人全过程，突出全员全方位全过程师德养成，推动教师成为先进思想文化的传播者、党执政的坚定支持者、学生健康成长的指导者。

——深化改革。抓住关键环节，优化顶层设计，推动实践探索，破解发展瓶颈，把管理体制改革与机制创新作为突破口，把提高教师地位待遇作为真招实招，增强教师职业吸引力。

——分类施策。立足我国国情，借鉴国际经验，根据各级各类教师的不同特点和发展实际，考虑区域、城乡、校际差异，采取有针对性的政策举措，定向发力，重视专业发展，培养一批教师；加大资源供给，补充一批教师；创新体制机制，激活一批教师；优化队伍结构，调配一批教师。

4. 目标任务。经过 5 年左右努力，教师培养培训体系基本健全，职业发展通道比较畅通，事权人权财权相统一的教师管理体制普遍建立，待遇提升保障机制更加完善，教师职业吸引力明显增强。教师队伍规模、结构、素质能力基本满足各级各类教育发展需要。

到 2035 年，教师综合素质、专业化水平和创新能力大幅提升，培养造就数以百万计的骨干教师、数以十万计的卓越教师、数以万计的教育家型教师。教师管理体制机制科学高效，实现教师队伍治理体系和治理能力现代化。教师主动适应信息化、人工智能等新技术变革，积极有效开展教育教学。尊师重教蔚然成风,广大教师在岗位上有幸福感、事业上有成就感、社会上有荣誉感,教师成为让人羡慕的职业。

二 着力提升思想政治素质,全面加强师德师风建设

5. 加强教师党支部和党员队伍建设。将全面从严治党要求落实到每个教师党支部和教师党员,把党的政治建设摆在首位,用习近平新时代中国特色社会主义思想武装头脑,充分发挥教师党支部教育管理监督党员和宣传引导凝聚师生的战斗堡垒作用,充分发挥党员教师的先锋模范作用。选优配强教师党支部书记,注重选拔党性强、业务精、有威信、肯奉献的优秀党员教师担任教师党支部书记,实施教师党支部书记"双带头人"培育工程,定期开展教师党支部书记轮训。坚持党的组织生活各项制度,创新方式方法,增强党的组织生活活力。健全主题党日活动制度,加强党员教师日常管理监督。推进"两学一做"学习教育常态化制度化,开展"不忘初心、牢记使命"主题教育,引导党员教师增强政治意识、大局意识、核心意识、看齐意识,自觉爱党护党为党,敬业修德,奉献社会,争做"四有"好教师的示范标杆。重视做好在优秀青年教师、海外留学归国教师中发展党员工作。健全把骨干教师培养成党员,把党员教师培养成教学、科研、管理骨干的"双培养"机制。

配齐建强高等学校思想政治工作队伍和党务工作队伍,完善选拔、培养、激励机制,形成一支专职为主、专兼结合、数量充足、素质优良的工作力量。把从事学生思想政治教育计入高等学校思想政治工作兼职教师的工作量,作为职称评审的重要依据,进一步增强开展思想政治工作的积极性和主动性。

6. 提高思想政治素质。加强理想信念教育,深入学习领会习近平新时代中国特色社会主义思想,引导教师树立正确的历史观、民族观、国家观、文化观,坚定中国特色社会主义道路自信、理论自信、制度自信、文化自信。引导教师准确理解和把握社会主义核心价值观的深刻内涵,增强价值判断、选择、塑造能力,带头践行社会主义核心价值观。引导广大教师充分认识中国教育辉煌成就，扎根中国大地，办好中国教育。

加强中华优秀传统文化和革命文化、社会主义先进文化教育，弘扬爱国主义精神，引导广大教师热爱祖国、奉献祖国。创新教师思想政治工作方式方法，开辟思想政治教育新阵地，利用思想政治教育新载体，强化教师社会实践参与，推动教师充分了解党情、国情、社情、民情，增强思想政治工作的针对性和实效性。要着眼青年教师群体特点，有针对性地加强思想政治教育。落实党的知识分子政策，政治上充分信任，思想上主动引导，工作上创造条件，生活上关心照顾，使思想政治工作接地气、入人心。

7. 弘扬高尚师德。健全师德建设长效机制，推动师德建设常态化长效化，创新师德教育，完善师德规范，引导广大教师以德立身、以德立学、以德施教、以德育德，坚持教书与育人相统一、言传与身教相统一、潜心问道与关注社会相统一、学术自由与学术规范相统一，争做"四有"好教师，全心全意做学生锤炼品格、学习知识、创新思维、奉献祖国的引路人。

实施师德师风建设工程。开展教师宣传国家重大题材作品立项，推出一批让人喜闻乐见、能够产生广泛影响、展现教师时代风貌的影视作品和文学作品，发掘师德典型、讲好师德故事，加强引领，注重感召，弘扬楷模，形成强大正能量。注重加强对教师思想政治素质、师德师风等的监察监督，强化师德考评，体现奖优罚劣，推行师德考核负面清单制度，建立教师个人信用记录，完善诚信承诺和失信惩戒机制，着力解决师德失范、学术不端等问题。

三 大力振兴教师教育，不断提升教师专业素质能力

8. 加大对师范院校支持力度。实施教师教育振兴行动计划，建立以师范院校为主体、高水平非师范院校参与的中国特色师范教育体系，推进地方政府、高等学校、中小学"三位一体"协同育人。研究制定师范院校建设标准和师范类专业办学标准，重点建设一批师范教育基地，整

体提升师范院校和师范专业办学水平。鼓励各地结合实际,适时提高师范专业生均拨款标准,提升师范教育保障水平。切实提高生源质量,对符合相关政策规定的,采取到岗退费或公费培养、定向培养等方式,吸引优秀青年踊跃报考师范院校和师范专业。完善教育部直属师范大学师范生公费教育政策,履约任教服务期调整为6年。改革招生制度,鼓励部分办学条件好、教学质量高院校的师范专业实行提前批次录取或采取入校后二次选拔方式,选拔有志于从教的优秀学生进入师范专业。加强教师教育学科建设。教育硕士、教育博士授予单位及授权点向师范院校倾斜。强化教师教育师资队伍建设,在专业发展、职称晋升和岗位聘用等方面予以倾斜支持。师范院校评估要体现师范教育特色,确保师范院校坚持以师范教育为主业,严控师范院校更名为非师范院校。开展师范类专业认证,确保教师培养质量。

9. 支持高水平综合大学开展教师教育。创造条件,推动一批有基础的高水平综合大学成立教师教育学院,设立师范专业,积极参与基础教育、职业教育教师培养培训工作。整合优势学科的学术力量,凝聚高水平的教学团队。发挥专业优势,开设厚基础、宽口径、多样化的教师教育课程。创新教师培养形态,突出教师教育特色,重点培养教育硕士,适度培养教育博士,造就学科知识扎实、专业能力突出、教育情怀深厚的高素质复合型教师。

10. 全面提高中小学教师质量,建设一支高素质专业化的教师队伍。提高教师培养层次,提升教师培养质量。推进教师培养供给侧结构性改革,为义务教育学校侧重培养素质全面、业务见长的本科层次教师,为高中阶段教育学校侧重培养专业突出、底蕴深厚的研究生层次教师。大力推动研究生层次教师培养,增加教育硕士招生计划,向中西部地区和农村地区倾斜。根据基础教育改革发展需要,以实践为导向优化教师教育课程体系,强化"钢笔字、毛笔字、粉笔字和普通话"等教学基本功和教学技能训练,师范生教育实践不少于半年。加强紧缺薄弱学科教师、特殊教育教师和民族地区双语教师培养。开展中小学教师全员培训,促进教师终身学习和专业发展。转变培训方式，推动信息技术与教师培训的有机融合，实行线上线下相结合的混合式研修。改进培训内容，紧密结合教育教学一线实际，组织高质量培训，使教师静心钻研教学，切实提升教学水平。推行培训自主选学，实行培训学分管理，建立培训学分银行，搭建教师培训与学历教育衔接的"立交桥"。建立健全地方教师发展机构和专业培训者队伍，依托现有资源，结合各地实际，逐步推进县级教师发展机构建设与改革，实现培训、教研、电教、科研部门有机整合。继续实施教师国培计划。鼓励教师海外研修访学。

加强中小学校长队伍建设，努力造就一支政治过硬、品德高尚、业务精湛、治校有方的校长队伍。面向全体中小学校长，加大培训力度，提升校长办学治校能力，打造高品质学校。实施校长国培计划，重点开展乡村中小学骨干校长培训和名校长研修。支持教师和校长大胆探索，创新教育思想、教育模式、教育方法，形成教学特色和办学风格，营造教育家脱颖而出的制度环境。

11. 全面提高幼儿园教师质量，建设一支高素质善保教的教师队伍。办好一批幼儿师范专科学校和若干所幼儿师范学院，支持师范院校设立学前教育专业，培养热爱学前教育事业，幼儿为本、才艺兼备、擅长保教的高水平幼儿园教师。创新幼儿园教师培养模式，前移培养起点，大力培养初中毕业起点的五年制专科层次幼儿园教师。优化幼儿园教师培养课程体系，突出保教融合，科学开设儿童发展、保育活动、教育活动类课程，强化实践性课程，培养学前教育师范生综合能力。

建立幼儿园教师全员培训制度，切实提升幼儿园教师科学保教能力。加大幼儿园园长、乡村幼儿园教师、普惠性民办幼儿园教师的培训力度。创新幼儿园教师培训模式，依托高等学校和优质幼儿园，重点采取集中培训与跟岗实践相结合的方式培训幼儿园教师。鼓励师范院校与幼儿园协同建立幼儿园教师培养培训基地。

12. 全面提高职业院校教师质量，建设一支高素质双师型的教师队伍。继续实施职业院校教师素质提高计划，引领带动各地建立一支技艺精湛、专兼结合的双师型教师队伍。加强职业技术师范院校建设，支持高水平学校和大中型企业共建双师型教师培养培训基地，建立高等学校、行业企业联合培养双师型教师的机制。切实推进职业院校教师定期到企业实践，不断提升实践教学能力。建立企业经营管理者、技术能手与职业院校管理者、骨干教师相互兼职制度。

13. 全面提高高等学校教师质量，建设一支高素质创新型的教师队伍。着力提高教师专业能力，推进高等教育内涵式发展。搭建校级教师发展平台，组织研修活动，开展教学研究与指导，推进教学改革与创新。加强院系教研室等学习共同体建设，建立完善传帮带机制。全面开展高等学校教师教学能力提升培训，重点面向新入职教师和青年教师，为高等学校培养人才培育生力军。重视各级各类学校辅导员专业发展。结合"一带一路"建设和人文交流机制，有序推动国内外教师双向交流。支持孔子学院教师、援外教师成长发展。

服务创新型国家和人才强国建设、世界一流大学和一流学科建设，实施好千人计划、万人计划、长江学者奖励计划等重大人才项目，着力打造创新团队，培养引进一批具有国际影响力的学科领军人才和青年学术英才。加强高端智库建设，依托人文社会科学重点研究基地等，汇聚培养一大批哲学社会科学名家名师。高等学校高层次人才遴选和培育中要突出教书育人，让科学家同时成为教育家。

四 深化教师管理综合改革，切实理顺体制机制

14. 创新和规范中小学教师编制配备。适应加快推进教育现代化的紧迫需求和城乡教育一体化发展改革的新形势，充分考虑新型城镇化、全面二孩政策及高考改革等带来的新情况，根据教育发展需要，在现有编制总量内，统筹考虑、合理核定教职工编制，盘活事业编制存量，优化编制结构，向教师队伍倾斜，采取多种形式增加教师总量，优先保障教育发展需要。落实城乡统一的中小学教职工编制标准，有条件的地方出台公办幼儿园人员配备规范、特殊教育学校教职工编制标准。创新编制管理，加大教职工编制统筹配置和跨区域调整力度，省级统筹、市域调剂、以县为主，动态调配。编制向乡村小规模学校倾斜，按照班师比与生师比相结合的方式核定。加强和规范中小学教职工编制管理，严禁挤占、挪用、截留编制和有编不补。实行教师编制配备和购买工勤服务相结合，满足教育快速发展需求。

15. 优化义务教育教师资源配置。实行义务教育教师"县管校聘"。深入推进县域内义务教育学校教师、校长交流轮岗，实行教师聘期制、校长任期制管理，推动城镇优秀教师、校长向乡村学校、薄弱学校流动。实行学区（乡镇）内走教制度，地方政府可根据实际给予相应补贴。

逐步扩大农村教师特岗计划实施规模，适时提高特岗教师工资性补助标准。鼓励优秀特岗教师攻读教育硕士。鼓励地方政府和相关院校因地制宜采取定向招生、定向培养、定期服务等方式，为乡村学校及教学点培养"一专多能"教师，优先满足老少边穷地区教师补充需要。实施银龄讲学计划，鼓励支持乐于奉献、身体健康的退休优秀教师到乡村和基层学校支教讲学。

16. 完善中小学教师准入和招聘制度。完善教师资格考试政策，逐步将修习教师教育课程、参加教育教学实践作为认定教育教学能力、取得教师资格的必备条件。新入职教师必须取得教师资格。严格教师准入，提高入职标准，重视思想政治素质和业务能力，根据教育行业特点，分区域规划，分类别指导，结合实际，逐步将幼儿园教师学历提升至专科，小学教师学历提升至师范专业专科和非师范专业本科，初中教师学历提升至本科，有条件的地方将普通高中教师学历提升至研究生。建立符合教育行业特点的中小学、幼儿园教师招聘办法，遴选乐教适教善教的优秀人才进入教师队伍。按照中小学校领导人员管理暂行办法，明确任职条件和资格，规范选拔任用工作，激发办学治校活力。

17. 深化中小学教师职称和考核评价制度改革。适当提高中小学中级、高级教师岗位比例，畅通教师职业发展通道。完善符合中小学特点的岗位管理制度，实现职称与教师聘用衔接。将中小学教师到乡村学校、薄弱学校任教1年以上的经历作为申报高级教师职称和特级教师的必要条件。推行中小学校长职级制改革，拓展职业发展空间，促进校长队伍专业化建设。

进一步完善职称评价标准，建立符合中小学教师岗位特点的考核评价指标体系，坚持德才兼备、全面考核，突出教育教学实绩，引导教师潜心教书育人。加强聘后管理，激发教师的工作活力。完善相关政策，防止形式主义的考核检查干扰正常教学。不简单用升学率、学生考试成绩等评价教师。实行定期注册制度，建立完善教师退出机制，提升教师队伍整体活力。加强中小学校长考核评价，督促提高素质能力，完善优胜劣汰机制。

18. 健全职业院校教师管理制度。根据职业教育特点，有条件的地方研究制定中等职业学校人员配备规范。完善职业院校教师资格标准，探索将行业企业从业经历作为认定教育教学能力、取得专业课教师资格的必要条件。落实职业院校用人自主权，完善教师招聘办法。推动固定岗和流动岗相结合的职业院校教师人事管理制度改革。支持职业院校专设流动岗位，适应产业发展和参与全球产业竞争需求，大力引进行业企业一流人才，吸引具有创新实践经验的企业家、高科技人才、高技能人才等兼职任教。完善职业院校教师考核评价制度，双师型教师考核评价要充分体现技能水平和专业教学能力。

19. 深化高等学校教师人事制度改革。积极探索实行高等学校人员总量管理。严把高等学校教师选聘入口关，实行思想政治素质和业务能力双重考察。严格教师职业准入，将新入职教师岗前培训和教育实习作为认定教育教学能力、取得高等学校教师资格的必备条件。适应人才培养结构调整需要，优化高等学校教师结构，鼓励高等学校加大聘用具有其他学校学习工作和行业企业工作经历教师的力度。配合外国人永久居留制度改革，健全外籍教师资格认证、服务管理等制度。帮助高等学校青年教师解决住房等困难。

推动高等学校教师职称制度改革，将评审权直接下放至高等学校，由高等学校自主组织职称评审、自主评价、按岗聘任。条件不具备、尚不能独立组织评审的高等学校，可采取联合评审的方式。推行高等学校教师职务聘任制改革，加强聘期考核，准聘与长聘相结合，做到能上能下、能进能出。教育、人力资源社会保障等部门要加强职称评聘事中事后监管。深入推进高等学校教师考核评价制度改革，突出教育教学业绩和师德考核，将教授为本科生上课作为基本制度。坚持正确导向，规范高层次人才合理有序流动。

五　不断提高地位待遇，真正让教师成为令人羡慕的职业

20. 明确教师的特别重要地位。突显教师职业的公共属性，强化教师承担的国家使命和公共教育服务的职责，确立公办中小学教师作为国家公职人员特殊的法律地位，明确中小学教师的权利和义务，强化保障和管理。各级党委和政府要切实负起中小学教师保障责任，提升教师的政治地位、社会地位、职业地位，吸引和稳定优秀人才从教。公办中小学教师要切实履行作为国家公职人员的义务，强化国家责任、政治责任、社会责任和教育责任。

21. 完善中小学教师待遇保障机制。健全中小学教师工资长效联动机制，核定绩效工资总量时统筹考虑当地公务员实际收入水平，确保中小学教师平均工资收入水平不低于或高于当地公务员平均工资收入水平。完善教师收入分配激励机制，有效体现教师工作量和工作绩效，绩效工资分配向班主任和特殊教育教师倾斜。实行中小学校长职级制的地区，根据实际实施相应的校长收入分配办法。

22. 大力提升乡村教师待遇。深入实施乡村教师支持计划，关心乡村教师生活。认真落实艰苦边远地区津贴等政策，全面落实集中连片特困地区乡村教师生活补助政策，依据学校艰苦边远程度实行差别化补助，鼓励有条件的地方提高补助标准，努力惠及更多乡村教师。加强乡村教师周转宿舍建设，按规定将符合条件的教师纳入当地住房保障范围，让乡村教师住有所居。拿出务实举措，帮助乡村青年教师解决困难，关心乡村青年教师工作生活，巩固乡村青年教师队伍。在培训、职称评聘、表彰奖励等方面向乡村青年教师倾斜，优化乡村青年教师发展环境，加快乡村青年教师成长步伐。为乡村教师配备相应设施，丰富精神文化生活。

23. 维护民办学校教师权益。完善学校、个人、政府合理分担的民办学校教师社会保障机制，民办学校应与教师依法签订合同，按时足额支付工资，保障其福利待遇和其他合法权益，并为教师足额缴纳社会保险费和住房公积金。依法保障和落实民办学校教师在业务培训、职务聘任、教龄和工龄计算、表彰奖励、科研立项等方面享有与公办学校教师同等权利。

24. 推进高等学校教师薪酬制度改革。建立体现以增加知识价值为导向的收入分配机制，扩大高等学校收入分配自主权，高等学校在核定的绩效工资总量内自主确定收入分配办法。高等学校教师依法取得的科技成果转化奖励收入，不纳入本单位工资总额基数。完善适应高等学校教学岗位特点的内部激励机制，对专职从事教学的人员，适当提高基础性绩效工资在绩效工资中的比重，加大对教学型名师的岗位激励力度。

25. 提升教师社会地位。加大教师表彰力度。大力宣传教师中的"时代楷模"和"最美教师"。开展国家级教学名师、国家级教学成果奖评选表彰，重点奖励贡献突出的教学一线教师。做好特级教师评选，发挥引领作用。做好乡村学校从教30年教师荣誉证书颁发工作。各地要按照国家有关规定，因地制宜开展多种形式的教师表彰奖励活动，并落实相关优待政策。鼓励社会团体、企事业单位、民间组织对教师出资奖励，开展尊师活动，营造尊重尊教良好社会风尚。

建设现代学校制度，体现以人为本，突出教师主体地位，落实教师知情权、参与权、表达权、监督权。建立健全教职工代表大会制度，保障教师参与学校决策的民主权利。推行中国特色大学章程，坚持和完善党委领导下的校长负责制，充分发挥教师在高等学校办学治校中的作用。维护教师职业尊严和合法权益，关心教师身心健康，克服职业倦怠，激发工作热情。

六 切实加强党的领导，全力确保政策举措落地见效

26. 强化组织保障。各级党委和政府要满腔热情关心教师，充分信任、紧紧依靠广大教师。要切实加强领导，实行一把手负责制，紧扣广大教师最关心、最直接、最现实的重大问题，找准教师队伍建设的突破口和着力点，坚持发展抓公平、改革抓机制、整体抓质量、安全抓责任、保证抓党建，把教师工作记在心里、扛在肩上、抓在手中，摆上重要议事日程，细化分工，确定路线图、任务书、时间表和责任人。主要负责同志和相关责任人要切实做到实事求是、求真务实，善始善终、善作善成，把准方向、敢于担当，亲力亲为、抓实工作。

各省、自治区、直辖市党委常委会每年至少研究一次教师队伍建设工作。建立教师工作联席会议制度，解决教师队伍建设重大问题。相关部门要制定切实提高教师待遇的具体措施。研究修订教师法。统筹现有资源，壮大全国教师工作力量，培育一批专业机构，专门研究教师队伍建设重大问题，为重大决策提供支撑。

27. 强化经费保障。各级政府要将教师队伍建设作为教育投入重点予以优先保障，完善支出保障机制，确保党和国家关于教师队伍建设重大决策部署落实到位。优化经费投入结构，优先支持教师队伍建设最薄弱、最紧迫的领域，重点用于按规定提高教师待遇保障、提升教师专业素质能力。加大师范教育投入力度。健全以政府投入为主、多渠道筹集教育经费的体制，充分调动社会力量投入教师队伍建设的积极性。制定严格的经费监管制度，规范经费使用，确保资金使用效益。

各级党委和政府要将教师队伍建设列入督查督导工作重点内容，并将结果作为党政领导班子和有关领导干部综合考核评价、奖惩任免的重要参考，确保各项政策措施全面落实到位，真正取得实效。

教育部等五部门关于印发《教师教育振兴行动计划（2018—2022年)》的通知

教师〔2018〕2号

各省、自治区、直辖市教育厅（教委）、发展改革委、财政厅（局）、人力资源和社会保障厅（局）、编办，新疆生产建设兵团教育局、发展改革委、财政局、人事局、劳动和社会保障局、编办：

现将《教师教育振兴行动计划（2018—2022年)》印发给你们，请结合实际认真贯彻执行。

教育部 国家发展改革委

财政部 人力资源社会保障部 中央编办

2018年2月11日

教师教育振兴行动计划

（2018—2022年）

教师教育是教育事业的工作母机，是提升教育质量的动力源泉。为深入认真贯彻习近平新时代中国特色社会主义思想和党的十九大精神，根据《中共中央 国务院关于全面深化新时代教师队伍建设改革的意见》（中发〔2018〕4号）的决策部署，按照国民经济和社会发展第十三个五年规划纲要及国家教育事业发展"十三五"规划工作要求，采取切实措施建强做优教师教育，推动教师教育改革发展，全面提升教师素质能力，努力建设一支高素质专业化创新型教师队伍，特制定教师教育振兴行动计划。

一 指导思想

以习近平新时代中国特色社会主义思想为指导，全面学习贯彻党的十九大精神，紧紧围绕统筹推进"五位一体"总体布局和协调推进"四个全面"战略布局，坚持和加强党的全面领导，坚持以人民为中心的发展思想，坚持全面深化改革，牢固树立新发展理念，全面贯彻党的教育方针，坚持社会主义办学方向，落实立德树人根本任务，主动适应教育现代化对教师队伍的新要求，遵循教育规律和教师成长发展规律，着眼长远，立足当前，以提升教师教育质量为核心，以加强教师教育体系建设为支撑，以教师教育供给侧结构性改革为动力，推进教师教育创新、协调、绿色、开放、共享发展，从源头上加强教师队伍建设，着力培养造就党和人民满意的师德高尚、业务精湛、结构合理、充满活力的教师队伍。

二 目标任务

经过5年左右努力，办好一批高水平、有特色的教师教育院校和师范类专业，教师培养培训体系基本健全，为我国教师教育的长期可持续发展奠定坚实基础。师德教育显著加强，教师培养培训的内容方式不断优化，教师综合素质、专业化水平和创新能力显著提升，为发展更高质量更加公平的教育提供强有力的师资保障和人才支撑。

——落实师德教育新要求，增强师德教育实效性。将学习贯彻习近平总书记对教师的殷切希望和要求作为教师师德教育的首要任务和重点内容。加强师德养成教育，用"四有好老师"标准、"四个引路人"、"四个相统一"和"四个服务"等要求，统领教师成长发展，细化落实到教师教育课程，引导教师以德立身、以德立学、以德施教、以德育德。

——提升培养规格层次，夯实国民教育保障基础。全面提高师范生的综合素养与能力水平。根据各地实际，为义务教育学校培养更多接受过高质量教师教育的素质全面、业务见长的本科层次教师，为普通高中培养更多专业突出、底蕴深厚的研究生层次教师，为中等职业学校（含技工学校，下同）大幅增加培养具有精湛实践技能的"双师型"专业课教师，为幼儿园培养一大批关爱幼儿、擅长保教的学前教育专业专科以上学历教师，教师培养规格层次满足保障国民教育和创新人才培养的

needs。

——改善教师资源供给，促进教育公平发展。加强中西部地区和乡村学校教师培养，重点为边远、贫困、民族地区教育精准扶贫提供师资保障。支持中西部地区提升师范专业办学能力。推进本土化培养，面向师资补充困难地区逐步扩大乡村教师公费定向培养规模，为乡村学校培养"下得去、留得住、教得好、有发展"的合格教师。建立健全乡村教师成长发展的支持服务体系，高质量开展乡村教师全员培训，培训的针对性和实效性不断提高。

——创新教师教育模式，培养未来卓越教师。吸引优秀人才从教，师范生生源质量显著提高，用优秀的人去培养更优秀的人。注重协同育人，注重教学基本功训练和实践教学，注重课程内容不断更新，注重信息技术应用能力，教师教育新形态基本形成。师范生与在职教师的社会责任感、创新精神和实践能力不断增强。

——发挥师范院校主体作用，加强教师教育体系建设。加大对师范院校的支持力度，不断优化教师教育布局结构，基本形成以国家教师教育基地为引领、师范院校为主体、高水平综合大学参与、教师发展机构为纽带、优质中小学为实践基地的开放、协同、联动的现代教师教育体系。

三　主要措施

（一）师德养成教育全面推进行动。研制出台在教师培养培训中加强师德教育的文件和师德修养教师培训课程指导标准。将师德教育贯穿教师教育全过程，作为师范生培养和教师培训课程的必修模块。培育和践行社会主义核心价值观，引导教师全面落实到教育教学实践中。制订教师法治培训大纲，开展法治教育，提升教师法治素养和依法执教能力。在师范生和在职教师中广泛开展中华优秀传统文化教育，注重通过中华优秀传统文化涵养师德，通过经典诵读、开设专门课程、组织专题培训等形式，汲取文化精髓，传承中华师道。将教书育人楷模、一线优秀教师校长请进课堂，采取组织公益支教、志愿服务等方式，着力培育师范生的教师职业认同和社会责任感。借助新闻媒体平台，组织开展师范生"师德第一课"系列活动。每年利用教师节后一周时间开展"师德活动周"活动。发掘师德先进典型，弘扬当代教师风采，大力宣传阳光美丽、爱岗敬业、默默奉献的新时代优秀教师形象。

（二）教师培养层次提升行动。引导支持办好师范类本科专业，加大义务教育阶段学校本科层次教师培养力度。按照有关程序办法，增加一批教育硕士专业学位授权点。引导鼓励有关高校扩大教育硕士招生规模，对教师教育院校研究生推免指标予以统筹支持。支持探索普通高中、中等职业学校教师本科和教育硕士研究生阶段整体设计、分段考核、有机衔接的培养模式。适当增加教育博士专业学位授权点，引导鼓励有关高校扩大教育博士招生规模，面向基础教育、职业教育教师校长，完善教育博士选拔培养方案。办好一批幼儿师范高等专科学校和若干所幼儿师范学院。各地根据学前教育发展的实际需求，扩大专科以上层次幼儿园教师培养规模。支持师范院校扩大特殊教育专业招生规模，加大特殊教育领域教育硕士培养力度。

（三）乡村教师素质提高行动。各地要以集中连片特困地区县和国家级贫困县为重点，通过公费定向培养、到岗退费等多种方式，为乡村小学培养补充全科教师，为乡村初中培养补充"一专多能"教师，优先满足老少边穷岛等边远贫困地区教师补充需要。加大紧缺薄弱学科教师和民族地区双语教师培养力度。加强县区乡村教师专业发展支持服务体系建设，强化县级教师发展机构在培训乡村教师方面的作用。培训内容针对教育教学实际需要，注重新课标新教材和教育观念、教学方法培训，赋予乡村教师更多选择权，提升乡村教师培训实效。推进乡村教师到城镇学校跟岗学习，鼓励引导师范生到乡村学校进行教育实践。"国培计划"集中支持中西部乡村教师校长培训。

（四）师范生生源质量改善行动。依法保障和提高教师的地位待遇，通过多种方式吸引优质生源报考师范专业。改进完善教育部直属师范大学师范生免费教育政策，将"免费师范生"改称为"公费师范生"，履约任教服务期调整为6年。推进地方积极开展师范生公费教育工作。积极推行初中毕业起点五年制专科层次幼儿园教师培养。部分办学条件好、教学质量高的高校师范专业实行提前批次录取。加大入校后二次选拔力度，鼓励设立面试考核环节，考察学生的综合素养和从教潜质，招收乐教适教善教的优秀学生就读师范专业。鼓励高水平综合性大学成立教师教育学院，设立师范类专业，招收学科知识扎实、专业能力突出、具有教育情怀的学生，重点培养教育硕士，适度培养教育博士。建立健全符合教育行业特点的教师招聘办法，畅通优秀师范毕业生就业渠道。

（五）"互联网+教师教育"创新行动。充分利用云计算、大数据、虚拟现实、人工智能等新技术，推进教师教育信息化教学服务平台建设和应用，推动以自主、合作、探究为主要特征的教学方式变革。启动实施教师教育在线开放课程建设计划，遴选认定200门教师教育国家精品在线开放课程，推动在线开放课程广泛应用共享。实施新一周期中小学教师信息技术应用能力提升工程，引领带动中小学教师校长将现代信息技术有效运用于教育教学和学校管理。研究制定师范生信息技术应用能力标准，提高师范生信息素养和信息化教学能力。依托全国教师管理信息系统，加强在职教师培训信息化管理，建设教师专业发展"学分银行"。

（六）教师教育改革实验区建设行动。支持建设一批由地方政府统筹，教育、发展改革、财政、人力资源社会保障、编制等部门密切配合，高校与中小学协同开展教师培养培训、职前与职后相互衔接的教师教育改革实验区，带动区域教师教育综合改革，全面提升教师培养培训质量。深入实施"卓越教师培养计划"，建设一流师范院校和一流师范专业，分类推进教师培养模式改革。推动实践导向的教师教育课程内容改革和以师范生为中心的教学方法变革。发挥"国培计划"示范引领作用，加强教师培训需求诊断，优化培训内容，推动信息技术与教师培训的有机融合，实行线上线下相结合的混合式培训。实施新一周期职业院校教师素质提高计划，引领带动高层次"双师型"教师队伍建设。实施中小学名师名校长领航工程，培养造就一批具有较大社会影响力、能够在基础教育领域发挥示范引领作用的领军人才。加强教育行政部门对新教师入职教育的统筹规划，推行集中培训和跟岗实践相结合的新教师入职教育模式。

（七）高水平教师教育基地建设行动。综合考虑区域布局、层次结构、师范生招生规模、校内教师教育资源整合、办学水平等因素，重点建设一批师范教育基地，发挥高水平、有特色教师教育院校的示范引领作用。加强教师教育院校师范生教育教学技能实训平台建设。国家和地方有关重大项目充分考虑教师教育院校特色，在规划建设方面予以倾斜。推动高校有效整合校内资源，鼓励有条件的高校依托现有资源组建实体化的教师教育学院。制定县级教师发展中心建设标准。以优质市县教师发展机构为引领，推动整合教师培训机构、教研室、教科所（室）、电教馆的职能和资源，按照精简、统一、效能原则建设研训一体的市县教师发展机构，更好地为区域教师专业发展服务。高校与地方教育行政部门依托优质中小学，开展师范生见习实习、教师跟岗培训和教研教改工作。

（八）教师教育师资队伍优化行动。国家和省级教育行政部门加大对教师教育师资国内外访学支持力度。引导支持高校加大学科课程与教学论博士生培养力度。高校对教师教育师资的工作量计算、业绩考核等评价与管理，应充分体现教师教育工作特点。在岗位聘用、绩效工资分配等方面，对学科课程与教学论教师实行倾斜政策。推进职业学校、高等学校与大中型企业共建共享师资，允许职业学校、高等学校依法依规自主聘请兼职教师，支持有条件的地方探索产业导师特设岗位计划。推进高校与中小学教师、企业人员双向交流。高校与中小学、高校与企业采取双向挂职、兼职等方式，建立教师教育师资共同体。实施骨干培训者队伍建设工程，开展万名专兼职教师培训者培训能力提升专项培训。组建中小学名师工作室、特级教师流动站、企业导师人才库，充分发挥教研员、学科带头人、特级教师、高技能人才在师范生培养和在职教师常态化研修中的重要作用。

（九）教师教育学科专业建设行动。建立健全教师教育本专科和研究生培养的学科专业体系。鼓励支持有条件的高校自主设置"教师教育学"二级学科，国家定期公布高校在教育学一级学科设立"教师教育学"二级学科情况，加强教师教育的学术研究和人才培养。明确教育实践的目标任务，构建全方位教育实践内容体系，与基础教育、职业教育课程教学改革相衔接，强化"三字一话"等师范生教学基本功训练。修订《教师教育课程标准》，组织编写或精选推荐一批主干课教材和精品课程资源。发布《中小学幼儿园教师培训课程指导标准》。开发中等职业学校教师教育课程和特殊教育课程资源。鼓励高校针对有从教意愿的非师范类专业学生开设教师教育课程，协助参加必要的教育实践。建设公益性教师教育在线学习中心，提供教师教育核心课程资源，供非师范类专业学生及社会人士修习。

（十）教师教育质量保障体系构建行动。建设全国教师教育基本状态数据库，建立教师培养培训质量监测机制，发布《中国教师教育质量年度报告》。出台《普通高等学校师范类专业认证标准》，启动开展师范类专业认证，将认证结果作为师范类专业准入、质量评价和教师资格认定的重要依据，并向社会公布。建立高校教师教育质量自我评估制度。建立健全教育专业学位认证评估制度和动态调整机制，推动完善教育硕士培养方案，聚焦中小学教师培养，逐步实现教育硕士培养与教师资格认定相衔接。建立健全教师培训质量评估制度。高校教学、学科评估要考虑教师教育院校的实际，将教师培养培训工作纳入评估体系，体现激励导向。

四 组织实施

（一）明确责任主体。要加强组织领导，把振兴教师教育作为全面深化新时代教师队伍建设改革的重大举措，列入重要议事日程，切实将计划落到实处。教育行政部门要加强对教师教育工作的统筹管理和指导，发展改革、财政、人力资源社会保障、编制部门要密切配合、主动履职尽责，共同为教师教育振兴发展营造良好的法治和政策环境。成立国家教师教育咨询专家委员会，为教师教育重大决策提供有力支撑。

（二）加强经费保障。要加大教师教育财政经费投入力度，提升教师教育保障水平。根据教师教育发展以及财力状况，适时提高师范生生均拨款标准。教师培训经费要列入财政预算。幼儿园、中小学和中等职业学校按照年度公用经费预算总额的5%安排教师培训经费。中央财政通过现行政策和资金渠道对教师教育加大支持力度。在相关重大教育发展项目中将教师培养培训作为资金使用的重要方向。积极争取社会支持，建立多元化筹资渠道。

（三）开展督导检查。建立教师教育项目实施情况的跟踪、督导机制。国家有关部门组织开展对教师教育振兴行动计划实施情况的专项督导检查，确保各项政策举措落到实处。按照国家有关规定对先进典型予以表彰奖励，对实施不到位、敷衍塞责的，要追究相关部门负责人的领导责任。

各省、自治区、直辖市要因地制宜提出符合本地实际的实施办法，将本计划的要求落到实处。

教育部关于深化中小学教师培训模式改革全面提升培训质量的指导意见

教师〔2013〕6号

各省、自治区、直辖市教育厅（教委），新疆生产建设兵团教育局：

根据教育规划纲要提出的对教师实行每五年一周期的全员培训要求，近年来中央和地方不断加大培训力度，教师培训工作取得明显进展，但也存在着针对性不强、内容泛化、方式单一、质量监控薄弱等突出问题。为主动适应深化基础教育课程改革、全面实施素质教育的现实需求，着力解决存在的突出问题，现就深化中小学教师培训模式改革，全面提升培训质量提出如下指导意见。

一、增强培训针对性，确保按需施训。中小学教师培训要以实施好基础教育新课程为主要内容，以满足教师专业发展个性化需求为工作目标，引领教师专业成长。各地要将上述要求贯穿于培训规划、项目设计、组织实施、质量监控全过程。根据新任教师岗前培训、在职教师提高培训和骨干教师高级研修等教师发展不同阶段的实际需求，开展针对性培训。实行教师培训需求调研分析制度，建立与中小学校共同确定培训项目的新机制。

二、改进培训内容，贴近一线教师教育教学实际。各地要将提高教师教育教学技能作为培训的主要内容，以典型教学案例为载体，创设真实课堂教学环境，紧密结合学校教育教学一线实际，开展主题鲜明的技能培训。实践性课程应不少于教师培训课程的50%。要将中小学教师专业标准、师德教育和信息技术作为通识课程，列入培训必修模块。遵循立德树人的根本要求，增强教师教书育人的责任感和使命感。国家制订教师培训课程标准，建立资源共享平台，促进资源共建共享。各地要加强优质课程资源建设，重点建设典型案例和网络课程资源，积极开发微课程。

三、转变培训方式，提升教师参训实效。各地要针对教师学习特点，强化基于教学现场、走进真实课堂的培训环节。通过现场诊断和案例教学解决实际问题，采取跟岗培训和情境体验改进教学行为，利用行动研究和反思实践提升教育经验，确保培训实效。改革传统讲授方式，强化学员互动参与，增强培训吸引力、感染力。省级教育行政部门要大力推动置换脱产研修，将院校集中培训、优质中小学"影子教师"实践和师范生（城镇教师）顶岗实习支教相结合，为农村学校培养骨干教师。要采取多种培训方式，加大体育、音乐、美术等师资紧缺学科专兼职教师和民族地区双语教师的培训力度。

四、强化培训自主性，激发教师参训动力。省级教育行政部门要探索建立教师自主选学机制，建设"菜单式、自主性、开放式"的选学服务平台，为教师创造自主选择培训内容、时间、途径和机构的机会，满足教师个性化需求。建立培训学分认证制度，学时学分合理转化。建立教师培训学分银行，实现教师非学历培训与学历教育学分互认。将培训学分作为教师资格定期注册、教师考核和职务（职称）聘任的必备条件，激发教师参训积极性。

五、营造网络学习环境，推动教师终身学习。各地要积极推进教师网络研修社区建设，推动教师网上和网下研修结合、虚拟学习和教学实践结合的混合学习；开展区域间教师网上协同研修，促进教师同行交流；培养网络研修骨干队伍，打造教师学习共同体，实现教师培训常态化。要推动网络研修与校本研修整合，推进高等学校、培训机构与中小学结对帮扶，引进优质培训资源，建立校本研修良性运行机制。丰富研修主题，通过集体备课、观课磨课、课题研究等方式，促进教研与培训有机结合，切实发挥校本研修的基础作用。鼓励各地建设教师培训创新实验区，推动培训模式综合改革。

六、加强培训者队伍建设，增强为教师提供优质培训的能力。各级教育行政部门要统筹建设培训专家库，并实行动态调整，建立一支专兼职结合的优秀培训者队伍。要注重遴选一线优秀教师作为兼职培训者，将其承担教育行政部门组织或认定的培训任务计入教学工作量，并建立工作绩效考核机制。高等学校兼职培训者要积极把握基础教育课程改革内容和中小学一线教师培训需求。专职培训者要切实深入中小学校开展研究与实践，原则上每年不少于2个月。国家建立培训专家库信息管理平台，实现各地培训者的信息共享和培训成效评估。培训者团队主要从培训专家库中遴选，一线优秀教师所占比例不少于50%。各地要为专兼职培训者的发展创造良好条件，国培计划和省培计划加大专兼职培训者培训力度，专职培训者每年研修不少于100学时。

七、建设培训公共服务平台，为教师提供多样化服务。培训机构要将为教师提供多样化优质服务作为培训工作的出发点和落脚点，建立灵活、开放、专业的培训公共服务平台。师范院校要大力推进内部教师教育资源整合，建立与中小学合作机制，促进培养、培训、研究、服务一体化，发挥示范引领作用。各地要依托现有资源，加快推进县级教师培训机构与教研、科研和电教等部门的整合，建设县级教师发展中心，发挥其在全员培训的规划设计、组织实施和服务指导等方面的功能。

八、规范培训管理，为教师获得高质量培训提供有力保障。国家建设全国教师培训管理信息系统，加强对国家级培训和各地培训的动态监测。各地要充分利用信息化管理平台，登记教师参训学时学分，加强学员选派管理，建立培训项目招投标机制，对培训经费使用等进行全程监控，确保各项工作落实到位。教师培训食宿安排要厉行节约，不得安排与培训无关的参观考察活动。培训机构要建立学员培训档案制度，及时将学员培训情况反馈所属教育行政部门和学校。

国家制订培训质量标准，定期开展培训质量评估，发布年度监测报告。地方教育行政部门要采取专家评估、网络匿名评估和第三方评估等方式，监测培训质量，公布评估结果，并作为培训资质认定、项目承办、经费奖补的重要依据。培训机构要做好培训绩效评价，跟踪教师参训后实践应用效果，不断改进培训工作。

国家将教师培训作为对各地教育督导的重要内容。省级教育督导部门要加强对市县教师培训的专项督导，定期公布检查结果。县级教育行政部门要将教师培训列入中小学办学水平评估和校长考评的指标体系。各地要将落实培训经费作为教育督导的重要内容，确保培训经费列入同级财政预算，中小学按照年度公用经费预算总额 5% 安排培训经费，保障经费投入。

教育部
2013 年 5 月 6 日

后　　记

　　本书系 2015 年贵州省教育改革发展研究十大招标课题"中小学教师专业成长的实践性与教师培训模式改革研究"（标号：2015ZD004）的最终研究成果。从 2015 年课题立项至今，历经四个春秋，得以定稿，最终在中国社会科学出版社陈雅慧编辑的支持和帮助下，正式出版面世。作为课题负责人，做此后记，心中无比感慨。回顾研究之路，既有迷茫又有充实，"在迷茫中寻求问题，在问题中完成研究，在研究中实现成长"，这是我最深刻的体会。因此，在今后的研究工作中，我仍将踏踏实实地潜心钻研提高课题研究水平，更好地促进自身的教育教学工作。

　　中小学教师培训是促进教师专业成长的主要方式，教师的专业成长是一个持续性的过程，是教师能够胜任教育教学工作的自信基础，同时也是顺应新时期对教师实施终身教育的突出表现，而教师培训则是促进教师专业成长较为直接，且有效的方式。中小学教师培训模式的改革与创新需要从全新的视角出发，以教师专业成长的实践性为出发点，同时，在深入探讨中小学教师专业成长的实践性的同时，反思中小学教师培训的内发自主式模式则非常重要和必要，这是中小学教师培训模式改革与创新的必由之路。

　　教育研究的实践转向正是重新界定了教育理论和教育实践的关系，并将教育研究从追求普遍的教育规律转向强调具体的教育实践情境。教育研究的实践转向为探索实践取向的教师培训指明了方向。另外，无论是政策上对教师培训的规定，还是现实中教师培训的现有问题及教师培训理论上的依据均是中小学教师培训模式的改革与创新的背景，也是中小学教师培训模式的改革与创新的基础。因此，从当今时代发展的大趋势来看，基于教师专业成长的实践性反思中小学教师培训的改革与创新，势在必行。

本书是在理论研究和实践探索相结合的基础上完成的，旨在实现中小学教师培训模式的改革与创新。本书共分为上、中、下三篇，上篇是研究缘起，第一章提出基于教师专业成长实践性反思中小学教师培训的总体设想；第二章探讨基于教师专业成长实践性的中小学教师培训的研究现状。中篇是理论审视，第三章综述基于教师专业成长实践性的中小学教师培训的基础理论；第四章提出基于教师专业成长实践性的中小学教师培训的模式结构；第五章展示基于教师专业成长实践性的中小学教师培训的课程设计；第六章展示基于教师专业成长实践性的中小学教师培训活动化设计。下篇是实践探索，第七章叙述基于教师专业成长实践性的中小学教师培训的现实考察；第八章分析基于教师专业成长实践性的中小学教师培训的问题及成因；第九章提出基于教师专业成长实践性的中小学教师培训模式的改革创新之路；第十章探讨基于教师专业成长实践性的教师培训模式的操作细则。中小学教师培训模式的特点决定了对其进行的研究必须是理论联系实际的，在取得相关理论认识的同时，总结实践经验著成此书。

本书在研究和撰写过程中，借鉴和参考了前辈和同行们的一些优秀研究成果，得到了海南师范大学李森教授的大力支持和帮助，他就本书的内容、思路、框架及方法等方面提出了指导性意见；我的研究生、访问学者参与了本书的资料收集和文字整理工作，他们也是本书的第一批阅读者。在此，表示感谢！

特别感谢中国社会科学出版社陈雅慧编辑在本书出版过程中所付出的辛劳，她的精心组织和安排，才使这本书与读者见面。另外，贵州师范大学教育学院为本书提供了物质和精神上的支持，方使本书得以顺利出版。

我的家人对本书给予了特别的支持和帮助。尤其是我的爱人施贵菊女士，为了成就我事业上的追求，她无私地承担了照顾家庭的重担，在我心里她就是我成功背后最伟大、最美丽的女人，也是我精神和心灵上的伴侣。

本书虽然从教师专业成长实践性角度对教师培训模式的改革与创新进行了较为深度的分析和讨论，但是教师培训模式内容丰富，涉及面广，限于我们的时间和水平，书中难免存在不足之处，恳请各位同行学者和广大读者批评指正，以期在后续研究中不断完善。

杜尚荣

2019 年 11 月于贵阳